Jason Rekulak

Il matrimonio

Traduzione di
Rachele Salerno

GIUNTI

Titolo originale:
The Last One at the Wedding

This edition is published by arrangement with Sterling Lord Literistic, Inc.
and The Italian Literary Agency

La mappa alle pp. 6-7 è di Virginia Allyn

Giunti Editore si impegna per uno sviluppo sostenibile
con l'utilizzo di carta certificata FSC® proveniente
da fonti gestite in maniera responsabile.

Traduzione: Rachele Salerno per Studio editoriale Littera, Rescaldina (MI)
Realizzazione editoriale: Studio editoriale Littera, Rescaldina (MI)

www.giunti.it

Via Bolognese 165 – 50139 Firenze – Italia
Via G. B. Pirelli 30 – 20124 Milano – Italia

Prima edizione: novembre 2024

A tutti i grandi maestri, ovunque siano, in particolare Ed Logue,
John Balaban, Charlotte Holmes, Robert C. S. Downs,
Shelby Hearon, T. R. Smith e Charles Cantalupo.

BENVENUTI A
OSPREY COVE
HOPPS FERRY, NEW HAMPSHIRE
6
THE GLOBE
OC
IMAGINATION GROVE
BIG BEN
OSPREY LODGE
14
13
12
B
CORMORANT POINT

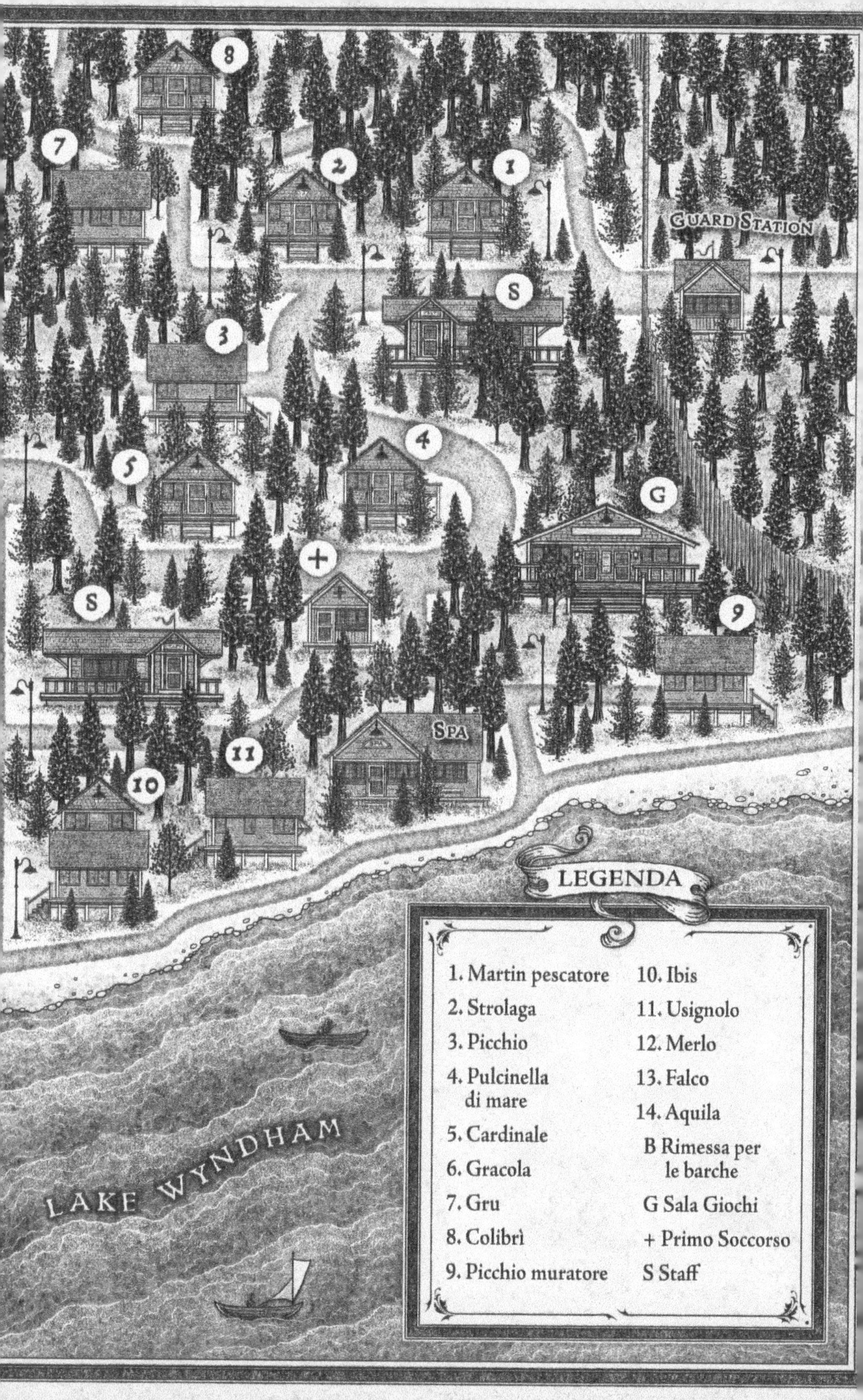

8
7
2
1
GUARD STATION
S
3
4
5
G
+
S
9
SPA
11
10
LEGENDA
1. Martin pescatore
2. Strolaga
3. Picchio
4. Pulcinella di mare
5. Cardinale
6. Gracola
7. Gru
8. Colibrì
9. Picchio muratore
10. Ibis
11. Usignolo
12. Merlo
13. Falco
14. Aquila
B Rimessa per le barche
G Sala Giochi
+ Primo Soccorso
S Staff
LAKE WYNDHAM

Parte prima

L'invito

1

Sullo schermo del mio cellulare lampeggiava un numero non memorizzato in rubrica. Spesso è il chiaro indizio di una chiamata-truffa, ma immagino che fossi in vena di parlare, perché risposi comunque. «Pronto?»

«Papà?»

Balzai in piedi così in fretta che sbattei le ginocchia contro il tavolo della cucina, rovesciando il caffè sul mio piatto di uova e bacon. «Maggie? Sei tu?»

Lei rispose, ma non riuscii a capire nemmeno una parola. La sua voce era flebile. La linea sibilava e crepitava, come se stesse per saltare da un momento all'altro.

«Un attimo, tesoro, non ti sento.»

In casa mia la cucina è la stanza peggiore per parlare al telefono. Non hai mai più di una o due tacche di segnale. Portai il cellulare in salotto e inciampai su un pezzo di legno che stavo tagliando, carteggiando e dipingendo. Un piccolo progetto di falegnameria per passare le serate; sarebbe diventato un tavolino, prima o poi. Ma non ero mai abbastanza motivato per finirlo, quindi c'erano viti e segatura sparse su tutto il tappeto.

Mi feci strada nel disordine come nel gioco della campana

e corsi in fondo al corridoio, in quella che era stata la cameretta di Maggie. Aveva una piccola finestra affacciata sul cortile sul retro e sui vecchi binari ferroviari di Lackawanna, e se mi schiacciavo contro il vetro il segnale arrivava a tre tacche.

«Maggie? Ora va meglio?»

«Pronto?» La sua voce sembrava ancora lontanissima. Come se stesse chiamando da oltreoceano. O da una cabina telefonica in mezzo a una landa desolata. O dal bagagliaio di un'auto abbandonata, sepolta in un garage sotterraneo. «Papà, mi senti?»

«Stai bene?»

«Papà? Pronto? Mi senti?»

Mi premetti il telefono contro l'orecchio e urlai che sì, la sentivo. «Dove sei? Ti serve aiuto?»

Poi cadde la linea.

FINE CHIAMATA.

La nostra prima conversazione in tre anni, e non era durata nemmeno un minuto.

2

Adesso però avevo il suo numero. Ora finalmente, *finalmente*, avevo un modo per contattarla. Premetti RICHIAMA e trovai occupato. Provai ancora, due-tre-quattro volte. Occupato-occupato-occupato. Perché *lei* stava chiamando *me*. Ero così emozionato che mi tremavano le mani. Mi costrinsi a smettere di comporre il numero e aspettai che il cellulare squillasse. Mi sedetti ai piedi del letto e mi guardai intorno in camera di mia figlia per contenere l'impazienza.

Tutte le sue vecchie cose erano ancora lì. Non ricevevo mai ospiti, quindi non avevo mai avuto motivo di liberarmene. I poster del liceo erano ancora alle pareti: gli One Direction, i Jonas Brothers, e un bradipo che sorrideva con aria stupida appeso a un albero. C'erano una grande mensola di trofei sportivi e una grossa cesta di vimini traboccante di animali di peluche. Tenevo quasi sempre la porta chiusa e cercavo di ignorare l'esistenza di quella stanza. Ma di tanto in tanto (più spesso di quanto mi sarebbe piaciuto ammettere) entravo e mi sedevo sulla sua enorme poltrona a sacco, cullandomi al ricordo di quando eravamo tutti insieme, di quando eravamo una famiglia. Ripensavo a come io e Colleen ci stringevamo nel lettino e Maggie piombava in mezzo a noi e ridevamo come idioti leggendo *Buonanotte, Gorilla!*

Il cellulare squillò di nuovo.

Lo stesso numero.

«Papà? Mi senti meglio?»

Ora la sua voce era chiara. Quasi come se fosse proprio lì accanto a me, con indosso il pigiama del Re Leone, pronta per andare a letto.

«Maggie, stai bene?»

«Sto bene, papà. È tutto a posto.»

«Dove sei?»

«A casa. Voglio dire, nel mio appartamento. A Boston. E va tutto bene.»

Aspettai che continuasse, ma non aggiunse altro. Forse non sapeva da dove cominciare. E nemmeno io, a essere sincero. Quante volte avevo immaginato quel momento? Quante volte avevo provato quella conversazione sotto la doccia? E ora che stava succedendo davvero, tutto ciò che riuscii a dire fu: «Hai ricevuto le mie cartoline?».

Perché Dio solo sa quante gliene avevo mandate: per il compleanno, per Halloween, cartoline e basta. Chiuse in una busta, con dieci o venti dollari in contanti e un breve messaggio.

«Sì, le ho ricevute» rispose. «È da un po' che volevo chiamarti, a dire il vero.»

«Mi dispiace tanto, Maggie. Tutta questa situazione...»

«Non voglio parlarne.»

«Okay. D'accordo.» Mi sentivo come uno di quei negoziatori di ostaggi nel telefilm *Rescue 911*. Il mio obiettivo numero uno era trattenere Maggie al telefono, continuare a farla parlare, quindi virai su un argomento più sicuro: «Lavori ancora da Capaciti?».

«Sì, ho appena festeggiato il mio terzo anniversario.»

Maggie era molto orgogliosa di quel lavoro. Era stata assunta più o meno quando erano iniziati i nostri problemi, e molto prima che chiunque avesse mai sentito parlare di Capaciti. All'epoca era solo una delle tante startup di Cambridge che promettevano di cambiare il mondo con una nuova tecnologia top secret. Nel frattempo erano arrivati ad avere ottocento dipendenti sparsi in tre continenti, e avevano appena mandato in onda uno spot pubblicitario con George Clooney e Matt Damon durante il Super Bowl. Avevo letto tutto quello che ero riuscito a scovare sull'azienda, sempre in cerca di un accenno al nome di mia figlia, o almeno di qualche informazione sulla sua vita e la sua carriera.

«Le nuove Chevrolet sono fantastiche» dissi. «Appena si abbassano i prezzi...»

Maggie mi interruppe a metà frase: «Papà, ho una novità. Mi sposo».

Non fece nemmeno una pausa per lasciarmi metabolizzare la notizia. Iniziò a snocciolare dettagli come se non riuscisse più a trattenersi. Il suo fidanzato si chiamava Aidan. Aveva ventisei anni. La sua famiglia avrebbe ospitato il ricevimento in una villa di proprietà nel New Hampshire. E intanto io ero ancora fermo alla prima bomba.

Stava per sposarsi?

«... e nonostante tutto quello che è successo» continuò, «sarei davvero felice se venissi.»

3

Mi chiamo Frank Szatowski e ho cinquantadue anni. Ho trascorso la maggior parte della mia vita adulta guidando un veicolo per le consegne della United Parcel Service. Avete presente quei furgoni marroni che sfrecciano per le strade del vostro quartiere, carichi di merce ordinata online? UPS li chiama veicoli per le consegne, anche se sono a tutti gli effetti furgoni di grosse dimensioni. Ho iniziato da giovane, appena congedato dall'esercito, e di recente sono stato inserito nel Circle of Honor, un gruppo d'élite di autisti che hanno lavorato almeno venticinque anni senza mai fare un incidente.

Guadagno abbastanza bene e mi è sempre piaciuto il mio lavoro, anche se diventa ogni giorno più difficile. Quando ho cominciato, alla fine degli anni Novanta, i pacchi erano per buona parte ancora delle scatole. La cosa più pesante che potevi trovarti a sollevare era un computer fisso Gateway. Di questi tempi, lasciamo perdere. La gente ordina di tutto, e a noi tocca trascinare futon, schedari, alberi di Natale artificiali, televisori a schermo piatto, persino tavoli da ping-pong. E gli pneumatici, santa madre di Dio, quelli sono il peggio. Lo sapevate che si possono comprare online? Vengono spediti in confezioni da quattro, legati insieme e impacchettati, così non possiamo nemmeno farli rotolare.

Comunque, compresi gli straordinari, in genere arrivavo a centomila dollari netti all'anno. La mia Jeep era pagata, il mutuo estinto, e non dovevo un centesimo a Visa e MasterCard. Ancora tre anni e sarei potuto andare in pensione anticipata con un introito decente e assistenza sanitaria completa. Niente male per uno che non ha mai messo piede al college, no? Fino alla morte di mia moglie, e all'inizio di tutti i miei problemi con Maggie, dicevo sempre di essere fortunato. Ero convinto di essere il bastardo più fortunato sulla faccia della Terra.

E ora sentite come andò avanti la conversazione.

«Il matrimonio è fra tre mesi» annunciò Maggie. «Il 23 luglio. So che te lo sto dicendo all'ultimo, ma...»

«Ci sarò» risposi, e la mia voce si incrinò perché stavo iniziando a piangere. «Certo che ci sarò.»

«Okay, bene. Perché domani spediamo le partecipazioni e... volevo sentirti prima.»

A quel punto la conversazione iniziò ad arrancare, come se lei si aspettasse che dicessi qualcosa, ma io ero troppo commosso per parlare. Strinsi il pugno e mi picchiai il petto, tre botte forti per impedirmi di scoppiare in lacrime. *Dai, Frankie. Riprenditi! Non fare il bambino!*

«Papà? Ci sei?»

«Dimmi di Aidan» proposi. «Il mio futuro genero. Dove l'hai conosciuto?»

«A una festa in maschera, a Halloween. Ci sono andata vestita come Pam di *The Office*, hai presente? Be', Aidan era Jim. Appena è arrivato tutti continuavano a chiederci di metterci vicini. Abbiamo iniziato a fare delle scene del telefilm, e lui era fenomenale.»

Non riuscivo a concentrarmi sulla storia perché ero troppo

preso a fare i calcoli. «Vi siete incontrati lo *scorso* Halloween? Sei mesi fa?»

«Sì, ma mi sembra di conoscerlo da sempre. A volte quando parliamo ho l'impressione che mi legga nel pensiero. Una specie di telepatia. Era così anche per te e la mamma?»

«Immagino di sì, quando ci siamo conosciuti.» Poi eravamo cresciuti e diventati più saggi, e avevamo realizzato che erano soltanto i sintomi di un'infatuazione giovanile. Non mi presi la briga di spiegarglielo. Mi piaceva sentire la felicità nella voce di Maggie, la dolce musica della speranza e dell'ottimismo.

«Che lavoro fa Aidan?»

«È un pittore.»

«Iscritto all'associazione di categoria?»

«No, non fa l'imbianchino, è un artista.»

Ero determinato a mostrarmi incoraggiante, ma ammetterete anche voi che la notizia lasciava spiazzati.

«Per vivere fa l'artista?»

«Sì, ha un paio di quadri esposti in gallerie, ma si sta ancora facendo un nome. Una reputazione. Funziona così. E poi insegna al MassArt.»

«E quanto gli danno?»

«Come, scusa?»

«Quanto guadagna?»

«Non ho nessuna intenzione di dirtelo.»

Non ne capivo il motivo, ma la sentii sospirare e innervosirsi, per cui decisi di non insistere. Forse Maggie aveva ragione: lo stipendio del suo futuro marito artista non era affar mio. E poi, avevo un sacco di altre domande.

«Primo matrimonio?»

«Sì.»

«Figli?»
«Niente figli e niente debiti, non preoccuparti.»
«Sua madre?»
«La adoro. Al momento ha dei problemi di salute, soffre di emicranie. Ma ha iniziato una nuova cura e pare stia funzionando.»
«E il padre?»
«Fantastico. Straordinario.»
«Cosa fa?»
Maggie esitò. «È complicato.»
«In che senso complicato?»
«Non proprio *complicato*. Ma sarebbe una conversazione più lunga di quella che voglio avere ora.»
Che diamine significava?
«È una domanda semplice, Maggie. Come si guadagna da vivere?»
«La cosa importante è che mi sposo e desidero che tu venga al matrimonio. Il 23 luglio nel New Hampshire.»
«Ma non puoi dirmi cosa fa suo padre?»
«Potrei, ma mi faresti altre domande, e ora devo andare. Ho una prova abito alle dieci e la sarta è completamente fuori di testa. Se ritardo anche solo di un minuto, mi fa rimandare l'appuntamento.»
Era chiaro che voleva riattaccare, ma non riuscii a trattenermi dal fare un ultimo tentativo: «Per caso è in prigione?».
«No, non è niente di male.»
«È famoso? È un attore?»
«Non è un attore.»
«Ma è famoso?»
«Te l'ho detto, non voglio parlarne.»

«Dimmi il suo nome, lo cerco su Google.»

La linea sembrò interrompersi per un momento, come se Maggie avesse chiuso la telefonata o disattivato il microfono per parlare con qualcun'altro. Poi tornò.

«Credo che dovremmo parlarne a cena. Io, tu e Aidan. Pensi di poter venire a Boston?»

Certo che potevo andare a Boston. Sarei andato anche al Polo Nord, se Maggie me l'avesse chiesto.

Propose sabato sera alle sette e mi diede il nome di un pub irlandese in Fleet Street, vicino alla Old State House. Poi ripeté che doveva mettere giù e scappare alla prova dell'abito. «Ci vediamo questo weekend. Non vedo l'ora.»

«Anch'io» risposi, ma non potevo chiudere la telefonata senza almeno un tentativo di scusarmi. «E ascolta, Maggie, mi dispiace per tutto, okay? Sono stato malissimo in questi ultimi anni. So di aver sbagliato, avrei dovuto gestire meglio la situazione, e vorrei...»

A quel punto fui interrotto da un breve *clic*.

Aveva riattaccato.

4

Mia moglie è morta di aneurisma cerebrale, una di quelle cose che si paragonano spesso a delle bombe a orologeria. Colleen lavorava in un negozio di cartoleria. Un minuto prima stava aiutando un maestro delle elementari a cercare la colla con i brillantini, e quello dopo era a terra, priva di conoscenza. È morta sull'ambulanza che la trasportava all'ospedale del Santo Redentore. Trentasei anni. Una tragedia da molti punti di vista, considerando le cose terribili che sto per raccontarvi. Perché mia moglie sapeva riconoscere un contaballe da un chilometro di distanza. Si sarebbe accorta del problema molto prima di me.

Maggie aveva dieci anni quando sua madre se ne andò. L'inizio della pubertà è forse il periodo peggiore per perdere un genitore. Ricordo di aver desiderato che l'aneurisma fosse venuto a me invece che a Colleen, perché mia moglie avrebbe cresciuto Maggie senza difficoltà, e la mia assicurazione sulla vita avrebbe provveduto ai bisogni di entrambe. Invece avevo dovuto accontentarmi del supporto di mia sorella Tammy. Abitava a una decina di chilometri di distanza e mi ha sempre aiutato un sacco; accompagnava Maggie alle visite mediche e dal dentista e a farsi prescrivere le lenti a contatto e dal ginecologo e ai controlli dermatologici e a fare un milione di altre cose, in modo che io potessi lavorare per pagare le bollette e mettere del cibo in tavola. Fu un periodo stressante, e sono il primo ad ammettere di aver commesso una montagna di errori. Riconosci di aver fatto un gran casino quando la tua unica figlia smette di parlarti, chiudendosi nel silenzio per tre anni di fila. Ma ve ne parlerò più avanti. Prima di raccontarvi la storia del precedente cosiddetto fidanzato di Maggie, devo dirvi del suo nuovo fidanzato, e del perché mi sono insospettito fin da subito.

Il giorno dopo il suo grande annuncio a sorpresa, Maggie mi richiamò per comunicarmi un cambio di programma: «Forse è meglio se vieni a casa nostra. Mangeremo qui».

Non mi aveva detto che lei e Aidan vivevano già insieme, ma non rimasi sorpreso. Gli affitti a Boston costavano una fortuna, e lui probabilmente risparmiava parecchio con una coinquilina. E Maggie aveva sempre odiato il suo vecchio appartamento. Era un minuscolo e umido monolocale nel seminterrato di una palazzina vittoriana, e pullulava di pesciolini d'argento, quegli insetti lunghi e pelosi che sembrano gigantesche sopracciglia. Le piovevano nella vasca ogni volta che faceva la doccia, e si ritrovava a ballare il tip tap intorno ai loro cadaveri gonfi d'acqua. Mia figlia sosteneva di passare tutti i weekend negli uffici di Capaciti pur di non stare in quel posto orrendo. Ero sicuro che fosse stata entusiasta di recedere dal contratto e trasferirsi da Aidan.

Tuttavia, insistetti per vederci in un ristorante. «È un'occasione speciale, non voglio che cucini.»

«Non cucinerò.»

«Cucina Aidan?»

«Non preoccuparti, papà. Vieni e basta.»

Credevo di aver capito il problema. Forse, con il matrimonio in vista, i ragazzi si erano fatti due conti e avevano deciso di fare economia. Avevo già cercato su Google «quanto guadagna un insegnante d'arte», e lasciatemi dire che la risposta non era incoraggiante. Il salario medio era di quarantamila dollari, che non è niente per una città come Boston. Con quarantamila dollari puoi permetterti al massimo un paio di lattine di fagioli.

Assicurai a Maggie che avrei pagato la cena in un ristorante a loro scelta. «Cinese, italiano, quello che volete. Non bado a spese.»

Lei ripeté che dovevo andare a casa loro. «È all'uscita della Interstate 93. Vicino allo Zakim Bridge.»

«Abitate vicino a un ponte?»

«Non proprio vicino, ma si vede dalla finestra.»

«Ed è un posto sicuro? Non succederà niente alla mia Jeep?»

«Andrà tutto bene, papà. Aidan vive qui da tre anni e non ha mai avuto problemi.»

Aveva l'aria di pensare che le mie fossero domande stupide, ma siamo onesti: di questi tempi non si può accendere la radio senza sentir parlare di omicidi, furti di automobili e sparatorie. E «all'uscita della Interstate 93» non prometteva nulla di buono. Quell'autostrada era ingolfata notte e giorno, nessuna persona benestante avrebbe scelto di vivere lì vicino.

Comunque, tenni le mie preoccupazioni per me e chiesi a Maggie di inviarmi l'indirizzo. Dovevo tenere la mente aperta. E sarei andato ovunque pur di incontrare mia figlia.

5

A parte i quattro anni di servizio nell'esercito degli Stati Uniti, ho vissuto tutta la mia vita a Stroudsburg, Pennsylvania, una cittadina di seimila abitanti nelle Pocono Mountains. Siamo amati dai turisti perché abbiamo lo sci, il nuoto, l'equitazione e chilometri e chilometri di sentieri, oltre a un grazioso centro con negozi e ristoranti. In inverno lo ricopriamo di lucine per farlo assomigliare a un villaggio di Natale. A marzo si tiene l'annuale parata di San Patrizio, con i camion dei pompieri, le cornamuse e la banda musicale del liceo. E ogni anno a luglio c'è lo StroudFest, un festival musicale all'aperto con band di musica dal vivo e danze in strada. Non voglio dire che sia una destinazione turistica di grido – sono consapevole che nessuno chef stellato sta per aprire un ristorante da queste parti –, ma Stroudsburg è pulita e alla portata di tutti, e le scuole sono buone. Si sente sempre parlare di piccole città con i bilanci in rosso, ma in un modo o nell'altro noi ancora riusciamo a cavarcela.

Boston era abbastanza lontana, quindi uscii di buon'ora, ansioso di mettermi in viaggio. A metà del Connecticut iniziai a vedere i cartelloni pubblicitari del nuovo Chrysler Reactor e della Miracle Battery, il prodotto che ha reso famosa Capaciti.

Ha le performance migliori di ogni altro veicolo elettrico in vendita negli Stati Uniti: oltre milleduecento chilometri di autonomia con una sola ricarica, anche con la musica alta e l'aria condizionata a palla. Tutti i cartelloni ripetevano lo stesso slogan – IL FUTURO DELLA MOBILITÀ È GREEN – e avvertivo un piccolo moto di orgoglio ogni volta che ne superavo uno. Maggie lavorava nell'ufficio marketing, e mi piaceva credere che avesse aiutato a realizzare la campagna, o almeno conoscesse le persone che l'avevano ideata. Tutte quelle pubblicità enormi e costose venivano viste da milioni di automobilisti ogni giorno, e mia figlia aveva contribuito a crearle. Avrei voluto che sua madre potesse vederlo.

Poco dopo le due mi fermai a Worcester, circa un'ora a ovest di Boston, per cercare una sistemazione economica. Trovai un motel Super 8 all'uscita dell'autostrada che pubblicizzava stanze libere a sessantanove dollari e il gestore fu contento di offrirmi un check-in anticipato, quindi non persi altro tempo a guardarmi intorno. La camera era misera, con macchie di umidità sul soffitto e bruciature di sigaretta sui mobili, ma il materasso sembrava comodo e il bagno era pulito, quindi mi parve un buon affare.

Prima di entrare in città mi fermai in un supermercato per comprare dei fiori. Avevano dei bei bouquet vicino alle casse. E, una volta lì, presi anche una confezione dei biscotti preferiti di Maggie. E due piccoli estintori in saldo a dieci dollari, perché averne di scorta non guasta mai.

Tutti quei regali erano eccessivi? Può darsi. Però ricordavo com'era essere giovani e spiantati, e pensai che Maggie e Aidan avrebbero apprezzato l'aiuto.

Alle sei raggiunsi il Charles River e mi ritrovai imbottigliato nel traffico di Boston. Avanzai penosamente a passo d'uomo sullo Zakim Bridge, ma il traffico era più scorrevole dall'altra parte. Presi la prima uscita e seguii il fiume per circa un chilometro e mezzo, finché la strada si concluse senza sbocchi ai piedi di un'enorme torre di acciaio e vetro: Beacon Plaza. Secondo il navigatore ero arrivato a destinazione, ma doveva esserci un errore. Sembrava il grattacielo del film *Trappola di cristallo.* I fari della mia auto illuminarono un cartello con i principali occupanti del palazzo: Accenture, Liberty Mutual, Banco Santander e un sacco di altri nomi che sembravano di studi legali. Era sabato sera, quindi buona parte delle luci era spenta. Scorsi una donna al bancone dell'ingresso, quindi lasciai la Jeep in una zona di carico e scarico e andai a chiedere informazioni.

Mi sembrò di essere entrato in una cattedrale: uno spazio vasto e cavernoso, di vetro e pietra lucida. Durante la settimana la lobby doveva essere affollata di migliaia di persone dirette al lavoro, ma ora c'eravamo soltanto io e la giovane donna al centro dell'atrio, in piedi dietro un bancone che assomigliava a un altare.

«Signor Szatowski?» mi chiese.

Non riuscivo a crederci. «Come sa il mio nome?»

«Margaret ci ha avvertiti del suo arrivo. Ho soltanto bisogno di un documento, signore. La patente andrà benissimo.»

Era bionda, minuta e molto carina, e indossava un elegante tailleur blu. Estrassi il portafogli, di pelle logora e con i bordi sfilacciati, sul punto di sgretolarsi. «È un edificio residenziale?»

«È a uso misto. Perlopiù commerciale. Ma i piani più alti, dove vivono Aidan e Margaret, sono tutti residenziali.»

Le porsi la mia patente della Pennsylvania, e Olivia (più da vicino riuscii a leggere il nome sul cartellino) la prese con enorme riverenza. Come se le avessi appena passato una copia originale della Dichiarazione di Indipendenza. «La ringrazio, signor Szatowski. L'ascensore D è alla sua destra, la porterà di sopra.»

«Ho lasciato la macchina nella zona di carico e scarico» spiegai. «Per caso c'è...»

Un giovanotto si materializzò alla mia destra, comparendo dal nulla. «Mi occupo io del veicolo, signor Szatowski. C'è un garage sotto l'edificio.»

Non so cosa fosse più incredibile, se il fatto che tutti conoscessero il mio nome o che lo pronunciassero alla perfezione. Se avete una goccia di sangue polacco, saprete che la S è muta e il resto si pronuncia Za-tou-ski. Ma in genere tutti pronunciano anche la S. Mi chiamano Siza-to-ski, o peggio. Non avete idea di come lo storpiano.

Il ragazzo allungò una mano per prendere le chiavi, ma avevo lasciato i regali in macchina, quindi lo seguii fuori per recuperarli. Mi consegnò un cartoncino con il suo numero di telefono e mi chiese di chiamarlo quando sarei stato pronto a ripartire, in modo da potermi riconsegnare l'auto. Presi un dollaro dal portafogli e cercai di darglielo, ma lui arretrò come se il mio denaro fosse radioattivo.

«È un piacere, signore. Buona serata.»

Rientrai e Olivia mi accolse con un sorriso da sciogliere il cuore. Non capivo cosa ci facesse una donna del genere incatenata al banco di una reception di sabato sera. Avrebbe potuto fare la cheerleader nella National Football League o la modella per Victoria's Secret. «Buona serata, signore.»

«Grazie.»

Entrai nell'ascensore D, una stretta scatola nera con le pareti di acciaio liscio. Era la prima volta che salivo su un ascensore senza pulsanti. Non c'era un pannello di controllo, quindi non sapevo come farlo funzionare. Ma poi le porte si chiusero e l'ascensore partì lo stesso, all'apparenza di sua spontanea volontà. In alto, un piccolo schermo si illuminò con i numeri dei piani: 2 – 3 – 5 – 10 – 20 – 30 – PH1 – PH2 – PH3. A quel punto rallentò e si fermò, le porte si aprirono e apparve Maggie, con il sole che tramontava alle sue spalle. Indossava un dolcevita e pantaloni neri, aveva in mano un bicchiere di vino bianco e sembrava al settimo cielo.

«Papà!»

Era un miraggio? Mi aspettavo di arrivare in un corridoio di porte numerate e piante in vaso. Invece ero stato teletrasportato in un salotto luminoso e arredato con stile, con enormi vetrate affacciate sullo skyline della città. Era sconcertante e disorientante, sembrava anche un po' finto, come se fossi sbarcato sul set di una serie televisiva.

«Dov'è l'appartamento?»

Maggie rise. «È *questo*.»

«Abiti qui?»

«Da febbraio. Dopo il fidanzamento, Aidan mi ha invitato a vivere con lui.» Le porte dell'ascensore cominciarono a chiudersi e lei le bloccò con la mano. «Dai, papà. Vieni fuori.»

Feci un cauto passo in avanti, spaesato, non del tutto sicuro che il pavimento mi avrebbe sorretto. Quasi non riconoscevo mia figlia. Da piccola Maggie era quello che la gente definisce un maschiaccio. Le piacevano le salopette e le magliette sportive, e rubava le camicie di flanella dal mio armadio, annodandosele in vita per accorciarle. Poi, al liceo, aveva virato nella direzione opposta, passando alle gonne a balze, ai vestiti floreali e ai folli ritrovamenti nei negozi di seconda mano. Ora aveva adottato un look da Ivy League, elegante e chic, urbano e sofisticato. Si era lasciata crescere i capelli: le arrivavano a metà della schiena, ed erano molto più folti, cosa su cui doveva aver investito un mucchio di soldi. E aveva uno scintillio nello sguardo che non vedevo da quando era bambina. Sembrava una principessa della Disney sul punto di mettersi a cantare. Oppure, per farla più semplice, mia figlia era innamorata persa.

«Maggie, sei splendida.»

Lei agitò una mano per sminuire il complimento. «Ma no.»

«Sul serio! Cos'hai fatto?»

«È la luce. Questo edificio fa sembrare tutti dei top model. Fatti abbracciare.»

Mi passò le braccia intorno alla vita e premette il viso contro il mio petto. Ero così felice che mi sarei messo a piangere. Perché c'era stato un tempo in cui mia figlia mi abbracciava ogni giorno. Quando aveva sei anni giocavamo al «mostro degli abbracci»: lei strisciava sul tappeto, ringhiando, ruggendo e mordendomi le caviglie, e l'unica cosa che la faceva trasformare di nuovo in una bambina era un abbraccio che la sollevava da terra, con le braccia e le gambe che si dimenavano. Non pensavo a quel gioco da almeno dieci anni, il ricordo era riemerso da chissà dove.

«Sono felice che tu sia qui» disse, parlando piano nella mia spalla. «Grazie di essere venuto.»

Avevo di nuovo il groppo in gola. Non volevo parlare, temevo che la voce mi si sarebbe spezzata e avrei iniziato a frignare come un bambino. Perciò mi sciolsi dall'abbraccio e le consegnai la busta con i regali. Maggie parve confusa dagli estintori, ma apprezzò molto i fiori.

«Sono bellissimi» disse. «Andiamo a cercare un vaso.»

Non ero mai entrato in un appartamento direttamente dall'ascensore, quindi avevo bisogno di un attimo per orientarmi. Il «salotto» era soltanto una parte di un gigantesco spazio che occupava un angolo del grattacielo. Le pareti esterne di vetro offrivano una vista panoramica sullo skyline di Boston. E quelle interne erano ricoperte di facce: uomini e donne di tutte le età, tutti fotografati in bianco e nero e rivolti verso l'osservatore. Nessuno poteva essere un modello professionista, perché avevano troppi difetti. Rughe, macchie, palpebre cadenti, denti storti, capelli radi e menti appuntiti. In altre parole, sembravano persone comuni, gente che si potrebbe incontrare mentre si fa la spesa o sull'autobus al ritorno dal lavoro.

«Questi sono di Aidan» disse Maggie con orgoglio. Guardai meglio e realizzai che ogni fotografia era in realtà un dipinto, eseguito con maestria in bianco e nero e nei toni dell'argento e del grigio. «Ne ha venduti un paio, ma questi sono i suoi preferiti, quindi li teniamo in casa. Che ne pensi?»

Li trovavo leggermente inquietanti, a essere onesto. Tutte quelle facce che mi fissavano con espressione fredda, come se fossero state fotografate contro la loro volontà. D'altra parte, se un paio di visi angoscianti servivano a pagare l'affitto di un attico di lusso, avrei senz'altro imparato a conviverci. «Sono fantastici, Maggie. Ha davvero molto talento.»

Svoltammo un angolo, superammo una sala da pranzo ed entrammo in una cucina moderna, con due lavandini, ripiani in marmo, elettrodomestici di acciaio inossidabile, e un mucchio di piccoli schermi. Una donna bassa con i capelli scuri era ai fornelli, a mescolare qualcosa in un tegame, ma si interruppe per venire a salutarmi. «Buonasera, signor Szatowski. Sono Lucia.»

«Ti prego, chiamami Frank. Piacere di conoscerti.»

«Lucia è una cuoca eccezionale» spiegò Maggie. «Ho imparato un sacco di cose guardandola.»

Lucia arrossì. Era piuttosto giovane e non capivo in che modo fosse imparentata con la famiglia.

«Sei la sorella di Aidan?»

Lei arrossì ancora di più, come se le avessi fatto un complimento. «Oh, no, avrò soltanto il piacere di cucinare per voi stasera.»

Maggie spiegò che Lucia si era formata da Cariño, uno dei pochi ristoranti di Boston ad aver ricevuto una prestigiosa stella Michelin, e ora lavorava come chef privata, preparando pasti per i suoi clienti a domicilio. Solo allora capii che Aidan aveva assunto quella donna per cucinarci la cena.

«Posso offrirti qualcosa da bere? Abbiamo birra, vino, cocktail, acqua minerale...»

«Qualsiasi cosa» risposi.

Lucia sorrise paziente, incerta su come procedere, e realizzai che le stavo complicando la vita.

«Che ne dici di una birra?» suggerì Maggie.

«Perfetto.»

Lucia ci invitò a metterci comodi; disse che si sarebbe occupata dei fiori e mi avrebbe portato la birra fra un minuto. Maggie mi accompagnò in salotto e propose di aspettare Aidan fuori, in terrazza. «È bloccato nel traffico, ma arriverà presto.»

Una delle grandi finestre affacciate sullo skyline era in realtà una porta scorrevole, e a un lieve tocco di Maggie si aprì, scivolando di lato, per farci passare. Come l'appartamento, la terrazza occupava tutto l'angolo dell'edificio, ed era arredata con divani, poltrone, tavolini e bracieri. Ma io ero attratto soprattutto dal panorama. Non avevo mai visto la città da quell'altezza. Era un modo completamente nuovo di guardare Boston, con una vista aperta su Fenway Park, Faneuil Hall e i velieri a tre alberi nel porto; sembrava un modellino in miniatura.

«Santo cielo, Maggie!» esclamai. «Non mi avevi detto che Aidan era...» Mi fermai un attimo prima di pronunciare la parola *ricco.* Non volevo saltare alle conclusioni sbagliate. «Quanto pagate di affitto?»

«Aidan ritiene che l'affitto sia uno spreco di soldi. Ha comprato la casa come investimento.»

«Come fa un insegnante di arte di ventisei anni a potersi permettere un simile investimento immobiliare?»

«Ecco, vedi, per questo volevo incontrarti di persona. Il cognome di Aidan è Gardner. Suo padre è Errol Gardner. Sai chi è?»

Avevo passato gli ultimi tre anni a leggere tutto ciò che riuscivo a trovare su Capaciti, quindi certo che sapevo chi fosse Errol Gardner. Era la mente dietro la Miracle Battery, l'amministratore delegato dell'azienda. Nell'ultimo anno gli erano stati dedicati articoli sul *Wall Street Journal* e il *Washington Post,* ed era persino stato invitato alla Casa Bianca dal presidente Biden. Forse non era famoso come Jeff Bezos o Elon Musk, ma, per chiunque seguisse il mercato dell'automobile negli Stati Uniti, Errol Gardner era un pezzo grosso.

«Stai per sposare il figlio di Errol Gardner?»

«Vedrai, ti piacerà. È un tipo con i piedi per terra.»

«Errol? O il figlio?»

Lei rise. «Entrambi! Sono tutti e due fantastici.»

Mi aggrappai alla ringhiera per non perdere l'equilibrio. Fino a quel momento ero stato convinto di avere una visione chiara del futuro di Maggie. Immaginavo che avrebbe avuto una vita normale, barcamenandosi tra carriera, asilo nido, compiti a casa, passaggi in macchina, lezioni di danza, allenamenti, e un'infinità di conti da pagare. Mi ero ripromesso di aiutare lei e Aidan come potevo; che avrei mandato loro qualche centinaio di dollari extra ogni tanto, giusto per contribuire. Invece eccomi qui, quaranta piani sopra il Charles River, a contemplare il suo futuro da tutt'altra prospettiva. Mi sembrava di essere su Marte, a milioni di anni luce da casa.

«È incredibile, Maggie. Perché non me l'hai detto prima?»

Lei indicò lo skyline, le centinaia di grattacieli e migliaia di persone e la miriade di piccole luci intermittenti. «Non è facile da descrivere al telefono. Bisogna vederlo con i propri occhi.»

Ripensai al suo vecchio appartamento, il monolocale freddo e umido nel seminterrato con la vasca piena di pesciolini d'argento. «È un bel cambiamento rispetto a quella topaia di Talmadge Street.»

La mia voleva essere una battuta, ma lei parve a disagio.

«Non era una topaia. Era solo piccolo.»

«Lo odiavi» le ricordai. «Dicevi che era come la cella di una prigione.»

«Ero melodrammatica» ribatté, con un'alzata di spalle. «Non era poi così male.»

Lucia mi portò un bicchiere di birra ghiacciata e scomparve in fretta com'era arrivata. Maggie sollevò il suo calice di vino per proporre un brindisi.

«Ai nuovi inizi» disse.

Facemmo tintinnare i bicchieri, e non potei trattenere oltre le mie scuse. «Sono davvero così felice che tu mi abbia chiamato, Maggie. I problemi che abbiamo avuto... Voglio tu sappia che me ne assumo tutta la responsabilità.»

Mia figlia mi interruppe con un gesto della mano. «Papà, diamoci un taglio. Ricominciamo da zero, d'accordo? Abbiamo sbagliato entrambi. Non intendo passare la serata a parlare di quello che è accaduto.»

«Sto cercando di scusarmi.»

«E io accetto le tue scuse. Non c'è bisogno di soffermarci oltre su questa cosa. È tutto a posto.»

A me non sembrava affatto. Credevo che sarebbe stato un bene discutere di cos'era successo e scoprire le carte, però Maggie voleva pensare al futuro. «Preferirei parlarti del matrimonio. Posso? Va bene per te?»

Certo che mi andava bene. Volevo sentire ogni dettaglio. Maggie disse che i Gardner insistevano per pagare tutto, perché volevano ospitare il ricevimento nel loro «campo estivo» nel New Hampshire, e la lista degli invitati stava raggiungendo le trecento persone. La madre di Aidan aveva assunto una wedding planner per gestire la logistica, ma aveva lasciato le scelte creative a Maggie: inviti, disposizione dei posti, tovaglie, centrotavola, e un migliaio di altre piccole decisioni che richiedevano la sua attenzione. Mia figlia non si era mai sentita così sopraffatta.

«Posso aiutarti in qualche modo?»

Lei sorrise, come se l'offerta fosse apprezzata ma difficile da concretizzare. «Non proprio. Devi soltanto venire.» A quel punto doveva aver visto il suo promesso sposo entrare in casa, perché si sporse verso di me e abbassò la voce. «Eccolo che arriva. È un po' nervoso per questo incontro, quindi cerca di essere carino, okay?»

«Certo che sarò carino...»

«E non dire niente dei lividi. È stato appena aggredito e rapinato, ma non vuole parlarne.»

«È stato *rapinato*?»

Non fece in tempo a rispondermi, perché la porta di vetro si aprì e Aidan Gardner uscì in terrazza per unirsi a noi. Il mio primo pensiero fu che sembrava troppo giovane per vivere in una casa così bella. Aidan aveva il petto ampio e le spalle di un adulto, ma il viso era ancora quello di un adolescente. I suoi vestiti erano casual, però sembravano costosi: una giacca sportiva blu sopra una maglietta bianca con lo scollo a V. Il tipico outfit dei ragazzini delle boy band nei poster in camera di mia figlia.

Ed era indubbiamente bello, tralasciando il cerchio scuro intorno all'occhio sinistro.

«Eccoti, finalmente!» esclamò Maggie, accogliendo il fidanzato con un abbraccio e un bacio. «È un secolo che siamo qui ad aspettarti.»

Io e Aidan ci stringemmo la mano. La sua stretta era solida come una roccia. Se era nervoso, sapeva dissimularlo bene.

«Signor Szatowski, è un piacere conoscerla.»

«Chiamami Frank, ti prego.»

«Scusate il ritardo. C'era un incidente in autostrada... anzi, mi sa che si vede ancora.» Indicò un tratto di strada dall'altro lato della città: una fila di luci dei freni rosse che si accendevano e spegnevano. «Sono dovuto passare proprio lì in mezzo.»

«Non preoccuparti, Aidan. Mi stavo godendo la vista. Spettacolare.»

«Possiamo cenare in terrazza, se vuoi.» Aidan si girò verso Maggie. «A meno che non faccia troppo freddo per te.»

Maggie accolse con entusiasmo la proposta, quindi Aidan si girò e bussò sul vetro della finestra per chiamare Lucia. La chef corse fuori. «Sì?»

«Ceniamo in terrazza» la informò.

«Perfetto.»

«E vorrei un Old Forester Manhattan con vermouth dry.» Mi indicò. «Frank, gradisci un'altra birra?»

Sull'onda dell'entusiasmo avevo già finito la prima. «Volentieri, ma posso prendermela io, non vorrei disturbare.»

«Te la porta Lucia. Sediamoci.»

Ci spostammo a un tavolo da quattro che si trovava in fondo alla terrazza. Mentre prendevamo posto lanciai un'altra occhiata al suo volto. C'era un taglio che non avevo visto prima, quasi all'attaccatura dei capelli, e Aidan si accorse che l'avevo notato.

«Mi dispiace» disse, indicando i lividi. «Sono un disastro.»

Maggie gli posò una mano sul braccio. «Non importa, tesoro. Non dobbiamo parlarne.»

«È la prima volta che incontro tuo padre e sembra che sia appena sceso da un ring. *Dobbiamo* parlarne.»

«Solo se non ti mette a disagio» intervenni. «Maggie mi diceva che sei stato coinvolto in una rapina.»

Aidan spiegò che una galleria di Chicago stava esponendo cinque dei suoi dipinti, ed era rimasto fino a tardi al vernissage. Era mezzanotte passata quando si era avviato al suo hotel, e si era ritrovato da solo in una strada buia e deserta. Tre uomini gli si erano avvicinati; uno aveva una pistola. Gli avevano chiesto il portafogli e lui glielaveva consegnato subito, senza fiatare.

Poi uno dei tizi l'aveva comunque steso con un pugno, e gli altri l'avevano preso a calci.

«È terribile, Aidan. Mi dispiace.»

Lucia tornò con i nostri drink, e il ragazzo fece una pausa per bere un sorso del suo Manhattan. L'alcol parve calmargli i nervi. «Sarebbe potuta andare peggio. Mentre ero lì sul marciapiedi, cercando di proteggermi la testa, ho sentito avvicinarsi una macchina. Un tassista. Ha visto cosa stava succedendo e ha iniziato a suonare il clacson, così sono scappati.»

«La polizia li ha presi?»

Lui assunse un'aria imbarazzata. «Non l'ho chiamata. So che avrei dovuto, ma si era fatto veramente tardi e avevo un volo al mattino presto. Volevo soltanto tornare a casa.»

«Come hai fatto a prendere l'aereo senza portafogli?»

«Oh, avevo il passaporto in hotel. E per il resto ho usato il cellulare. Grazie a Dio esiste Apple Pay.»

Maggie gli prese la mano, se la posò in grembo e si girò verso di me. «E ora sai tutta la storia, quindi parliamo d'altro, va bene? Qualcosa di più allegro, magari?»

Ero felice di cambiare argomento. Feci i complimenti a Aidan per i dipinti e gli chiesi dove prendeva ispirazione. Raccontò che i suoi soggetti erano «personaggi» che individuava camminando per le strade di Boston: insegnanti, autisti di Uber, baristi, buttafuori, infermiere e cassiere. Disse di avere una memoria prodigiosa per i volti. Gli bastava un minuto di osservazione per imprimersi un viso nella mente, dopodiché passava giorni a trasferirlo sulla tela.

«Sono incredibili, Aidan.»

Lui alzò il bicchiere in una specie di saluto. «Grazie.»

«Dico sul serio. Sono così belli che sembrano fotografie.»

Aidan sorrise a labbra strette e Maggie si mosse sulla sedia, a disagio. «Papà, *non* è un complimento.»

«Certo che sì.»

«In realtà è una delle cose che danno più sui nervi a Aidan. Detesta quando gli dicono che i suoi dipinti sembrano delle fotografie.»

«Ma è vero!»

«No, invece. Non potresti mai ottenere delle immagini del genere con un obiettivo. E prova a pensare al tuo complimento dal punto di vista di Aidan. Perché qualcuno dovrebbe perdere ore a dipingere quando potrebbe avere lo stesso risultato con un iPhone?»

«Non importa» le disse Aidan.

Provai a correggere il mio errore. «Intendevo semplicemente che sono molto realistici, Aidan. È come se avessi catturato l'anima di quelle persone.»

«Lo apprezzo molto, Frank. E non mi sono offeso. Davvero.»

Si scolò il resto del Manhattan e fece cenno a Lucia attraverso il vetro di portargliene un altro. Dopo il secondo drink parve più rilassato, anche se rimasi un po' sorpreso quando ne ordinò un terzo. Non capivo se fosse nervoso o solo infastidito al pensiero di dover cenare con me.

6

Alle sette, Lucia iniziò a servirci diversi vassoietti di cibo, disponendoli a centro tavola, come in una cena in famiglia. Le portate erano così tante che non riuscivo a tenere il conto. Maggie e Aidan stavano sperimentando una dieta vegana, quindi non c'era carne, solo funghi, melanzane, barbabietole, zucca arrostita, carote e altre verdure, tutte preparate in modi che non avevo mai assaggiato prima. Penserete che un piatto di ortaggi, per quanto grosso, non possa bastare a saziare una persona, ma dopo la sesta o settima portata stavo per scoppiare.

«Lucia, sei una maga» le dissi. «Se cucinassi per me tutte le sere, diventerei vegano in un batter d'occhio.»

«Grazie, Frank» disse lei, arrossendo di nuovo. «Ma assicurati di lasciare un po' di spazio per il dolce.»

Per tutta la cena fu mia figlia a portare avanti la conversazione. Mi mostrò l'anello di fidanzamento, un enorme diamante dal taglio a pera su una montatura d'oro giallo, spiegandomi che era un cimelio di famiglia, appartenuto alla nonna di Aidan. E parlò con grande entusiasmo del ricevimento di nozze. Sarebbe stato «rustico» e «country style», con un sacco di fiori di campo e attività all'aperto. Di tanto in tanto lanciavo un'occhiata a Aidan per capire cosa ne pensasse, ma sembrava contento che fosse la sua fidanzata a parlare per entrambi. Era chiaro che fosse Maggie a decidere tutto, lui si lasciava trascinare. Suppongo che molti uomini si sentano così riguardo al proprio matrimonio, ma ci tenevo a coinvolgerlo nella conversazione.

«E il viaggio di nozze?» chiesi. «Andate da qualche parte?»

«Non abbiamo ancora deciso» rispose. «Hai dei suggerimenti?»

Gli dissi che io e Colleen eravamo stati grandi fan della Carnival Cruise. Da novelli sposi avevamo fatto una crociera di sei notti alle Bahamas e lo staff ci aveva trattati come dei vip. Feci del mio meglio per descrivere tutti gli incredibili comfort dell'esperienza – gli scivoli d'acqua, i massaggi di coppia, gli spettacoli teatrali all'altezza di quelli di Broadway –, ma dovevo aver esagerato nei dettagli, perché mi accorsi che Maggie aveva smesso di ascoltare. Stava guardando un messaggio sul suo Apple Watch. Quello stupido aggeggio non aveva smesso di illuminarsi e vibrare per tutta la cena.

«Scusate» disse, alzandosi di scatto. «Devo fare una telefonata. Un problema al lavoro.»

«Sono le otto e mezzo» osservai. «Chi lavora a quest'ora?»

«Capaciti non si ferma mai» esclamò Aidan, e realizzai che stava citando lo slogan della pubblicità dell'azienda al Super Bowl. «Vai pure, Margaret. Non preoccuparti per noi, io e tuo padre staremo bene.»

«Cinque minuti» promise lei, e gli diede un rapido bacio sulla fronte prima di sfrecciare dentro casa. Aidan finì il suo ultimo Manhattan e fece cenno a Lucia di portargliene un altro. Il quarto, se i miei calcoli erano corretti.

«È sempre così?» domandai.

«Solo sette giorni a settimana» rispose lui con una benigna alzata di spalle, come se si fosse già rassegnato alle abitudini lavorative della fidanzata.

La conversazione proseguì, benché a fatica. Con un paio di semplici domande tentai di far parlare Aidan. Gli chiesi della sua famiglia e del suo corso al MassArt, ma ottenni risposte brevi e frettolose; sembrava felice di starsene seduto in silenzio a sorseggiare il suo cocktail. Ero deluso che, da parte sua, di domande non ne arrivassero affatto; speravo che volesse conoscermi un minimo, o almeno sapere qualcosa dell'infanzia di Maggie.

Invece restammo a fissare il panorama in silenzio finché mia figlia non tornò in terrazza con un altro bicchiere di vino. «Era l'ultima interruzione, lo prometto.» Aidan le chiese se andava tutto bene e lei crollò sulla sedia. «Sistemeremo tutto.»

«Forse dovresti dare a tuo padre la bella notizia.»

Nello sguardo di Maggie scorsi un lampo di panico, poi scosse con forza la testa. «È troppo presto.»

«Ma è tuo padre...»

«Lo so, ma eravamo d'accordo di non dire niente.»

E a quel punto mi ero fatto un'idea abbastanza precisa di quale fosse la notizia. Quando un uomo e una donna corrono all'altare dopo sei mesi di relazione, il motivo non può che essere uno. Incrociai le dita sul cuore e promisi che non l'avrei detto ad anima viva, poi mi sporsi in avanti, così che Maggie potesse sussurrarmi la novità all'orecchio. «Qual è il segreto?»

Lei inspirò a fondo. «Capaciti lancerà un nuovo reparto per il settore aerospaziale, e io farò parte del team.»

«Non farai *parte* del team» precisò Aidan. «È un'importante promozione. Avrà uno staff tutto suo e non solo.»

Dovevo aver assunto un'espressione sconcertata, perché Maggie cominciò a spiegare cosa significava. Disse che il principale ostacolo a un trasporto aereo al cento per cento elettrico erano le enormi dimensioni delle tradizionali batterie al litio. E il vero miracolo della Miracle Battery non stava tanto nella sua durata, quanto nel peso estremamente ridotto. Il piano era iniziare dagli aerei più piccoli per il trasporto merci ed espandersi poi ai velivoli di linea. «E senti questa» disse. «Siamo già in contatto con UPS. Il mese scorso abbiamo incontrato Armando Castado: è entusiasta del progetto.»

Santa madre di Dio. In una serata piena di sorprese, questa era la più esplosiva di tutte. Armando Castado aveva iniziato a lavorare alla UPS nel 1990 come magazziniere e corriere, per poi dare la scalata alle vette aziendali fino al ruolo di amministratore delegato. Non conoscevo nessuno che lo avesse incontrato di persona. «Mi stai dicendo che hai *parlato* con Armando Castado? Eravate nella stessa stanza?»

«Sì, e gli ho anche detto che sei un loro dipendente e che sei entrato nel Circle of Honor. Era molto colpito. Mi ha risposto che si sarebbe ricordato il tuo nome.» Schioccò le dita. «Anzi, ci siamo fatti una foto!» Prese il cellulare, picchiettò sullo schermo finché non trovò l'immagine e me lo passò. E sì, era proprio mia figlia, con Armando Castado e una decina di altri pezzi grossi tutti sorridenti.

«Non ci credo, Maggie.» All'improvviso tutto quell'alcol cominciava a farsi sentire, ero stravolto. «Non so nemmeno cosa dire.»

«Puoi dire che sei felice per me» rispose lei. «Perché io sono felice, papà, molto. E sono contenta che sarai al nostro matrimonio.»

Fece il giro del tavolo per venire ad abbracciarmi e io non riuscii a trattenermi, credo di aver versato un paio di lacrime. Aidan distolse cortesemente lo sguardo mentre mi tamponavo gli occhi, poi Lucia servì il caffè, ovviamente il più buono che avessi mai bevuto.

La serata sarebbe finita in bellezza se non mi fossi fermato a usare il bagno prima di andarmene. Lucia era in quello di servizio, quindi Maggie mi condusse per un breve corridoio fino al bagno padronale, a cui si accedeva da lì o dalla camera da letto adiacente. «Ti metto via qualche avanzo» si offrì. «Ci vediamo in cucina.»

La stanza era enorme, con due lavandini, un gigantesco box doccia e una vasca grande abbastanza da farci stare LeBron James. Usai il gabinetto e mi avvicinai ai lavandini. Sul ripiano era sparsa una gran quantità di prodotti di bellezza e cosmetici. Argilla curativa azteca. Dentifricio al carbone. Filo interdentale in fibra di bambù. Passai un minuto o due a guardarmi intorno, cercando di capire perché qualcuno dovrebbe spendere chissà quanto per il gel da barba italiano Acqua di Parma invece di optare per la cara vecchia schiuma Barbasol. Tuttavia mi dissi che molte cose della nuova vita di Maggie erano destinate a sembrarmi strane: come il suo avveniristico spazzolino elettrico, sotto carica sul lavandino tramite un cavo USB.

Avevo smesso di curiosare in giro e stavo per andarmene quando notai che l'acqua del gabinetto continuava a scorrere. Aspettai un altro po', ma la situazione non migliorò, e avevo riparato troppi water in vita mia per non sapere che qualcosa non andava. O la valvola di scarico era marcia e andava sostituita, oppure (così speravo) bisognava soltanto abbassare il galleggiante, che era la cosa più facile. Sollevai il coperchio di porcellana, lo misi da parte e mi resi conto che il problema in realtà era il tubo di scarico, il piccolo flessibile di gomma che alimenta la valvola di troppo pieno. Qualcosa l'aveva staccato, quindi lo rimisi a posto, risparmiando ai ragazzi una chiamata da centinaia di dollari a un idraulico.

Poi ripresi il coperchio, e fu allora che notai una busta di plastica nera attaccata al fondo, tenuta ferma da diversi strappi di nastro isolante. Era una busta della spazzatura, ritagliata a formare una piccola tasca. Ci infilai le dita e sentii qualcosa di duro all'interno, più o meno delle dimensioni del mio libretto degli assegni.

Poi sentii bussare alla porta, un colpo forte e insistente.

«Papà?» chiese Maggie. «Va tutto bene?»

7

Domenica mattina tornai a casa in Pennsylvania e trovai la posta del sabato ad attendermi sul portico. Il pezzo forte era la piccola busta color crema con il mio nome e l'indirizzo scritti in una elegante calligrafia nera. All'interno c'era un biglietto con il seguente messaggio:

Errol e Catherine Gardner
sono lieti di invitarvi al matrimonio
del figlio Aidan Gardner con
Margaret Szatowski,
figlia di Frank e Colleen Szatowski.

Sabato 23 luglio alle 15
Osprey Cove
1 State Road
Hopps Ferry, New Hampshire

Seguirà ricevimento.

Non avevo ancora finito di leggere l'invito quando il cellulare iniziò a squillare. Era mia sorella Tammy, che canticchiava con vocetta acuta e stonata: «Si sposaaaaa! E noi andiamo al matrimoniooooo! Non riesco a crederci, Frankie! Sarai super eccitato!».

«Ti è arrivato l'invito?»

«Sì, e Maggie mi ha appena chiamata. Ha detto che voi due avete fatto pace e vi parlate di nuovo, finalmente.»

Tammy voleva tutti i dettagli della mia cena a Boston, ma non sapevo da dove cominciare. Continuavo a pensare alla busta nera nascosta nella cassetta del WC di Aidan. Non potevo guardare cosa c'era dentro senza romperla, quindi avevo lasciato tutto com'era, avevo rimesso a posto il coperchio ed ero uscito in fretta.

Ma avevo passato gran parte del viaggio di ritorno a pensare ossessivamente a quella busta e al suo contenuto. Immaginavo che fossero soldi. Credo sia sensato tenere un po' di contanti a portata di mano, in modo da non farsi trovare impreparati in caso di emergenza. Ma perché mai Aidan avrebbe dovuto nascondere dei soldi nello sciacquone? Era molto più facile metterli in un libro. O nel barattolo della farina. O nelle tasche di una vecchia giacca. Metterli nel gabinetto non aveva senso, a meno che non stesse cercando di nasconderli a Maggie. Perché se conosceva un minimo mia figlia sapeva che non avrebbe mai aperto il coperchio di un water infilandoci le dita.

«Allora, qual è il verdetto?» chiese Tammy. «Ti piace il ragazzo?»

«Sì, Tam, non sembra male.»

Lei rise. «Frankie, non stiamo parlando della pizza surgelata del supermercato. È il futuro marito di Maggie!»

«La chiama Margaret.»

«A lei piace. Suona più professionale. Lavora in un settore dominato dagli uomini.»

«Non è facile farsi un'idea. È stato gentile, ma piuttosto taciturno. Non credo di aver conosciuto il vero Aidan.»

«O forse sì. Forse il vero Aidan è gentile e taciturno. C'è di peggio, Frankie. Di sicuro è meglio di Dottor Cell Phone.»

Dottor Cell Phone (al secolo Oliver Dingham) era un argomento delicato fra me e mia sorella, perché ancora non eravamo d'accordo su cosa quella relazione avesse davvero significato per Maggie. «Non avrebbe mai sposato Oliver Dingham.»

«Esatto! Un motivo in più per apprezzare Aidan. Scommetto che era solo nervoso per l'incontro. Hai una stazza abbastanza intimidatoria, e il povero ragazzo vuole sposare tua figlia. Mettiti nei suoi panni.»

«Non aveva paura di me, Tammy. Era soltanto... disinteressato. Ho provato a parlargli della madre di Maggie e non gli sarebbe potuto importare di meno.»

«Oppure hai frainteso» suggerì lei.

Tammy si era sposata a diciannove anni, aveva divorziato a ventuno e non aveva mai avuto figli suoi. Ma aveva passato gli ultimi dieci anni ad accogliere bambini in affido, quindi si considerava un'esperta di psicologia genitoriale. Nessuno dei suoi affidi era mai durato più di un anno, e di sicuro non era mai stata il genitore di una venticinquenne. Mia sorella, però, si sentiva comunque autorizzata a darmi consigli non richiesti.

«Frankie, lascia che ti dica una cosa. Sei *sempre* stato duro con i fidanzati di Maggie. Fin da quando era adolescente e ha iniziato a uscire con i ragazzi. Nessuno era mai all'altezza della tua piccolina. Ma non vedo chi possa essere meglio di questo tizio. È bello, è intelligente, è un artista, e *in più* possiede ottantamila azioni di Capaciti.»

«Te l'ha detto Maggie?»

«L'ho letto su internet. Ho stalkerato tutta la famiglia su Google. Puoi chiedermi quello che vuoi su Errol Gardner.»

«Si sposa con *Aidan* Gardner.»

«Ma la mela non cade mai lontano dall'albero. E poi Errol Gardner si prende cura di tutta la famiglia. Sostiene economicamente le sorelle e i dieci nipoti. Licei privati, vestiti alla moda, vacanze ai Caraibi. Quei ragazzini sono come le Kardashian!»

«Non dovresti spiarli.»

«Sono su TikTok.»

«Non mi interessa. Se ti scoprono fai una figuraccia.»

«Ti prego, Frankie. Ho così tanti profili che non potrebbero mai beccarmi. Voglio solo assicurarmi che la nostra ragazza sia al sicuro. Per esempio, sai se firmerà un contratto prematrimoniale?»

Dovevo ammettere che mi ero posto la domanda, ma non avevo trovato il coraggio di fargliela.

«Non lo so.»

«Be', io sì, perché gliel'ho chiesto.»

«E?»

«Seguo una regola semplice nella vita, fratellino. Se non chiedi, non ottieni. Quindi, quando Maggie mi ha chiamato, ho subito scoperto le carte. Le ho detto: "Tesoro, sono sicura che Aidan sia una persona fantastica, ma devi tutelare i tuoi interessi. Pensi di firmare un contratto prematrimoniale?".»

«E lei?»

Tammy fece una pausa a effetto. Non c'era niente al mondo che mia sorella amasse più di un pettegolezzo. Era capace di assaporarlo per ore, analizzando ogni dettaglio ed esaminandolo da varie angolazioni, come un cane che mastica una coscia di tacchino per una serata intera. «Vuoi provare a indovinare?»

«Immagino di no, ed è per questo che sei così eccitata.»

Tammy emise un sonoro ronzio, come se avessi appena sbagliato la risposta in un quiz televisivo. «No! Hanno firmato un accordo prematrimoniale, ma è il miglior tipo di accordo possibile. In caso di divorzio, indipendentemente dalle circostanze, divideranno tutto a metà.»

«Non può essere vero, Tammy.» Non sapevo di preciso quanto valessero ottantamila azioni di Capaciti, ma doveva essere una cifra astronomica. «Perché Aidan avrebbe dovuto accettare?»

«Perché è innamorato! Cotto! Pazzo di lei!»

Parlava come se fosse una notizia fantastica, sensazionale, ma a me non piaceva per niente. Le ricordai che stavano insieme da appena sei mesi. «Perché tanta fretta di sposarsi?»

«Morditi la lingua, Frankie! Nessun padre nella storia del mondo si è mai posto questa domanda. Si sposa all'età perfetta con il ragazzo perfetto, e non dovrai sborsare nemmeno un centesimo per il matrimonio! Sai quanti genitori ucciderebbero per essere nella tua posizione?»

Poco dopo la nostra chiamata, Tammy mi inviò una lunga email contenente i materiali a sostegno delle sue affermazioni: link a ogni genere di sito web, articoli di giornale, post sui social e video di YouTube. Lessi abbastanza sui Gardner da poter scrivere la storia della loro famiglia. Catherine Gardner (nata Riggins) era originaria di Houston, nipote di un importante petroliere del Texas. Era cresciuta in un mondo fatto di guanti bianchi e balli delle debuttanti, poi aveva frequentato il Wellesley College, dove aveva studiato Storia dell'arte. Lì si era innamorata di Errol Gardner – e del New England – e da allora era diventata una bostoniana di prim'ordine, riversando la sua eredità in una vasta gamma di cause filantropiche. Faceva parte dei consigli di amministrazione di una decina di diversi enti di beneficenza e organizzazioni no-profit, dal Boston Children's Hospital al New England Aquarium.

Errol Gardner era nato e cresciuto nella «cittadina operaia di Lowell, Massachusetts» (secondo la sua biografia sul sito di Capaciti) e aveva trascorso due anni a Harvard per poi abbandonare gli studi nel 1987 e avviare Apollo, uno dei primi provider di servizi internet. Tutti i primi finanziamenti provenivano dalla giovane moglie, e nel giro di sette anni la società era stata acquistata da AOL per una somma che non è mai stata resa nota, ma si dice fosse cento milioni di dollari. Da allora Errol si era dilettato con le nuove tecnologie, dai siti di e-commerce ai dispositivi medici. Ma Capaciti era di gran lunga il suo più grande successo, e al momento era amministratore delegato e maggiore azionista della società.

Era impossibile leggere tutta quella roba senza sentirsi intimiditi. Chiaramente Errol e Catherine erano persone intelligenti e di successo, e temevo che mi avrebbero liquidato come una specie di scroccone perché non avrei sborsato un centesimo per il ricevimento. Non potevo certo permettermi una festa per trecento persone, ma ero sempre più convinto di dover fare *qualcosa*, almeno per arrivare al matrimonio con il mio orgoglio intatto.

Il giorno dopo, quindi, chiamai Maggie e le chiesi il numero di telefono di Errol Gardner. Lei si insospettì subito. «Perché vuoi il suo numero?»

«Vorrei presentarmi, dato che stai per sposare suo figlio. È così strano?»

«No, ma...»

«E vorrei contribuire al matrimonio. Non so, pagare almeno gli alcolici.»

Mia sorella non era l'unica capace di fare ricerche in rete. Avevo scorso i siti di matrimoni e tutti confermavano che l'alcol rappresentava la spesa più importante di qualsiasi ricevimento di nozze. Avevo trovato un calcolatore online che, inserendo il numero di invitati (trecento), aveva preventivato un budget compreso tra 5600 e 8000 dollari. Era una somma considerevole, ma non andavo in vacanza da un sacco di tempo, quindi potevo affrontarla senza problemi. Sapevo che per partecipare a testa alta al matrimonio di mia figlia valeva la pena spendere tutti quei soldi. *Buonasera a tutti. Le bevande sono offerte da Frank Szatowski, perciò facciamogli un bell'applauso di ringraziamento.*

«Papà, non puoi pagare l'alcol.»

«Ma devo pagare *qualcosa*. La tradizione vuole che sia il padre della sposa a pagare tutto.»

«Non siamo più nell'Ottocento. Errol Gardner non accetterà un centesimo da te.»

«Perché no?»

«Perché conosce la tua situazione finanziaria.»

«Che significa?»

«Non offenderti. Ma sa che quando ero piccola non avevamo tanti soldi.»

«Ti ho portata a Disney World.»

«Sì, certo...»

«Siamo stati in un albergo del parco, Maggie! Hai idea di quanto costa la colazione con i personaggi?»

«Papà...»

«E ti ho pagato il college. Non hai un centesimo di debito studentesco. Perché sei andata a dirgli che non avevamo soldi?»

«Perché i soldi sono relativi, papà. *Rispetto a Errol Gardner*, non hai soldi. Era questo che intendevo.»

«Invece ce li ho, i soldi. E voglio spenderne una parte per il tuo matrimonio. Ora, ti prego, dammi il numero di telefono di quest'uomo.»

«Sì, ecco, questa è l'altra cosa. Non puoi chiamare Errol Gardner come se nulla fosse. Ha l'agenda piena ventiquattro ore al giorno. Persino le sue assistenti hanno delle assistenti. E questa settimana è in viaggio. A Yokohama. Ha un incontro con la Isuzu.»

Intuii che, se non l'avessi interrotta, mi avrebbe offerto un altro migliaio di spiegazioni sul perché contattare Errol Gardner fosse semplicemente impossibile.

«Maggie, mi servono soltanto dieci minuti del suo tempo, perché suo figlio sta per sposare mia figlia. Ora, se non mi dai il numero, chiamerò il centralino di Capaciti, spiegherò la situazione e lo chiederò a loro.»

Terrorizzata da quella prospettiva, Maggie promise di farmi chiamare da Errol nel giro di quarantott'ore. La sera seguente, mentre sedevo al buio nel mio soggiorno, bevendo la mia birra preferita, la Coors Light, e guardando i Phillies perdere contro i Diamondbacks, il telefono squillò. Numero privato. Errol Gardner si scusò per l'ora tarda; chiamava da un aeroporto di Osaka. Poi forse sentì la televisione in sottofondo, perché mi chiese se ci fosse Zac Gallen sul monte di lancio. Risposi di sì, ma che non stava rendendo un gran servizio alla sua squadra. Venne fuori che Errol era un appassionato di baseball, quindi trovammo subito un terreno comune e mi sentii più a mio agio.

Mi fece un sacco di complimenti per «Margaret». La descrisse come una donna intelligente e sicura di sé, oltre che «un vero astro nascente» di Capaciti. «Continuo a ripetere a Aidan che ha sbancato il jackpot. Un colpaccio. Sono sicuro che aveva una fila di ragazzi fuori dalla porta durante il liceo.»

«I peggiori non bussavano nemmeno» gli dissi. «Restavano in macchina e le mandavano un messaggio per dirle di uscire.»

Errol rise. «Oh, quanto mi avrebbe dato fastidio, Frank! Dev'essere stata dura per te!»

Pensai di dover ricambiare i complimenti e dire qualcosa di carino sul mio futuro genero, quindi definii Aidan un artista di talento con un futuro brillante. Suo padre si limitò a ridere. «Ha scelto una strada difficile per guadagnarsi da vivere, questo è poco ma sicuro. Ti sfido a dirmi i nomi dei cinque pittori più importanti d'America. Anzi, me ne basta uno!» Confessai che ero la persona sbagliata a cui chiederlo, dato che non mettevo piede in un museo dalle scuole medie. «Ma è proprio questo il punto, Frank. Se leggi il *New York Times* trovi centinaia di articoli sull'intelligenza artificiale, la terapia genetica, le nanotecnologie, tutte le grandi innovazioni che stanno cambiando il mondo. Dipingere non è una di queste. Detesto dirlo, ma non importa a nessuno! È uno sforzo infruttuoso. Ma mio figlio dice che è la sua passione, quindi cosa posso fare?»

Trovai che Errol fosse inutilmente severo con il ragazzo. Gli feci notare che era un atto di coraggio da parte di Aidan decidere di andare per la propria strada e avviare una carriera che non seguisse le orme di suo padre.

«È la parte più difficile dell'avere dei figli, Frank. A un certo punto arrivano a un'età in cui non puoi più controllarli. Si drogheranno, svaligeranno banche o dipingeranno strani ritratti, e noi non possiamo farci un bel niente. O accettiamo chi sono o non avremo un buon rapporto con loro. Non è così?»

Mi domandai quanto Maggie gli avesse detto dei nostri tre anni di separazione. Non capivo se fosse un modo per affrontare l'argomento con tatto o se ero semplicemente paranoico.

«Come sta la signora Gardner? Maggie ha accennato a dei problemi di salute.»

«Sta quasi sempre bene, ma un paio di volte al mese soffre di terribili emicranie. Sembra che sia stata investita da un camion. Può soltanto sdraiarsi in una stanza buia e aspettare che passi. La prossima settimana abbiamo appuntamento con un altro specialista al Mount Sinai, e confido che risolverà la cosa prima del grande evento.»

La chiamata durò solo quindici minuti, ma furono sufficienti per farmi un'idea su quell'uomo. Errol era intelligente, divertente, sincero e generoso. Quando la conversazione si spostò sul matrimonio, mi incoraggiò a invitare tutte le persone che volevo. Disse che Osprey Cove (il nome del loro campo estivo nel New Hampshire) poteva accogliere un centinaio di ospiti, e per tutti gli altri c'erano degli hotel nelle vicinanze. Mi sembrò il momento adatto per fare la mia proposta: dissi che erano molto gentili a organizzare e ospitare il matrimonio, ma volevo contribuire alle spese.

«Vorrei occuparmi io del conto del bar.»

«Oh, no, no, no, Frank. Non posso lasciartelo fare. La mia è una famiglia di alcolisti. Mia sorella ti manderà in bancarotta.»

«Ci tengo, Errol. Birra, vino, Long Island Iced Tea, qualsiasi cosa tua sorella desideri.»

«È troppo.»

«Insisto...»

«Assolutamente no.»

«Per favore.»

«Non se ne parla...»

Continuammo così per un paio di minuti, due uomini di mezza età che lottavano per l'orgoglio e la dignità. Errol osservò che non c'era modo di prevedere quanto alcol sarebbe stato consumato, quindi gli dissi del calcolatore che avevo trovato online. Mi offrii di mandargli un anticipo di ottomila dollari e poi saldare la differenza dopo il matrimonio. Alla fine raggiungemmo un compromesso – «Ottomila dollari, non un centesimo di più» – e il giorno dopo inviai l'assegno al suo ufficio di Cambridge. Era una somma importante, la spesa più grande che affrontavo da anni, e avvertii un brivido di orgoglio mentre firmavo l'assegno. Sapevo che erano soldi ben spesi. Un investimento sicuro nel futuro di mia figlia.

8

Le settimane passarono in fretta. Anche se Maggie e i Gardner si stavano sobbarcando l'intera organizzazione, anch'io avevo una lunga lista di cose da fare. Salii in mansarda e tirai fuori il mio vecchio smoking, indossato l'ultima volta il giorno del mio matrimonio, circa ventotto anni prima. Non mi andava più bene, ma mi divertii a provarlo e a frugare nelle tasche. Trovai un tovagliolo sporco di rossetto di Colleen e lo infilai nel portafogli a mo' di amuleto.

Andai al Men's Wearhouse e noleggiai uno smoking grigio chiaro con gilet e papillon abbinati. Il commesso era un ragazzo con i capelli rosa e i piercing alle sopracciglia. Era chiaro che lavorasse a provvigione, quindi ascoltai tutte le sue chiacchiere e mi lasciai convincere a comprare un pacchetto deluxe di accessori che comprendeva scarpe, gemelli e un fazzoletto da taschino. La mia piccolina stava per sposarsi, e mi sentivo pieno di benevolenza nei confronti del mondo intero.

Lavorai al discorso per il brindisi, il mio unico vero compito per il fine settimana. Tutti i siti sui matrimoni che consultai sostenevano che il discorso ideale dovesse durare novanta secondi. «Basta far parlare il cuore» consigliavano «e il discorso si scriverà da solo.» Così provai a far parlare il cuore e mi ritrovai con diciotto pagine di appunti. Le cose che volevo dire erano troppe e non trovavo il modo di riassumerle in novanta secondi. Ogni volta che mi sedevo a lavorarci, quel maledetto discorso si allungava.

Nel frattempo provai a fare delle proposte al mio futuro genero, nella speranza di conoscerlo un po' meglio. Pensai di comprare i biglietti per una partita dei Red Sox, ma Maggie mi aveva detto che Aidan non era un grande appassionato di sport, quindi lanciai l'idea di andare al Museum of Fine Arts di Boston. «Puoi farmi fare un giro e mostrarmi i tuoi quadri preferiti.» Aidan mi era sembrato apprezzare l'invito, ma poi non riuscimmo ad accordarci su una data. Per ogni fine settimana che avevo indicato era saltato fuori un qualche ostacolo o aveva accampato una scusa, così al terzo o quarto tentativo dovetti ammettere che semplicemente non voleva venire. Cercai di non prenderla sul personale. Aidan aveva un padre eccezionale, non gliene serviva un altro. E venivamo da ambienti così diversi che era improbabile diventassimo amici.

Nemmeno Maggie trovava del tempo per me, e questo mi irritava. Ora che ci parlavamo di nuovo, ero ansioso di recuperare il tempo perduto. La chiamavo senza preavviso, giusto per fare quattro chiacchiere, ma, per la maggior parte, le mie telefonate finivano dritte in segreteria. E le poche volte che mi rispondeva le conversazioni non duravano mai più di qualche minuto. Tra l'organizzazione del matrimonio e le nuove responsabilità lavorative da Capaciti, diceva di sentirsi sopraffatta.

«Ma avremo un sacco di tempo nel New Hampshire» promise. «Verrai comunque giovedì, vero?»

Questo era il piano. Anche se la cerimonia si sarebbe svolta il sabato pomeriggio, la famiglia e gli amici intimi erano stati invitati a Osprey Cove già dal giovedì, per tre giorni di cibo, divertimento e attività sul lago. Maggie sembrava ansiosa di mostrarmi tutte le attrazioni del campo.

«Possiamo anche andare in canoa!» disse. «Sarà come i viaggi in campeggio delle Girl Scout.»

Le dissi che era fantastico, poi inventai una scusa per terminare la chiamata in modo che potesse tornare al lavoro. A quel punto era metà luglio, e sapevo che l'avrei vista presto. Mi ripromisi di starmene buono fino al matrimonio, e ci riuscii quasi.

9

La sera prima di partire per il New Hampshire andai da Supercuts per farmi dare una spuntata da Vicky. Porto i capelli molto corti, quindi non c'è mai troppo da tagliare, ma Vicky lavora piano e con metodo, quindi abbiamo sempre un mucchio di tempo per parlare.

Abbiamo la stessa età, ma giuro che lei non dimostra più di quarant'anni. Ha lunghi capelli neri, caldi occhi castani e un sorriso che illumina il salone. Tiene sempre un libro della biblioteca nella sua postazione e ama discutere di quello che sta leggendo al momento. I suoi preferiti sono i romanzi storici, quindi sa dirti tutto dei Tudor e dei vichinghi e di Cleopatra. Buona parte di quei libri sono lunghi tipo ottocento pagine, ma ogni volta che la vedo ne ha sempre uno nuovo.

Vicky è stata sposata due volte e ha divorziato due volte, e lo specchio della sua postazione di lavoro era pieno delle fotografie di due bambini sorridenti. Todd, il maschio, era il suo orgoglio e la sua gioia. Viveva a Brooklyn con il marito e scriveva per il *Wall Street Journal*. Janet, la femmina, le aveva dato un enorme dolore. Era morta un paio di anni prima di overdose. Ma era ancora sullo specchio con il fratello, in posa per Halloween e per il ballo di fine anno e per la mattina di Natale, perché era una parte importante della sua vita e lo sarebbe stata per sempre.

Negli ultimi mesi avevo raccontato a Vicky tutta la storia del mio litigio con Maggie, della nostra inaspettata riconciliazione e dell'imminente matrimonio. Era molto brava ad ascoltare. Non giudicava le persone e faceva sempre domande intelligenti e profonde. A essere onesto, avevo preso in considerazione l'idea di invitarla al matrimonio, ma poi mi ero reso conto di non averla mai vista fuori dal salone, quindi temevo di risultare ridicolo.

Quella sera impiegò un'ora in più del solito per tagliarmi i capelli, perché sapeva che sarei partito per il New Hampshire l'indomani e disse che voleva fosse tutto perfetto. Quando finì, andò a prendere un asciugamano caldo e me lo posò sulla nuca, per poco non mi sciolsi. Avrebbe dovuto farmi pagare un dollaro in più per quel servizio extra, però non lo faceva mai, e a volte mi chiedevo se significasse qualcosa.

Sorrise al mio riflesso nello specchio. «Stai benissimo, Frank. Ti divertirai un mondo al matrimonio, sono molto felice per te.»

Mi alzai controvoglia dalla sedia, sapevo che c'erano altri clienti in attesa, quindi la seguii alla cassa per saldare il conto. Veniva diciotto dollari, ma quando provai a darle i soliti venticinque lei rifiutò. «Offre la casa.»

«Oh, andiamo...»

«È un regalo di matrimonio. Congratulazioni.»

Posai i contanti sul bancone, ma Vicky me li ricacciò in mano. Era davvero molto gentile da parte sua. La ringraziai di nuovo e uscii nel parcheggio del centro commerciale. Proprio lì accanto c'era un ristorante messicano della catena Chipotle e due adolescenti – ragazzine con i cappellini di maglia e le camicie di flanella – che saltavano con lo skateboard sul marciapiedi. Le osservai per un paio di minuti, riflettendo, poi tornai dentro.

Il successivo cliente di Vicky era già in postazione: un ragazzino con i capelli rossi, di sette o otto anni, seduto su un cuscino e avvolto in una mantellina con ufo e dischi volanti. Vicky mi vide avvicinarmi dallo specchio e si voltò, sorpresa. «Che cos'hai dimenticato?»

«Vuoi venire con me?»

«Dove?»

«Nel New Hampshire.»

«Domani?»

«Mi spiace, Vicky, so che è un po' all'ultimo minuto. Volevo chiedertelo prima, ma temevo di metterti in difficoltà.»

«E quindi me lo chiedi *ora*?»

«I Gardner hanno una casa enorme, sono sicuro che avresti la tua stanza. Maggie dice che c'è un sacco di spazio. E scommetto che ti piacerà quella gente, di sicuro leggono un sacco.»

Il bambino osservò la reazione di Vicky nello specchio, di colpo molto interessato alla sua risposta. Lei aprì un cassetto pieno di giocattoli e gli piazzò in mano un dinosauro di plastica. «Senti, Frank, so che questo matrimonio è importante per te. E sono davvero lusingata dell'invito. Ma ho dato disponibilità qui al lavoro...»

«Certo.»

«E siamo incasinatissimi nel weekend.»

«Certo, certo.»

«Non posso piantare in asso le altre ragazze.»

«Ovviamente. Avrei dovuto chiedertelo prima. Mi dispiace, ti sarà sembrato strano.»

«Niente affatto. Sono *felice* che tu mi abbia invitata. E ti giuro, Frank, avrei detto di sì se avessi avuto il weekend libero.» Rifletté un momento, poi aggiunse: «E il vestito giusto. E le scarpe. E un regalo per gli sposi...».

«Capisco.»

«Ma facciamo così. Quando torni, andiamo fuori a pranzo. Mi farai vedere le foto e mi racconterai tutto.» Si allungò per prendere un biglietto da visita e me lo porse. «Qui c'è il mio numero, okay?»

Avevo già cinque di quei biglietti a casa, attaccati al frigo con dei magneti, ma lo presi comunque. Promisi di chiamarla, e lei disse che ci contava.

10

Quella sera parcheggiai nel mio vialetto intorno alle otto. Prima di entrare in casa mi fermai ad aprire la cassetta della posta e vi trovai la solita spazzatura: un volantino del supermercato e richieste di denaro da parte di diversi enti di beneficenza. Quando entrai e gettai la posta sul bancone della cucina, però, notai una busta bianca senza mittente. Sembrava che il mio nome e il mio indirizzo fossero stati digitati su una vecchia macchina da scrivere con il nastro consumato. Nulla che permettesse di identificare chi l'aveva spedita. Solo un francobollo con la bandiera degli Stati Uniti e un timbro postale di Hopps Ferry, New Hampshire.

Aprii il frigorifero, presi una bottiglia di Coors Light e mi sedetti ad aprire la busta. Conteneva un foglio di carta con al centro una fotografia dieci per quindici. Sembrava stampata in casa, con una di quelle stampanti da quattro soldi che ti danno in regalo quando acquisti un computer. I colori erano spenti e slavati, ma l'immagine era chiara. Un uomo e una donna, entrambi giovani, di fronte a un lago. Quasi non avevo riconosciuto il mio futuro genero, perché nella foto Aidan pesava quindici chili in più ed esibiva un sorriso spontaneo e rilassato che non avevo avuto il piacere di vedere durante la nostra cena. Pareva che il fotografo lo avesse immortalato mentre raccontava una storia divertente. La donna, invece, non la conoscevo. Era giovane, aveva l'età di Maggie, con jeans attillati e un top nero scollato. Stava ridendo per qualcosa e si appoggiava al fianco di Aidan; lui le teneva un braccio intorno alla vita e una mano sul fianco. Scarabocchiato in fondo alla pagina, un messaggio: DOV'È DAWN TAGGART???

Ecco tutto. Quattro parole scritte con un pennarello nero. Frugai di nuovo nella busta per controllare se ci fosse altro.

Niente.

Stappai la birra, ne bevvi un lungo sorso e studiai la fotografia. Fino a quel momento avevo avuto al massimo una o due piccole riserve su Aidan; non avevo creduto davvero alla sua assurda storia sull'occhio nero, e non mi piacevano i segreti nascosti nella cassetta del water. Ma era stato facile concedergli il beneficio del dubbio. Avevo riposto la mia fiducia nella capacità di giudizio di mia figlia. Maggie era una donna intelligente, matura e responsabile, e non aveva bisogno che io dubitassi delle sue decisioni.

Ma ora...

DOV'È DAWN TAGGART???

Ne deducevo che fosse la bella ragazza che rideva in fotografia. Ma cosa ci faceva Aidan accanto a lei?

E chi mi aveva mandato quella foto?

Afferrai il telefono e chiamai Maggie. In genere le mie chiamate venivano inoltrate direttamente alla segreteria telefonica, ma quella sera, per qualche motivo, mia figlia rispose.

«Ciao, papà. Che succede?»

«Come stai, Maggie?»

«Be', mancano tre giorni al matrimonio» disse in tono esasperato, come a rimarcare l'evidenza. «Tu stai bene?»

«Sì, ma ho appena ricevuto una strana lettera. Non è proprio una lettera, a dire il vero. Qualcuno mi ha mandato una foto.»

«Che foto?»

«È una foto di Aidan insieme a una ragazza. Di fronte a un lago. E in fondo hanno scritto: "Dov'è Dawn Taggart?"»

Seguì una pausa talmente lunga che pensai fosse caduta la linea.

«Maggie? Sei ancora lì?»

«Cos'altro dice?»

«Niente. Soltanto: "Dov'è Dawn Taggart?". Non so chi l'abbia spedita, ma il timbro postale è di Hopps Ferry.»

Maggie sospirò. «Incredibile.»

«Chi è Dawn Taggart?»

«Papà, ho bisogno che tu faccia una cosa per me. Devi prendere la lettera e la busta e metterle in un sacchetto di plastica. Uno di quelli con la chiusura ermetica. Portale nel New Hampshire domani. Puoi?»

«Perché?»

Fece un respiro profondo. «E va bene, ascolta. Avrei dovuto dirtelo prima, in effetti, perché probabilmente ne sentirai parlare al matrimonio e ti sembrerà chissà cosa. Ma non è niente di importante, capito? Perché Aidan non era coinvolto. Non ha avuto niente a che fare con tutto questo.»

Mi costrinsi a tacere. È una tattica che ho imparato da mia moglie Colleen: diceva sempre che se vuoi che un figlio condivida delle informazioni non devi interromperlo con una sfilza di domande. Devi chiudere il becco e lasciarlo parlare.

«L'anno scorso Aidan è uscito con una ragazza che poi è

scomparsa. Si chiamava Dawn Taggart. A novembre è andata a fare un'escursione e non è più tornata. Non si sa dove sia finita.»

Maggie disse che non si sapeva molto altro. Dawn aveva sempre vissuto a Hopps Ferry e aveva ventitré anni quando era scomparsa. La polizia aveva trovato la sua macchina nel parcheggio di una foresta demaniale del New Hampshire, accanto ai bagni pubblici e all'inizio di un sentiero. Le piogge avevano impregnato il terreno, ostacolando gli sforzi delle squadre di ricerca. Nessuno era riuscito a stabilire se Dawn avesse effettivamente percorso il sentiero o fosse semplicemente salita a bordo di un altro veicolo e fosse andata via.

«E cosa c'entra Aidan?»

«Niente, appunto. La polizia l'ha scagionato subito. Il giorno della scomparsa di Dawn si trovava a trecento chilometri di distanza. A Boston. Ma la madre di Dawn incolpa comunque Aidan.»

«Perché?»

«Perché è pazza! Lui la conosceva a malapena.»

«Hai appena detto che uscivano insieme.»

«Una volta! Sono usciti insieme una sola volta, non era niente di serio.»

Guardai la foto sul tavolo. Aidan teneva un braccio intorno alla vita di Dawn, la mano sul suo fianco. Sembravano a loro agio insieme, come due che hanno già superato gli imbarazzanti preliminari di un corteggiamento.

«Quindi chi è stato a mandarmela?»

«La madre di Dawn, probabilmente. Sta già tartassando i Gardner, immagino che ora sia il tuo turno. Per questo domani devi portare qui la lettera. È una prova che i Gardner possono consegnare agli avvocati.»

«Ci sono di mezzo gli avvocati?»

«Certo, papà. Tutta questa storia è un espediente per estorcere loro del denaro. La madre di Dawn vuole che i Gardner la paghino per stare alla larga.»

«Ha detto questo? Ha chiesto dei soldi?»

«Non ancora, ma gli avvocati dicono che è quello il suo obiettivo. Fidati di me, papà, se avessi visto questa donna saresti d'accordo con me. È sempre ubriaca, passa le giornate in camicia da notte. E si imbratta la faccia di trucco arancione. Sembra un'ospite di *Dr. Phil.*»

«Di chi?»

«Il talk show con tutti i pazzi che litigano, hai presente? Lei sarebbe perfetta. Vive in una foresta. In una roulotte.»

Questa è una delle cose strane di Maggie: credo che a volte si dimentichi che anch'io sono cresciuto in una roulotte, come molti dei miei amici; e i nostri genitori non assomigliavano per niente ai pazzi che si vedono in televisione. La maggior parte dei nostri vicini erano persone oneste, lavoravano sodo, conducevano vite modeste e pagavano in tempo le bollette.

«Il punto è che le importa solo dei soldi» continuò Maggie. «Quindi devi portare qui la foto e darla a Errol, okay?»

«Certo, certo» le dissi. Non feci troppe domande perché ci tenevo a mostrare il mio sostegno. Se c'era da prendere posizione, non volevo trovarmi dalla parte sbagliata. «Come la sta vivendo Aidan?»

«È dura per lui. E per tutta la famiglia. Hanno persino assunto un investigatore privato per ritrovare Dawn e mettere fine a questa storia. Ma indovina? Il detective pensa che Dawn sia scappata volontariamente. Per allontanarsi da sua madre. Pare che ogni anno negli Stati Uniti scompaiano seicentomila persone, e molte di loro non vogliono essere trovate. Lui è convinto che Dawn stia facendo la cameriera a Las Vegas. O a Key West. Lontanissima da casa, ma sana e salva.»

Parlava con grande sicurezza, quasi che questa fosse la versione acclarata degli eventi, una teoria che avrei dovuto accettare come un dato di fatto. Ma ricordavo bene cosa si provava a essere giovani e innamorati, e come la passione mi rendesse cieco davanti ai peggiori difetti di mia moglie. Per esempio, all'inizio apprezzavo la capacità di Colleen di finire le frasi che iniziavo, mentre dopo il matrimonio avevo più la sensazione di essere interrotto di continuo. Quindi temevo che Maggie potesse non essere obiettiva su Aidan, ma ovviamente non volevo contraddirla, quindi tenni per me quelle preoccupazioni.

Dopo la telefonata andai al computer, lanciai Google e cercai «Dawn Taggart New Hampshire». Trovai un breve articolo su una specie di giornale locale chiamato Hopps Ferry Messenger, che dava della scomparsa più o meno lo stesso resoconto che ne aveva fatto Maggie. La Toyota Corolla di Dawn era stata ritrovata in un parcheggio in una foresta demaniale, ma non si sapeva dove fosse lei. Non c'era il minimo accenno a Aidan Gardner nell'articolo, e, a quanto vedevo, nemmeno altrove su internet.

Infilai la fotografia e la busta in un sacchetto con chiusura ermetica, secondo le istruzioni di mia figlia. Quindi lo portai in camera mia e lo riposi in valigia. Ero così emozionato per il viaggio che avevo già quasi finito di preparare i bagagli. Le mie scarpe Oxford nere erano lucidate a specchio, lo smoking era in un porta abiti e, siccome Maggie aveva detto che il lago aveva una spiaggia, avevo persino comprato un costume nuovo. Non vedevo l'ora di arrivare nel New Hampshire e conoscere i miei consuoceri. Non vedevo l'ora di accompagnare mia figlia lungo la navata, brindare con lo champagne e ballare con lei. Volevo festeggiare il matrimonio e augurare ai novelli sposi tutta la felicità del mondo. Perciò mi costrinsi ad accettare la spiegazione di Maggie su Dawn Taggart e ignorai la vocina nella mia testa che mi sussurrava che qualcosa non andava.

Parte seconda

L’arrivo

1

Avevo impostato la sveglia per le cinque del mattino di giovedì, ma aprii gli occhi al buio alle tre e mezzo. Da quando io e Maggie avevamo litigato faticavo a dormire, e ogni volta che restavo sveglio di notte tendevo a concentrarmi sulle preoccupazioni, elencando i molti modi in cui avevo deluso mia figlia. A volte mi chiedo se capiti anche ad altri genitori. Avete mai passato una notte intera a girarvi e rigirarvi fra le lenzuola, rivivendo i peggiori errori fatti con i vostri figli? Io ne ho una lunga lista.

Come la volta che andammo al parco divertimenti Busch Gardens per il settimo compleanno di Maggie e lei dimenticò il suo amico panda di peluche in una stazione di servizio. Eravamo già in macchina da due ore quando se ne accorse, quindi tornare indietro avrebbe allungato il viaggio di quattro ore. Mia moglie e mia figlia mi implorarono di fare dietrofront e finimmo a fare a gara a chi urlava di più. Non avevo alcuna intenzione di rovinarci la giornata per un peluche da sei dollari. Promisi a Maggie che le avrei comprato un altro panda – più grande di quello perso – una volta arrivati. Ero convinto che se ne sarebbe dimenticata completamente non appena avesse visto le gigantesche montagne russe. Invece passò il fine settimana preoccupata a morte, convinta che il povero signor Panda fosse stato gettato nella spazzatura e stesse soffocando sotto una coltre di tovagliolini unti e involucri di hamburger sporchi di ketchup. Mia figlia quasi non mi rivolse la parola per il resto del weekend, e il viaggio fu un fiasco totale. Non credo che mi abbia mai perdonato per quell'episodio. Di certo io non me lo sono perdonato.

Ma per ogni storia orrenda come quella del signor Panda potrei raccontarvene una in cui invece ho fatto la cosa giusta. Ho aiutato Maggie a ridipingere la sua camera cinque volte, perché scopriva sempre nuovi colori e stili audaci che le piacevano di più. Le ho insegnato le basi della difesa personale; le ho spiegato come chiudere la mano per tirare un pugno e mi sono assicurato che capisse il potere devastante di colpire un uomo dove non batte il sole. E visto che mi guadagnavo da vivere guidando, come potete immaginare l'ho aiutata a prendere la patente. Ha superato il test al primo tentativo, e l'esaminatrice l'ha presa in giro dicendole che era pronta a lavorare per UPS.

Cercai di focalizzarmi sui ricordi felici, nella speranza che mi aiutassero a riaddormentarmi. Che ci crediate o meno, c'era stato un tempo in cui Maggie si fidava di me, in cui si sentiva a suo agio nel confidarmi speranze e sogni, persino segreti. Vi faccio un esempio. Più o meno in terza media l'umore di mia figlia era precipitato. Una sera aveva cenato tutta imbronciata e, dopo aver lavato i piatti, era salita in camera sua, aveva chiuso la porta e sparato a tutto volume le canzoni di Lana Del Rey sulla morte e i cuori spezzati. Le chiesi se qualcosa la preoccupasse, ma non mi rispose. Così la mattina dopo la portai da Waffle House per convincerla a darmi delle risposte.

La colazione da Waffle House era una nostra tradizione. Mia moglie Colleen aveva lavorato lì e le cameriere più anziane si ricordavano ancora di lei, quindi ricevevo sempre un trattamento di riguardo, e tutti adoravano Maggie. Le portavano refill gratuiti, pastelli per colorare e qualsiasi altra cosa potesse desiderare.

Quella mattina ordinammo il solito: caffè caldo e omelette con le verdure per me, pancake alle fragole con panna montata per Maggie. Nessuno di noi due disse molto finché non arrivò il cibo, e a quel punto iniziai il mio interrogatorio.

«Come va a scuola?»

«Bene.»

«Le lezioni ti piacciono?»

«Sì.»

«Qualcuno ti crea problemi?»

«No.»

«Mi sembri un po' strana.»

Alzata di spalle.

«Sicura che nessuno ti stia dando fastidio?»

«Sì» rispose. «Per favore, puoi smetterla di tormentarmi?»

Non me lo aspettavo. Alzai entrambe le mani in segno di resa e smisi di farle domande, ma il mio improvviso silenzio parve farla sentire peggio.

«Papà, va tutto bene. Ti puoi rilassare.» Si sporse sul tavolo e sussurrò: «È solo il ciclo».

Non sapevo che avesse il *ciclo*.

«Da quando?»

«Non lo so. Natale?»

Non riuscivo a crederci. Natale era stato quattro mesi prima. E avevo passato gli ultimi due anni a prepararmi per quell'occasione. Le avevo anche comprato un libro illustrato che spiegava il motivo per cui tutta quella roba usciva da lei.

«Perché non me lo hai detto?»

Mi fece cenno di abbassare la voce. «Non volevo che fosse una grande notizia.»

«Ma è una cosa importante! L'hai detto a zia Tammy?»

«Solo alle mie amiche.»

«E l'occorrente? Come l'hai trovato?»

«Semplice: sono andata in farmacia, come una persona normale. Tutte le mie amiche ce l'avevano già, quindi sapevo cosa cercare.»

Era tipico di Maggie. Nel corso degli anni, l'avevo vista diventare sempre più indipendente e ora eccola lì, ad affrontare un enorme traguardo senza l'aiuto mio o di mia sorella. Ero sorpreso, ma anche molto, molto orgoglioso.

«Devo comprarti io l'occorrente» dissi. «Non spendere la tua paghetta. Basta che mi dici quanto costa.»

«Va bene, ma smetti di chiamarli "occorrente". Sono assorbenti.»

«Ti porto da Walmart» promisi. «Ti prendo la confezione di assorbenti più grande che hanno.»

Finito di mangiare, salutai la cameriera e chiesi il conto. Maggie mi guardò calcolare la mancia e contare i soldi. Visto che ormai stava crescendo, era più consapevole dei prezzi, e forse l'acquisto dei suoi assorbenti aveva qualcosa a che fare con quello.

«Il venticinque per cento di mancia non è troppo?»

«Sì, ma tua madre lo lasciava sempre. Diceva che queste cameriere se lo meritavano. E io mi lamentavo che buttava via i nostri soldi.»

«Allora perché adesso lo stai facendo?»

Feci spallucce. «In caso ci stia guardando. Penso che ne sarebbe felice.» Puntai la penna contro di lei. «E *tu*, con la tua grande novità, la renderesti sicuramente felice. Sarebbe così fiera di te, Maggie.»

2

Avevo detto a mia sorella che volevo partire presto, e lei aveva accettato di farsi trovare pronta alle sei. Tammy viveva in un grande complesso residenziale chiamato The Preserve a Saddle Brook Crossing. I palazzi erano puliti e tranquilli, abitati da persone che lavoravano e andavano a letto a un'ora decente. Il suo era un appartamento con due camere e l'ingresso al piano terra, a due passi dal parcheggio.

Suonai il campanello e mi aprì una bambina in maglietta e pantaloncini. Poteva avere nove o dieci anni, con un taglio corto in stile militare, come se avesse appena finito l'addestramento di base a Fort Jackson. «Buongiorno, signor Frank.»

Buona parte dei bambini in affido di mia sorella hanno problemi con il nostro cognome, quindi Tammy dice loro di chiamarmi «signor Frank». Ma lei ero sicuro di non averla mai vista. Aveva un aspetto strano, con la faccia rotonda e gli occhi troppo distanti. Come se qualcuno le avesse stirato i lineamenti con un matterello.

«Chi sei?»

«Abigail Grimm, con due emme.» Levò il chiavistello e aprì. «La signorina Tammy dice che è meglio se entri. Non è ancora pronta.»

La casa di mia sorella assomiglia a un bazar ingombro di cianfrusaglie. Ovunque ci sono candele profumate alla vaniglia o alle spezie, e le pareti sono decorate con un mucchio di citazioni incorniciate: SEI SPECIALE, QUESTA È CASA TUA, C'È SEMPRE POSTO ALLA *MIA* TAVOLA. Piccole frasi sdolcinate per far sentire i bambini in affido parte di una famiglia. Ma non era previsto che Tammy ne prendesse uno in affido quell'estate; si era tenuta libera in vista del matrimonio di Maggie.

Abigail tornò sul divano a guardare la televisione. Il canale delle notizie locali di Allentown. Ai suoi piedi c'era una piccola valigia nera identica alla mia. Era di mia moglie, ma dopo la sua morte l'avevo regalata a Tammy. E ora, a quanto pareva, lei l'aveva passata alla piccola Abigail.

«Stai aspettando un passaggio?» chiesi.

«In che senso?»

«Qualcuno sta venendo a prenderti? Andrai da un'altra famiglia affidataria?»

Lei si grattò un lato della testa, come il personaggio confuso di un fumetto. «La signorina Tammy non mi ha detto niente. Ha detto che stavamo aspettando te.»

La bambina continuò a grattarsi la testa e a scrutarsi le unghie, come se fosse in cerca di qualcosa. Nel frattempo attraversai il soggiorno e chiamai, rivolto al secondo piano: «Ehi, signorina Tammy? Puoi scendere, per favore?».

Passi pesanti scossero il soffitto. Pareva che mia sorella stesse spostando i mobili. «Dammi cinque minuti» gridò in risposta. «Perché sei arrivato così tanto in anticipo?»

«Non sono in anticipo.»

«Sì, invece.»

«Tammy, ti ho detto che volevo partire alle sei. Ho fatto le cose con calma perché *sapevo* che saresti stata in ritardo, e ora sono le sei e un quarto e non sei comunque pronta.»

Nel frattempo, sul divano, Abigail sorrise, rivelando una sfilza di denti storti e gialli.

«Bevi un caffè» disse Tammy. «È in cucina.»

Non volevo un caffè. Ci aspettava un viaggio di quasi cinquecento chilometri, e non volevo rischiare di dovermi fermare di continuo per andare in bagno. Perciò mi sedetti sul divano e guardai il telegiornale con Abigail. C'era stato un incendio in una casa ad Allentown e due fratelli erano morti per il fumo inalato. Il giornalista spiegò che ogni giorno nove americani morivano in incendi accidentali. Stava intervistando l'unica sopravvissuta, una donna di mezza età avvolta in una coperta termica. Il viso della poverina era sporco di fuliggine, cenere e terra, come se si fosse aperta un varco fra le macerie a mani nude, e le tremava la voce. «È il giorno più brutto della mia vita» disse fra i singhiozzi. «Un giorno orribile, orribile.»

Mi guardai intorno in cerca del telecomando e scoprii che ce l'aveva in mano Abigail. «Puoi spegnere?»

«Perché?»

«Perché è tremendo. Non voglio guardarlo.»

La donna sullo schermo si voltò verso la telecamera e mi fissò disperata. «Da oggi in poi» disse «niente sarà più come prima.»

Abigail spense la televisione e mi guardò, in attesa. Come se ora fosse *mia* responsabilità intrattenerla. Ma io ero ben felice di starmene lì seduto ad aspettare.

«Signor Frank, vuoi un po' di pi?»

«Di cosa?»

«Devi rispondere di sì.»

«Ma non ho capito cosa vuoi darmi.»

«È una battuta. Fa ridere solo se dici di sì.»

«Sì?»

Abigail scosse la testa, come a dire che continuavo a non capire. «Okay, rifacciamola. Signor Frank, vuoi un po' di pi?»

«Sì.»

«Tre virgola uno quattro uno cinque nove!» Scoppiò a ridere prima ancora di finire la sua presunta battuta, ricadendo sul divano con le ginocchia al petto. «Ti basta o ne vuoi ancora?»

Chiamai a gran voce mia sorella. «Tammy! Puoi scendere per favore?»

«Ho memorizzato le prime trenta cifre del pi greco» spiegò Abigail. «Ma fa più ridere se ne dici soltanto cinque. Proverò con Maggie quando arriviamo nel New Hampshire.»

«Eh?»

«La signorina Tammy dice che Maggie ha un grande senso dell'umorismo.»

La valigia di mia sorella rotolò giù dalle scale, capovolgendosi più volte prima di schiantarsi contro una parete, seguita di corsa da Tammy. «Attenti!» avvisò, troppo tardi.

Era minuta, con il fisico a pera e i capelli neri e ricci, senza dubbio la persona più carina e gentile che avessi mai conosciuto. Lavorava come assistente sanitaria a domicilio per anziani e infermi, ovvero si occupava di preparare i pasti, cambiare i degenti, allenare la loro mente, testare la memoria, far esercitare i muscoli atrofizzati e pulirli dopo i loro bisogni. Era un lavoro pesante; io non durerei una settimana, e nemmeno voi. E francamente, non sapevo per quanto ancora Tammy avrebbe potuto continuare. Da quando aveva compiuto cinquant'anni era sempre più stanca: la fatica cominciava a farsi sentire.

Ma quella mattina era raggiante. «Buongiorno, fratellino!» Indossava una camicetta azzurra con delle farfalle, pantaloni beige e un paio di sneakers di un bianco immacolato, tutti acquisti fatti proprio per quel fine settimana. Era sempre stata insicura del suo aspetto fisico, quindi le dissi che stava benissimo.

«Grazie, Frankie. Hai già conosciuto Abigail? Ti ha dato la bella notizia? Viene con noi!»

«Sì, volevo parlartene. Siamo fuori tempo massimo per aggiungere un ospite.»

«Te l'avrei detto prima, ma è appena arrivata. E come se non bastasse i servizi sociali l'hanno lasciata senza valigia. Niente cappotto, niente scarpe, soltanto i vestiti che aveva addosso. Quindi ieri sera abbiamo passato tre ore a fare shopping da Walmart...» Venne interrotta da un lieve *ding* proveniente dalla cucina. «Oh, ecco i muffin.»

«Quali muffin?»

«Ho preparato la colazione. Vieni, dammi una mano.»

La seguii in cucina. Tammy si infilò un paio di guantoni e aprì il forno. I muffin erano cotti alla perfezione, con le corone croccanti e dorate costellate di grossi mirtilli succosi. Tammy ne infilzò uno con uno stuzzicadenti e sorrise nel vederlo uscire asciutto. «Sono pronti» dichiarò. «Ne vuoi uno o due?»

Ignorai la domanda e chiusi la porta a soffietto che separava la cucina dal salotto. «Tammy, ascoltami. Non puoi portare quella bambina al matrimonio.»

«Non ho scelta, Frankie. Hortensia era nei guai e mi ha pregata in ginocchio. Doveva prenderla un'altra famiglia, ma si sono tirati indietro all'ultimo minuto.»

«Perché?»

«Perché la gente è stupida, Frankie. Abigail non ha niente che non va. È solo una bambina molto dolce in una situazione difficile.»

Mia sorella dice la stessa cosa di tutti i ragazzini che prende in affido, anche i casi più difficili. Come Emmalou, che fece la cacca nella mia vasca perché aveva paura dei «bagni degli uomini». O Michael Jackson (sì, quei geni dei genitori lo avevano chiamato così), un ragazzino di prima media che era meglio tenere lontano dagli oggetti affilati. Una sera trovò le puntine da disegno di Tammy e ci toccò chiamare l'ambulanza. Insomma, mia sorella non porta mai a casa deliziose orfanelle come Annie, che cantano: «*Il sole vedrai domani*». È specializzata in affidi a breve termine, il che significa che molti dei suoi ragazzi sono scampati a situazioni di serio pericolo. Sono figli di tossicodipendenti, criminali, suprematisti bianchi, o peggio. Sono cresciuti in condizioni di indigenza e una percentuale inquietante è vittima di abusi sessuali. Eppure Tammy continua a sostenere che non c'è niente che non vada in loro.

E capivo cosa intendeva, ma penso che si possa comprendere anche il mio punto di vista, giusto? Quel matrimonio era un evento importante per me, e non volevo che il buon cuore di Tammy lo rovinasse.

«Ti prego, dimmi la verità» dissi. «Perché l'altra famiglia non l'ha presa?»

«Aveva un lievissimo accenno di pediculosi.» La fissai finché non chiarì di che diamine parlava. «Pidocchi.»

«Gesù! Tammy!»

«È già stata trattata.»

«Non mi interessa. Stiamo andando dai miei consuoceri!»

«Le uova si sono seccate del tutto. Se qualcuna si schiude, me ne accorgerò subito e ci metterò la maionese.»

Mi premetti le mani sulle tempie per impedire che mi esplodesse il cervello. «Ti scongiuro, Tammy, ascoltami. Non possiamo portarci la maionese. Non possiamo.»

«Quante volte devo ripeterlo? Non ho scelta. Ormai è sotto la mia custodia. Quindi o la porto o mi perdo il matrimonio. E non ho intenzione di perdermelo. Maggie è mia nipote. È anche la mia famiglia.»

Ebbi un lampo di ispirazione, una miracolosa scappatoia dell'ultimo minuto. «Ma il matrimonio è in New Hampshire» le ricordai. «Non è illegale fare uscire dallo Stato i bambini in affido?»

«In circostanze normali sì, ma Hortensia ci ha fatto avere una dispensa. Il capo l'ha firmata. A patto che siamo di ritorno domenica, chiuderanno un occhio.»

«Ma se qualcosa va storto non potrai più fare il genitore affidatario. Perderai le tue prerogative. Non capisco perché rischiare.»

Avvolse un muffin in un tovagliolo e me lo piazzò in mano. «Se conoscessi la storia di Abigail, capiresti. Quella povera bambina ne ha passate così tante...»

Alzai le mani per interromperla. «Non voglio sentire la sua storia. Siamo già in ritardo.»

«Allora ti faccio risparmiare un po' di tempo, Frankie. Quando è morta Colleen ti sono stata vicino, ricordi? Ti ho aiutato con Maggie per tutto il liceo. Mentre tu eri impegnato a far soldi, ho accompagnato quella ragazzina ovunque dovesse andare. E quando avete litigato, non ti ho mai criticato. Sono rimasta dalla tua parte. E ora sono io ad aver bisogno di te. Questa cosa è importante per me. *Per favore*, puoi accettarla?»

Mi sentii uno stronzo per averla costretta a chiedermelo. Certo che potevo accettarlo. Non avrei mai detto di no a mia sorella. Mi aveva sempre supportato, sarei stato in debito con lei per il resto della vita.

«Va bene, Tammy. Mi dispiace. Non ho dormito molto.»

«Si vede, hai l'aria stanca.» Poi aprì il frigorifero e mi passò un barattolo di maionese. «Per favore, metti questo nella mia valigia, okay?»

3

C'erano tutti gli ingredienti per un viaggio perfetto: cielo azzurro e limpido, nuvole bianche e gonfie, tre corsie di traffico scorrevole e una Jeep Wrangler appena revisionata con il serbatoio pieno. Tammy era un'ottima compagnia: sapeva leggere una mappa, sceglieva solo le stazioni radio che potevo tollerare e aveva preparato una piccola borsa con bibite, snack, barrette energetiche, compresse di paracetamolo, mentine, fazzoletti, salviette umidificate e qualsiasi altra cosa di cui avremmo potuto avere bisogno.

L'unico problema era la piccola Miss Chiacchierona sul sedile posteriore. In linea generale, i ragazzini in affido da mia sorella si dividevano in due categorie. I primi non dicevano una parola. Per una qualche combinazione di sfortuna, genitori pessimi e traumi vari, avevano imparato a tenere la bocca chiusa, e la aprivano solo se interpellati. Non facevano domande e non fornivano informazioni non richieste. Come se temessero che una sillaba sbagliata potesse causare un disastro.

Abigail apparteneva alla seconda categoria. Quelli che non smettevano *mai* di parlare. Erano sempre a blaterare, a condividere, a cercare di attirare attenzione e affetto. All'apparenza sembravano più felici degli altri, ma Tammy mi aveva spiegato che le apparenze ingannano. Era convinta che i bambini chiacchieroni fossero traumatizzati quanto gli altri, se non peggio. Erano solo più bravi a nascondere la sofferenza.

Abigail aveva un migliaio di domande su Maggie e Aidan: quanti anni avevano? Dove si erano conosciuti? Quando avevano capito che erano destinati a passare il resto della vita insieme? Dopo un'ora di interrogatorio feci un profondo sospiro, sperando di farle capire che ne avevo abbastanza, ma niente, lei continuò imperterrita. Quanti invitati ci sarebbero stati? Che tipo di torta avrebbero servito? Ci sarebbe stata musica dal vivo? Confrontò le nostre risposte con un gigantesco volume che teneva in grembo: *La guida completa al galateo dei matrimoni di Lady Evelyn*. Mia sorella ne aveva trovata una copia usata in vendita a un dollaro e l'aveva data ad Abigail affinché la studiasse e sapesse come comportarsi alla cerimonia. La sposa in copertina era uscita dal 1965 e le pagine erano fragili e ingiallite, e puzzavano di latte rancido.

«Accompagnerai Maggie all'altare?»

«Sì.»

«Devi stare alla sua sinistra, signor Frank. Se cammini alla sua destra, porta sfortuna.»

Guardai mia sorella. «È vero?»

Lei scrollò le spalle. «Se lo dice Lady Evelyn.»

Abigail si chinò sul libro con una matita appuntita e sottolineò un passaggio chiave. «Dovresti leggere tutto il capitolo sette. È una lista delle cose da fare e da non fare se sei il padre della sposa. Ne vuoi sentire una?»

«No, grazie.»

Mi allungai per alzare il volume della radio, ma Tammy mi

spinse via la mano. «Io sì, vorrei sentirne una. Scommetto che ci sono ottimi consigli.»

«Da fare: dire a tua figlia che è bellissima» lesse Abigail. «Da non fare: criticare il tuo futuro genero. Cerca di concentrarti sui suoi pregi.»

Dissi che lo stavo già facendo, ma Tammy borbottò un «*mmm*», come se non ne fosse convinta.

«Da fare: conversare in modo amichevole e interessato con i tuoi consuoceri. Da non fare: introdurre temi controversi, come la condizione dei negri.»

«Gesù, Tammy, quanti anni ha questo libro?»

«Tesoro, non si usa più quella parola. È offensiva.» Poi mia sorella prese a spiegare che il consiglio era comunque sensato. «Meglio optare per argomenti innocui, come le ricette e l'oroscopo.»

«Qui c'è una cosa che non capisco» disse Abigail. «Se deve essere la famiglia della sposa a ospitare il matrimonio, perché siamo *noi* ad andare nel New Hampshire? Perché non è la famiglia di Aidan a venire da noi?»

«È stata Maggie a volere così» rispose Tammy. «Ha organizzato il matrimonio senza consultarci.»

«Perché?»

«È una lunga storia. Ma il succo è che è tutto a spese dei Gardner.»

Lanciai un'occhiata ad Abigail dallo specchietto retrovisore. «Io pago gli alcolici» dissi. «Ottomila dollari.»

«*Ottomila?* Sul serio?»

«Sono un sacco di soldi, eh? L'alcol è la voce più costosa di un ricevimento di matrimonio. E l'ho pagato io.»

«Devi essere ricco, signor Frank.»

Tammy sbuffò. «Non è ricco.»

«Me la cavo abbastanza bene.»

«Tesoro, ascolta» disse Tammy. «Aidan è ricco. E il padre di Aidan è straricco. Io e il signor Frank apparteniamo alla classe media.»

«Vuol dire che siete nella media?»

«Esattamente. Alcuni hanno di più, altri meno. Noi siamo a metà.»

«Io voglio essere ricchissima» dichiarò Abigail. «Come ha fatto il padre di Aidan a diventare ricchissimo?»

«Si è impegnato tanto a scuola» rispose Tammy. «Prendeva ottimi voti in scienze e in matematica, e poi è andato a Harvard e ha lanciato la sua azienda.»

«Con i soldi della moglie» aggiunsi.

«Che importa, Frankie? Perché l'hai detto?»

«Perché è vero. Parlano tutti come se fosse una specie di incredibile miliardario che si è fatto da solo partendo da zero, ma la verità è che ha usato i soldi di lei per cominciare. La famiglia della moglie è molto benestante. Suo nonno costruiva piattaforme petrolifere.»

«E va bene, Frankie, hai ragione. Come tutte le coppie sposate, Errol e Catherine hanno *condiviso* i loro soldi, e poi Errol li ha usati per fare altri soldi.»

«Quanti altri?» chiese Abigail.

«Sacchi su sacchi» rispose Tammy. «Sono più ricchi di tutte le altre persone che conosci messe insieme. Ma il punto è che se ti impegni abbastanza puoi avere tutto ciò che hanno loro. Non fare la fannullona a scuola come me e Frankie.»

Dio, quanto mi stava dando sui nervi. «Non ho mai fatto il fannullone a scuola, Tammy! Come ti viene in mente?»

«Intendevo dire che non siamo mai stati a Harvard.»

«E io posso andarci?» chiese Abigail.

«Sì, volevo dire proprio questo. Ti devi soltanto impegnare.» Tammy pescò una confezione di cracker dalla borsa e li passò ad Abigail. «Ma ricordati di venire a trovarmi quando sarai ricca e famosa. Non dimenticarti di quando mi sono presa cura di te. Mi aspetto dei bei giri in limousine, d'accordo?»

4

Maggie ci aveva suggerito di arrivare alle dodici e trenta, per pranzo, ma erano già le undici quando superammo il confine del New Hampshire, quindi mi resi conto di dover accelerare. Seguimmo la Interstate 93 attraverso la regione dei laghi e ci immettemmo su una strada più piccola, a due corsie, che attraversava lunghi e splendidi tratti di foresta: chilometri di pini, aceri rossi e abeti, interrotti ogni dieci minuti circa da una cittadina. Stazioni di servizio, bar dove guardare le partite, negozi di sigarette elettroniche, spacci di esche e bancarelle di prodotti freschi. Molti residenti tenevano cataste di legna da ardere sui prati davanti casa, tutte disponibili per l'acquisto a cinque dollari al pacco.

Dopo poco, secondo il navigatore eravamo a quarantacinque minuti dalla nostra destinazione. Ero stanco di guidare e desideroso di sgranchirmi le gambe, ma anche nervoso all'idea di raggiungere Osprey Cove e grato per i chilometri ancora da percorrere. Oltrepassammo un minivan in panne sul ciglio della strada; il cofano era aperto ed emetteva fumo bianco, ma non c'era traccia del conducente e degli altri passeggeri. Come se gli occupanti del veicolo fossero svaniti nel nulla. Mi fece pensare alla donna che avevo visto al telegiornale quella mattina, la signora avvolta nella coperta termica che aveva perso tutto in un incendio.

Tammy posò la mano sul mio braccio. «Non essere nervoso.»

«Non sono nervoso.»

«Ti stai mangiando le unghie, Frankie. Lo fai solo quando sei nervoso.»

E va bene, forse ero un *pochino* nervoso. Negli ultimi due mesi, l'idea di incontrare Errol, Catherine e i loro trecento amici era rimasta un concetto astratto, ma ora che stava per accadere davvero mi sentivo impreparato.

«Parlavano di un incendio al telegiornale di stamattina» dissi a Tammy. «La casa di una povera donna è stata distrutta dal fuoco. E lei era in mezzo a quel mucchio di macerie e diceva un sacco di cose tremende.»

È il giorno più brutto della mia vita.

Un giorno orribile, orribile.

Da oggi in poi niente sarà più come prima.

«E da come guardava la telecamera sembrava che stesse parlando con me. Mi è parso una specie di presagio.»

«Si chiama strizza pre-matrimonio» disse Tammy, «è del tutto normale. Sono agitata anch'io, Frankie. Non sono mai stata in un campo estivo prima d'ora. Non ho idea di come funzioneranno le sistemazioni per la notte. E sono sicura che i miei capelli saranno un disastro con questa umidità. Ma dobbiamo soltanto presentarci lì ed essere noi stessi. Qual è la cosa peggiore che può succedere?»

Il mio più grande timore era dire o fare qualcosa che potesse mettere in imbarazzo Maggie, qualcosa che avrebbe rovinato il suo fine settimana e mandato all'aria le nostre chance di riconciliazione. Mi preoccupava non riuscire a integrarmi e fare buona impressione sui suoi nuovi amici e sulla sua famiglia. Mi preoccupava arrivare lì con una bambina in affido con i denti gialli e storti, e i pidocchi.

Ma poi guardai nello specchietto retrovisore e vidi che Abigail stava aspettando che mi spiegassi.

«Non voglio parlarne.»

«Andrà tutto bene» disse Tammy. «Tutti adorano il padre della sposa. Sei l'ospite d'onore a prescindere, senza nemmeno doverti impegnare. Basta che sorridi a tua figlia e ti commuovi.»

Poco prima di mezzogiorno e mezzo raggiungemmo la cima di una grande collina con vista sulla campagna circostante. All'orizzonte si stagliavano le White Mountains e si scorgeva un lago di un azzurro brillante, punteggiato di barche a vela, kayak e canoe. Poco dopo, un vecchio cartello di legno ci diede il benvenuto nello storico villaggio di Hopps Ferry, fondato nel 1903. Superammo un ufficio postale, un barbiere e diversi negozi con le vetrine vuote e sporche. IN VENDITA. IN AFFITTO. DISPONIBILE SUBITO. A differenza delle città precedenti, questa doveva aver visto giorni migliori.

Tammy abbassò il finestrino per guardarsi intorno. «Possiamo fermarci? Devo andare in bagno.»

«Siamo a dieci minuti.»

«Per questo voglio fermarmi. Non voglio presentarmi a casa loro e correre subito al gabinetto. È imbarazzante.»

Ma tutti i negozi sembravano deserti. Passammo davanti a una caserma dei vigili del fuoco che pubblicizzava un menu a base di prosciutto e fagioli del mercoledì sera – GRATIS PER I VETERANI; PER TUTTI GLI ALTRI 6 DOLLARI – e a un'officina che riparava barche, e alla fine arrivammo a un ristorante con un portico pieno di sedie a dondolo e scacchiere. Il nome del locale era Mom and Dad's e l'insegna prometteva birra fresca e panini farciti al momento. Entrai nel parcheggio affollato e spensi il motore.

«Torno subito» disse Tammy, e Abigail balzò giù dal sedile posteriore per seguirla. Le guardai attraversare il parcheggio, poi scesi per sgranchirmi le gambe. Mi avviai verso la veranda, ma notai un uomo su una delle sedie a dondolo e ci ripensai. Ero più nervoso che mai, a dieci minuti dall'incontro con i suoceri di mia figlia. Non avevo voglia di chiacchierare con un estraneo.

Così virai verso una bacheca ai margini del parcheggio; era tappezzata di volantini e sormontata dalla scritta AVVISI DELLA COMUNITÀ. C'erano annunci di mercatini, offerte di auto usate e servizi di babysitting, sconti per le ricariche di cartucce d'inchiostro e mobili per bambini e massaggi terapeutici. E in fondo, un volantino per una donna scomparsa di nome Dawn Taggart. Ventitré anni, un metro e sessanta, quarantasette chili, capelli castani, occhi castani. Vista l'ultima volta il 3 novembre. Si offriva una ricompensa di cento dollari per qualsiasi informazione relativa alla sua sparizione. La metà inferiore del volantino si era staccata e increspata. La abbassai per vedere meglio la fotografia, un'immagine ritagliata del viso di Dawn. Aveva l'aria orgogliosa, carina e provocatoria. Il tipo di ragazza che non si sarebbe lasciata sopraffare senza combattere.

Sentii dei passi avvicinarsi e mi voltai. L'uomo del portico stava scendendo le scale. Aveva la mia età, tra i cinquanta e i cinquantacinque anni, portava un paio di jeans e una maglietta nera con la bandiera americana. In mano teneva una bottiglia aperta con l'adesivo arancione PAGATO su un lato.

«L'hai vista?»

Scossi la testa. «Non sono di qui.»

«L'avevo capito dalla targa. Ma mi era parso che l'avessi riconosciuta.»

«No, mai vista prima.» Il che era vero, tecnicamente, dal momento che non avevo mai visto Dawn Taggart di persona. «La conoscevi?»

«È mia nipote.»

«Mi dispiace. È terribile.»

«Be', le autorità hanno fatto un buco nell'acqua con il suo caso.» Sembrava sul punto di argomentare quella tesi, ma ci ripensò e mi porse la mano. «Brody Taggart.»

«Frank.»

«Cosa ti porta a Hopps Ferry?»

Risposi che stavo andando a una riunione di famiglia. Avevo la sgradevole sensazione che dirgli la verità non fosse una buona idea.

«Con tua moglie e tua figlia?»

«In realtà sono mia sorella e la sua figlia adottiva.»

Brody si fermò a riflettere su quelle informazioni, come se qualcosa non quadrasse del tutto. «Ormai si vedono donne di tutti i tipi. Dawn, mia nipote, lei portava i capelli lunghi. Era la classica ragazza americana, femminile e genuina. Le piaceva mettersi in tiro, anche solo per andare al Burger King.»

Brody posò la birra e si mise a riordinare gli avvisi in bacheca. Strappò via i vecchi volantini dei picnic della chiesa e dei lavaggi auto a scopo benefico, poi, con mani tremanti, spostò quello di Dawn al centro, dov'era più visibile, e fissò tutti e quattro gli angoli. Era palesemente ubriaco, e non erano nemmeno le dodici e mezzo.

«Quando questo Paese funzionava» continuò, «la cosa si sarebbe potuta risolvere in un pomeriggio. Bastava radunare gli amici e andare a bussare porta a porta per arrivare molto in fretta alla verità. Ormai non si può più contare su nessuno. Ci sono troppi soldi che passano di mano in mano. Avvocati, poliziotti e mercenari. Tutti coinvolti. Capisci cosa intendo? Al giorno d'oggi, se hai abbastanza soldi, puoi farla franca sempre e comunque. Puoi prendere una bella ragazza innocente e...» Schioccò le dita e mostrò il palmo vuoto, come un mago che fa svanire una moneta. «*Puff!* Sparita.»

La porta del ristorante si aprì con un lieve tintinnio e ne uscirono mia sorella e Abigail. Non si accorsero di me finché non scesero le scale, e a quel punto Tammy venne nella mia direzione, agitando un giornale tutta entusiasta. «Frankie, oddio, non ci crederai! Guarda un po' cos'ho trovato. Gli ho detto chi ero e perché siamo qui e me l'hanno regalato!»

Mi mostrò una specie di tabloid locale, l'«Hopps Ferry Messenger», sedici pagine in bianco e nero. Nella prima campeggiava una foto di Maggie con il mio futuro genero. Il titolo diceva: *Aidan Gardner sposa Margaret Szatowski.*

«La nostra bambina» disse Tammy. «Sul giornale! Come se fosse Meghan Markle. Riesci a crederci? E c'è anche il tuo nome, Frankie, guarda!»

«Lo leggo più tardi, Tammy. Ora dobbiamo andare.»

Provai a trascinarla verso la Jeep, ma era già troppo tardi. Brody si piazzò davanti a me, così vicino che gli vedevo benissimo la forfora tra i capelli e i capillari rossi negli occhi iniettati di sangue. «Aspetta un attimo, *conoscete* i Gardner?»

«Non li abbiamo mai incontrati.»

«Ti prego, Frankie, non fare il modesto!» intervenne Tammy. «Siamo praticamente parenti!» Sollevò il giornale in modo che Brody potesse leggere e attirò la sua attenzione su una riga del terzo paragrafo. «Senti qui: "La sposa è la figlia di Frank Szatowski, veterano dell'esercito degli Stati Uniti e impiegato da ventisei anni dello United Parcel Service".»

Brody si voltò verso di me, incredulo. «E tu lasci che tua figlia sposi Aidan Gardner? Come cazzo ti salta in mente?»

Abigail trattenne il respiro. Non poteva essere la prima volta che sentiva quella parola; forse era spaventata, perché l'uomo sembrava fuori di sé. Le misi una mano sulla spalla, facendole segno di spostarsi dietro di me.

«Sai *qualcosa* di questa famiglia? Sai con quante porcherie sono riusciti a farla franca?»

Tammy era sconcertata. «Qualcuno può spiegarmi che diavolo sta succedendo? Chi sei? E cosa ti dà il diritto di dire queste cose orribili?»

Brody strappò dalla bacheca il volantino delle persone scomparse e glielo sbatté in faccia. «Questa è mia nipote. Era incinta del figlio di Aidan Gardner e lui l'ha uccisa.»

«Incinta?» chiese Tammy.

La porta del ristorante si aprì e un tizio alto e barbuto con un grembiule unto uscì sul portico. «Lasciali in pace, Brody. Lascia che se ne vadano.»

«È un Paese libero» replicò Brody. «Posso dire quello che voglio.»

L'uomo scese le scale e cominciò a slacciarsi il grembiule. «Non nel mio parcheggio. Ti voglio fuori di qui e non te lo chiederò una seconda volta, capito?»

Brody indietreggiò sulla ghiaia, alzando entrambe le mani: *Ehi, rilassati, calmati*. Si stava allontanando, ma non sembrava intenzionato a tacere. «Non sapete in che guaio vi state cacciando. Pensate tutti che Aidan sia Mister Perfezione. Tutti si comportano come se fosse il principe delle fiabe. Ma credetemi, è il principe delle fottute tenebre.»

«Piantala, Brody...»

«Guarda il volantino» disse a Tammy. «Guarda il viso di mia nipote. È andata al campo estivo a chiedere aiuto a Aidan, un minimo di sostegno economico, ed è l'ultima volta che l'abbiamo vista. L'ha fatta fuori...»

«No...» sussurrò Tammy.

«... e ha seppellito il corpo in quella casa. È da qualche parte nella loro proprietà, ve lo garantisco.»

«Chiudi il becco, Brody. Smettila.»

«Dai retta al tuo istinto» proseguì lui, imperterrito. «Nel profondo del tuo cuore sai che c'è qualcosa che non va in quel ragazzo. Qualcosa non quadra in lui. Gliela si legge in faccia, la colpa...»

Uno stridio di freni troncò il resto della frase, e Brody si voltò giusto in tempo per vedere la griglia anteriore di un'auto della polizia che si avvicinava. Nella fretta di andarsene, era inavvertitamente finito in strada. Fra nuvole di fumo grigio, il paraurti anteriore si fermò a pochi centimetri dalle sue ginocchia. Lui scoppiò in una risata folle, come se si fosse appena verificato uno strano miracolo. «Hai visto, Frank? Hai visto che rapidità? Quanto ci hanno messo, meno di un minuto? Hai mai visto la polizia arrivare da qualche parte in meno di un minuto?»

Un agente in uniforme aprì la portiera e scese dalla macchina. «Qual è il problema, qui? Che ci fai in mezzo alla strada?»

Brody continuò ad arretrare fino a un boschetto di pini

dall'altro lato della carreggiata. «Vi avverto, non sapete in cosa vi state cacciando.»

Il poliziotto avanzò verso di lui, poi Brody ci voltò le spalle, si inoltrò zoppicando nel bosco e scese in una specie di valle, scomparendo alla vista. A quel punto si era formata una piccola coda di macchine dietro la volante della polizia, in attesa di passare. L'agente ci rivolse un breve cenno di scuse, poi salì a bordo e se ne andò.

Tammy stava ancora fissando il bosco, come se si aspettasse che Brody tornasse per continuare la sua invettiva. «Di cosa parlava?»

«Mi dispiace che abbiate dovuto sentire tutto questo» disse il tizio con il grembiule. «Brody è un po' il nostro scemo del villaggio.»

«Dove sta andando?»

«Vive giù nella valle. Con la sorella. Ha una roulotte nei pressi dell'Alpine Creek.»

Tammy aveva ancora in mano il volantino della scomparsa di Dawn. Non le avevo parlato della fotografia che avevo ricevuto per posta e nemmeno della mia conversazione con Maggie.

«Chi è Dawn Taggart?» chiese all'uomo.

«La nipote di Brody. La conoscevo poco. Ragazza carina. Molto dolce. Lo scorso novembre è andata a fare un'escursione e non è più tornata. Hanno trovato la sua macchina una trentina di chilometri a sud di qui, in una foresta demaniale. Una cosa terribile per la famiglia. Un'autentica tragedia. Mi dispiace per loro, davvero. Ma incolpare Aidan di quello che è successo è sbagliato. Nessuna persona razionale pensa che lui c'entri qualcosa.»

«Be', certo che no!» esclamò Tammy.

«Le spiego il problema, signora. Ci sono un paio di mele marce in questa città a cui piace dare la colpa di qualsiasi cosa ai Gardner. Troppo traffico? Colpa dei Gardner. Troppa pioggia? Troppo poca? Problemi di calvizie? Procioni nei bidoni della spazzatura? È tutta colpa dei Gardner. Sono ricchi, quindi devono essere responsabili, giusto?» L'uomo scosse il capo, come se avere a che fare con i suoi simili lo stancasse. «E ovviamente non riconoscono le cose buone che hanno fatto per la comunità. Come il nuovo centro per gli anziani. E la pista di pattinaggio sul ghiaccio. Hanno costruito una biblioteca nella scuola elementare. Potrei farvi un elenco di istituzioni e persone che hanno aiutato, me compreso. Se devo dirvi la mia, Osprey Cove è la cosa migliore che sia mai accaduta a questa città.»

«Bene, siamo d'accordo» disse Tammy, poi si accorse che Abigail si era appoggiata al suo fianco e le stringeva il braccio. Era chiaramente scossa dalle scene a cui aveva appena assistito. «Tesoro, ascoltami. Voglio che dimentichi quello che ha appena detto quell'uomo cattivo, okay?»

«Perché?»

«Perché è pazzo. Non pensa in modo lucido. Aidan è una persona molto dolce e non farebbe mai del male a nessuno.»

Abigail non sembrava convinta. Fissò il volantino in mano a Tammy, la foto di Dawn Taggart. «Allora cosa è successo a quella ragazza?»

Mia sorella guardò il volantino sorpresa, quasi se ne fosse dimenticata. Poi lo appallottolò, per suggerire che non valeva la pena pensarci.

«Non si sa, tesoro. L'unica cosa che sappiamo per certo è che Aidan non c'entra niente.»

5

Ci lasciammo la cittadina nello specchietto retrovisore e seguimmo la strada per quasi due chilometri. Eravamo di nuovo nel bosco, le fitte chiome degli alberi bloccavano i raggi del sole. Poi il navigatore mi ordinò di svoltare bruscamente a destra, su una stretta stradina a corsia unica. Niente nomi, né un cartello, né altro a suggerire che stessimo viaggiando nella direzione giusta. Ma il navigatore insisteva di seguire la strada sconosciuta per un chilometro.

Dissi che mi sembrava strano, ma Tammy mi incoraggiò ad andare avanti. Scendemmo lungo una collina, addentrandoci sempre di più nel profondo del bosco. L'asfalto era pieno di crepe, buche e fossi. Tutti quei sobbalzi stavano mettendo a dura prova le sospensioni, quindi frenai, riducendo la velocità a trenta chilometri all'ora. A un certo punto in mezzo alla strada comparve una pietra gigante, grande circa quanto un pallone da basket, pronta a distruggere il mio asse anteriore. Sterzai per evitarla e uno degli pneumatici quasi sprofondò in un cratere.

«Secondo me abbiamo sbagliato strada» dissi. «I Gardner non vivrebbero mai in un posto del genere.»

«Lascia che ti dica una cosa sui ricchi» ribatté Tammy. «Non sono tutti come Elvis Presley, non tutti comprano una villa in centro perché la gente la guardi a bocca aperta. I veri ricchi si *nascondono*. Non vogliono che si sappia quanti soldi hanno. E di sicuro non vogliono che si veda. Quindi è molto difficile trovare le loro case. Credimi, guardo un sacco di programmi sulle tenute di lusso.»

Il navigatore intanto faceva il conto alla rovescia per la nostra destinazione: ottocento metri, seicento, quattrocento, e ancora nessuna casa o edificio in vista. Solo la foresta buia e umida che si estendeva a perdita d'occhio. Rallentai fino a fermarmi e il navigatore disse: «Sei arrivato a destinazione», il che mi fece ridere, perché era evidente che ci eravamo persi.

«Te l'avevo detto, Tammy. Dovevamo tornare indietro. Ora siamo in ritardo per il pranzo.»

Girai il volante per fare inversione, ma Abigail batté sul finestrino. «Laggiù» disse. «Vedete?»

Accidenti, era facile non notarla: una fessura tra i pini e una stretta striscia di ghiaia che si snodava ancora più in profondità nel bosco. Poteva essere la strada di accesso a un'azienda di servizi, se non fosse stato per il mazzo di palloncini dorati, l'unico indizio che eravamo sulla strada giusta.

«Bingo!» esclamò Tammy. «Che occhio, Abigail!»

Il sentiero di ghiaia era ancora più accidentato e sconnesso della strada che ci eravamo lasciati alle spalle. Gli alberi e i cespugli erano ricoperti di vegetazione, e le foglie verde brillante colpivano i finestrini mentre procedevamo. Ma ogni tanto compariva un altro grappolo di palloncini dorati che ci incoraggiava ad andare avanti. Mi chiesi come facessero a percorrere il sentiero in inverno, quando probabilmente era sepolto sotto strati di neve e ghiaccio.

E poi la strada si allargò, gli alberi si diradarono, e ci ritrovammo ad attraversare un immenso prato, grande più o meno quanto un campo da calcio. Notai file e file di pannelli solari su entrambi i lati della strada, rettangoli neri lucenti inclinati verso il cielo. E in fondo al sentiero un piccolo capanno di legno con un cancello abbassato, simile ai gabbiotti all'ingresso dei parchi nazionali. Un tizio alto e piazzato con una folta barba grigia uscì dal capanno con un tablet in mano e ci fece segno di avvicinarci. Aveva più o meno la mia età e indossava un berretto blu da marinaio e un maglione color crema, come se fosse appena tornato da una vacanza al mare.

«Benvenuto a Osprey Cove, signor Szatowski.»

Scoppiai a ridere. Era già successo a casa di Aidan. «Come fa a sapere il mio nome?»

«È il mio lavoro, signore. Sono Hugo, amministratore della tenuta.» Parlava con un curioso accento cantilenante che saliva e scendeva a ogni sillaba. Svedese? Svizzero? Non ne avevo idea. «Avete fatto buon viaggio?»

«Ottimo, grazie» dissi.

«Oh, Hugo, è stato splendido!» esclamò Tammy, allungandosi sulle mie ginocchia e gridando per farsi sentire. «Una giornata meravigliosa!»

«Sono felice di sentirlo, signorina Szatowski.» Aveva un auricolare nell'orecchio destro: un apparecchio acustico, immaginai, o un dispositivo di comunicazione. Hugo si sporse all'interno del veicolo e attaccò un quadratino di carta blu sul parabrezza. «Il vostro permesso di parcheggio. Può lasciarlo lì, per favore? Ci sarà di grande aiuto.»

«Abbiamo bisogno di un permesso di parcheggio?»

«Così sapremo che è un membro della famiglia. Abbiamo molti ospiti in arrivo, parecchie macchine da parcheggiare.»

Atri due uomini erano rimasti all'interno del capanno, tizi muscolosi con camicia e pantaloni neri. Uno aveva il tatuaggio *SEMPER FI* sull'avambraccio, ma anche senza avrei capito che era un ex militare. I ragazzi che diventano adulti sotto le armi finiscono per avere un che di peculiare nell'aspetto, e in quelli che poi entrano direttamente nelle forze dell'ordine o nella sicurezza privata non scompare mai del tutto.

Nel frattempo Hugo stava continuando il suo discorso di benvenuto a Osprey Cove: «Allora, vi hanno già spiegato la questione dell'orario? Dovrete spostare gli orologi in avanti di quindici minuti. Lo chiamiamo "fuso orario Gardner". Perché al signor Errol piace essere in anticipo di quindici minuti sulla concorrenza».

Pensavo stesse scherzando, ma mi mostrò il suo orologio da polso e vidi che segnava le 12:53. «È indolore, ve lo assicuro. Vi abituerete senza neanche accorgervene e la parte migliore è che non c'è jet lag!»

Tammy era impaziente di iniziare. Chiese come modificare l'ora sull'iPhone e Hugo fu felice di avvicinarsi al suo lato dell'auto e aiutarla. Poi allungò una mano, offrendosi di sistemare anche il mio cellulare.

«Credo che lo lascerò com'è» gli dissi.

Hugo mi avvertì che era un errore. «Sono in tanti a pensare di poter aggiungere a mente i minuti, ma prima o poi se ne dimenticano. Non vorrà mica arrivare in ritardo al matrimonio di Margaret?»

«Non arriverò in ritardo» gli assicurai. «Garantisco che non accadrà.»

Abigail si sporse in avanti dal sedile posteriore, infilandosi tra me e Tammy. Indossava un economico orologio da polso di Minnie che sembrava uscito da un distributore di gomme da masticare. «Qualcuno può sistemare il mio?»

«Non devi» le dissi. «Se non vuoi.»

«Ma *voglio.*»

«Certo che sì» disse Tammy. «Vuoi inserirti al meglio questo fine settimana e sentirti parte della famiglia.» Regolò il minuscolo quadrante dell'orologio di Abigail, facendo avanzare la lancetta dei minuti. «Il signor Frank invece vuole restare bloccato nel passato.»

«È il fuso standard della costa orientale» le feci notare «Sono abbastanza sicuro che lo usi anche il presidente.»

«Ma non siamo alla Casa Bianca. Siamo al matrimonio di Maggie. E devi smetterla di fare il guastafeste.»

E va bene. Portavo un Timex digitale che mi aveva regalato Colleen per il nostro quinto anniversario. Armeggiai con i tasti finché sul display non comparve la scritta 12:53. «Tutti contenti ora?»

«Sarà un weekend meraviglioso» promise Hugo, passandomi una cartina che illustrava l'intera proprietà affacciata sul lago, completa di cottage e amenità varie. «Dunque, Margaret e Aidan vi aspettano a Osprey Lodge. Andate giù dritti per questa strada, fino in fondo. Prima, però, mi servono i vostri moduli per la privacy.»

«Cosa?»

«È una semplice liberatoria in cui dichiarate che tratterete con il massimo riserbo qualsiasi informazione sensibile che doveste acquisire. Per esempio, non ruberete i segreti del signor Gardner per lanciare la vostra azienda di batterie.» Hugo rise della battuta e mi passò l'iPad dal finestrino. «Firmi all'interno del box usando il dito.»

«Siamo qui per il matrimonio.»

«Capisco, signor Szatowski. È solo la prassi. Tutti firmeranno il modulo.»

Abbassai lo sguardo sullo schermo e mi ritrovai di fronte un ginepraio di legalese, pagina uno di cinquantasei, simile ai termini di servizio per l'uso dei cellulari e le polizze di assicurazione sanitaria. Scorsi rapidamente il testo, che mi parve del tutto incomprensibile. *Le disposizioni di riservatezza del presente Accordo permarranno alla risoluzione del presente Accordo e il dovere del signor Frank Szatowski a mantenere il riserbo sulle Informazioni Confidenziali resterà effettivo in perpetuo o finché Fountainhead 7 LLC non invierà al signor Frank Szatowski una comunicazione scritta al fine di notificargli lo scioglimento dell'Accordo...*

«Cos'è Fountainhead 7?» chiesi.

«Oh, per l'amor del cielo, dammi quell'iPad» intervenne Tammy, strappandomi di mano il dispositivo e colpendo lo schermo con il dito. «Deve firmare anche Abigail, mia figlia adottiva?»

«No, soltanto gli adulti» disse Hugo.

«E posso firmare per mio fratello? Per velocizzare la cosa. Siamo in ritardo per pranzo.»

«Mi dispiace, ma deve farlo lui.»

«Vorrei solo sapere cosa sto firmando» dissi. Mio padre mi aveva insegnato a non firmare mai un documento che non capivo, ma ormai è diventato impossibile attenersi a quella regola aurea. Non ci si può nemmeno abbonare alla tv via cavo o fare la tessera del supermercato senza accettare migliaia di termini e condizioni. «Non sono mai stato a un matrimonio in cui si firmano dei... com'è che li ha chiamati?»

«Moduli per la privacy, signore.»

«Perché sono cinquantasei pagine?»

«Non lo so, signore. A essere onesto, non credo che nessuno le abbia mai lette.»

Nello specchietto retrovisore vidi una Tesla color argento fermarsi dietro di me. Ignorai gli ultimi arrivati e mi concentrai sullo schermo: *Le parti concordano che ogni violazione o tentata violazione di questo Accordo da parte del signor Frank Szatowski autorizza Fountainhead 7 LLC e/o i membri della famiglia Gardner a chiedere un provvedimento ingiuntivo, oltre a ogni altra forma di riparazione legale disponibile, in qualsiasi tribunale della giurisdizione competente.* Che diamine significava? Non era facile concentrarsi, con Tammy che mi strillava nelle orecchie. Era al telefono con Maggie, che aveva chiamato per lamentarsi.

«Sì, tesoro, siamo appena arrivati. Siamo a quella specie di gabbiotto all'ingresso. Ma il problema è tuo padre. Si sta impuntando come un *mulo* per questa storia dei moduli per la privacy. No, la *privacy*. Sull'iPad. Esatto! Lo so, lo so. Gliel'ho detto. Senti, parlaci tu. Forse ti ascolterà.»

Mi premette il cellulare contro l'orecchio.

«Papà, va tutto bene» disse Maggie.

«Sto dando una lettura veloce, se tua zia chiudesse il becco per due minuti, forse riuscirei a finire.»

«Ti prego, non farla troppo lunga. Non è pensato per te.»

«Allora perché devo firmare?»

«Firmano tutti. Non ti lasciano passare altrimenti.»

«Maggie, sono tuo padre. Mi stai dicendo che Errol Gardner

non mi farà partecipare al matrimonio di mia figlia se non firmo questo contratto?»

«Non è un contratto!»

«Sono cinquantasei pagine scritte da avvocati. E nessuno è in grado di dirmi cosa significa. Vorrei soltanto poterlo chiedere a qualcuno.»

«*Sul serio?* È così che vuoi inaugurare il fine settimana? Parlando con l'ufficio legale di Capaciti? Non possiamo fare le cose in modo normale, per favore?»

Nello specchietto, intravidi un'Audi nera che si fermava dietro la Tesla. Hugo rivolse un rapido cenno di scuse a entrambe, una silenziosa richiesta di pazienza. Cercai di leggere il più in fretta possibile – *l'Accordo è vincolante per me, i miei eredi, esecutori, amministratori e cessionari e ha effetto a beneficio della Società, dei suoi successori, mandatari* – ma era soltanto pagina quattro, su cinquantasei, e dovetti ammettere che non sarei mai riuscito a scorrerlo tutto, quindi scarabocchiai la firma e spuntai la crocetta accanto alla scritta ACCETTO.

Tammy sospirò di sollievo e disse a Maggie che ce l'avevamo fatta. «È andata, tesoro. Ci vediamo fra un minuto.»

Hugo riprese l'iPad, si assicurò che avessimo fatto tutto e sorrise. «Molto bene, signore. Allora proceda pure lungo questa strada. La chiamiamo Main Street. Passerà davanti a una serie di cottage più piccoli, ma lei continui verso quello più grande.»

«Come farò a sapere che è il più grande?»

«Oh, credo che se ne accorgerà. Godetevi il matrimonio.»

La sbarra si alzò e mi allontanai senza ringraziarlo, cosa che mia sorella interpretò come una villania. «Non c'era motivo di essere scortese, Frankie. Stava facendo il suo lavoro.»

«Non avremmo dovuto firmare. Non sai cosa abbiamo accettato.»

«Maggie dice che non si applica a noi.»

«E allora perché abbiamo firmato?»

Mia sorella alzò le mani, il gesto universale del «non voglio più parlarne».

Mentre procedevamo, intravidi altre due guardie vestite di nero. Erano nel profondo del bosco e camminavano lungo quella che pareva una recinzione metallica alta tre metri. Sembrava uscita da Jurassic Park, progettata per impedire ai dinosauri di scappare. Ne vedevo solo un breve tratto, ma sembrava che si snodasse attraverso il bosco in entrambe le direzioni.

Nel frattempo, Tammy aveva aperto la mappa per dare un'occhiata. Era una specie di disegno a fumetti, come quelli che si usano per le cartine dei parchi divertimenti. Tutti gli edifici erano numerati e in basso c'era una legenda per aiutare a identificarli. Cinque cottage avevano la vista sul lungolago e altri nove erano più nell'entroterra, inoltre c'erano una sala giochi, un centro benessere, una rimessa per le barche e alcuni edifici più piccoli contrassegnati con la dicitura STAFF. Ogni struttura prendeva il nome da un uccello: dai minuscoli bungalow con una camera da letto, chiamati Colibrì e Usignolo, a edifici più grandi a due piani, Falco, Aquila e Ibis.

Tammy lesse ad alta voce un brano storico riportato sul retro della cartina: «"Nel 1953 la Chiesa luterana acquistò centoventi ettari di terreno sul lago Wyndham per creare Osprey Cove, un campeggio cristiano che rimase in attività per più di trent'anni prima di andare incontro al declino ed essere chiuso nel 1988. Il campo rimase inattivo per oltre un decennio, fino al suo acquisto da parte di Errol Gardner nel 1999. Insieme alla moglie Catherine e al figlio Aidan, Errol Gardner ha fatto di Osprey Cove una sorta di santuario per i più innovativi pensatori, leader, artisti e imprenditori. Vi invitiamo ad approfondire una buona idea lungo i nostri dieci chilometri di sentieri. Oppure a rilassarvi e ricaricarvi nei nostri cottage spaziosi e ben arredati. E a remare verso l'ispirazione futura sulle rive del lago Wyndham." Oh, Abigail, non sembra pazzesco?».

La bambina aveva le mani e il viso schiacciati contro il finestrino e osservava affascinata i primi edifici che apparivano alla vista. I Gardner dovevano aver demolito i cottage originali, perché quelle costruzioni in legno sembravano contemporanee, con grandi finestre panoramiche e costosi dettagli rifiniti a mano. Accanto alla porta d'ingresso di ogni residenza c'era un cartello di legno con una piccola immagine che ne illustrava il nome: Martin pescatore, Strolaga, Picchio, Pulcinella di mare.

«Quale di queste è casa loro?» chiese Abigail.

«Tutte» rispose Tammy. «Possiedono tutto ciò che vedi. E queste persone lavorano per loro.»

Ovunque volgessimo lo sguardo c'erano dipendenti che pulivano finestre, sbattevano tappeti, potavano rami, dipingevano recinzioni e spazzavano le foglie secche dai portici. Superammo una donna in divisa blu che spingeva un carrello pieno di lenzuola di lino bianco. E poi tre uomini madidi di sudore, inginocchiati sul ciglio della strada, che stendevano il concime in un'aiuola. Indossavano tutti polo verdi e pantaloni beige.

«Oh, per l'amor del cielo» dissi.

«Cosa c'è che non va, ora?»

«Guardali. E guarda me.»

Tammy constatò che anch'io indossavo una polo verde e

pantaloni beige. «Be', sono sicura che hanno bisogno di una mano, Frankie. Magari puoi accostare.»

Abigail rise così forte che starnutì, schizzando di goccioline il finestrino. Ma, prima che potessi lamentarmi, Main Street descrisse una curva e apparve Osprey Lodge. Il design mi ricordò l'Old Faithful Inn del Parco nazionale di Yellowstone; era una fortezza a tre piani di legno, vetro e pietra, con ampi balconi e lunghe ringhiere realizzate a mano a partire da pezzi di legno nodoso.

La strada finiva in una rotonda all'ingresso della villetta, e mentre ci fermavamo vidi Aidan prendere la mano di mia figlia. Maggie era vestita come l'animatrice di un campo estivo, con una maglietta rosa, pantaloncini beige e un paio di Converse, e mi abbracciò appena scesi dalla Jeep. «Che gioia vedervi!» disse. «Ci divertiremo un mondo questo fine settimana!»

Aidan indossava una camicia sportiva a maniche lunghe e un paio di pantaloni sformati e macchiati di pittura. Commentai che pareva si fosse dato da fare e lui sorrise, senza aggiungere altro. Il matrimonio era sabato ma sembrava già agitato, con i nervi tesi.

«Che posto incredibile!» esclamò Tammy. «Sembra il giardino dell'Eden.» Inspirò a fondo, riempiendosi i polmoni del profumo inebriante di pino. «Non abbiamo un'aria come questa a casa. È così pulita!»

Abigail era ancora sui sedili posteriori della Jeep, evidentemente incerta sul suo ruolo nella vicenda e indecisa se raggiungerci o meno. Tammy le fece segno dal finestrino, incoraggiandola a uscire.

«Lei è Abigail» spiegò. «È con me da un paio di giorni, e questo è il suo primo matrimonio!»

Mia sorella doveva aver avvertito tutti per tempo, perché Maggie accolse Abigail con un grande abbraccio, e io rabbrividii quando le loro teste si toccarono. Avrei voluto dire a mia figlia di non avvicinarsi troppo.

«Per fortuna sei qui!» esclamò Maggie. «Abbiamo un grosso problema, Abigail, e tu sei l'unica che può aiutarci.»

La bambina sbatté le palpebre. «Io?»

«La cugina di Aidan doveva farci da damigella, ma ha la tonsillite e non può venire. Secondo me portate la stessa taglia, scommetto che il suo vestito ti va. Se vuoi prendere il suo posto, ci faresti davvero un enorme favore.»

La bocca di Abigail si spalancò, rivelando le punte aguzze delle piccole zanne gialle. «Volete *me* come damigella?»

«È un compito facile, vedrai» disse Maggie. «Devi soltanto...»

«Precedere la sposa lungo la navata e spargere petali di fiori sul tappeto!» completò lei. «Lo so, ho letto un libro sui matrimoni!»

«Quindi è un sì?»

Abigail lanciò un'occhiata a Tammy per chiedere il permesso e mia sorella alzò un pollice. «Sì! Farò un ottimo lavoro! Vado a prendere le istruzioni!»

Si tuffò nella Jeep per recuperare il libro e io mi avvicinai a mia figlia. «Non sei obbligata, Maggie. So che lo fai per essere gentile, ma è il *tuo* giorno. Non devi scendere a compromessi.»

«Nessun compromesso. Voglio fare una cosa carina per lei.»

Aidan non disse nulla. Non capivo se era l'idea a metterlo a disagio o la presenza della nostra famiglia. «Abigail è in affido» gli spiegai, per essere del tutto chiaro. «Non sapevo che sarebbe venuta. Tammy me l'ha detto stamattina.»

«Sì, Maggie mi ha aggiornato. Va bene.»

Ma non sembrava che gli andasse bene. Sembrava stizzito, come se fossimo un compito ingrato che aveva dovuto accettare di malavoglia. Abigail tornò dalla Jeep con il suo galateo dei matrimoni e sfogliò le pagine con il pollice finché non trovò il capitolo sulle damigelle. Maggie si mise a leggerlo con lei mentre noi stavamo lì a guardare. Poi una piccola golf car elettrica arrivò ronzando su un sentiero lastricato, ricordava un veicolo lunare dei vecchi film di fantascienza.

A bordo c'erano due uomini, Aidan spiegò che erano venuti a prendere i nostri bagagli. Dissi che non era necessario, ma era troppo tardi. Uno dei due stava già scaricando le valigie, mentre l'altro copriva il sedile del guidatore della Jeep con un telo di plastica, per non sporcare gli interni sedendosi. «Signor Szatowski, posso chiederle le chiavi?»

Non mi piaceva l'idea di consegnare le chiavi della mia macchina, ma gli altri si comportavano come se fosse la cosa più normale del mondo. E dopo l'incidente con i moduli per la privacy non volevo creare ulteriori problemi. «Come faccio a riprenderla, poi?»

I due scoppiarono a ridere, come se avessi fatto una battuta. Conclusi che me lo avrebbero detto più avanti.

Quando si allontanarono, immaginai che saremmo entrati subito a Osprey Lodge per conoscere il signor e la signora Gardner. Invece Aidan ci condusse lungo un percorso lastricato che girava intorno all'edificio. «Faremo un tour panoramico per arrivare al vostro cottage. Il pranzo sarà servito lì.»

Chiesi se i suoi genitori si sarebbero uniti a noi e Maggie disse di no. Spiegò che Errol era su Zoom con il consiglio di amministrazione di Capaciti perché stavano per pubblicare il rapporto sul bilancio del secondo trimestre, ma non accennò a Catherine Gardner, quindi chiesi direttamente a Aidan: «E tua madre? Come si sente?».

«Non benissimo» ammise lui.

«Lo stress le ha giocato un brutto tiro» intervenne Maggie, «acuendo i soliti sintomi: vertigini, dolore al collo, mal di schiena...»

Non ne sapevo molto di emicranie, ma mia sorella annuì come se fossero tutti disturbi tipici. «Be', se avessi trecento persone in arrivo a casa *mia* per il matrimonio di *mio* figlio, credo che lo stress mi paralizzerebbe. Mi trasformerei in un ammasso di gelatina tremante!»

«Starà meglio per cena» assicurò Aidan. «Non vede l'ora di conoscerti, Frank.»

Saltellò in avanti e io accelerai il passo per raggiungerlo e stargli dietro. Dopo l'imbarazzo della prima cena e i tre mesi di tentativi falliti di incontri, ero pronto a ricominciare da zero. Non mi aspettavo di diventare un secondo padre, ma speravo che potesse considerarmi un alleato, una persona affidabile che stava dalla sua parte e faceva il tifo per lui.

«E *tu* come stai, Aidan?» chiesi. «Sei nervoso?»

«Sto bene» disse, con un tono che lasciava intendere il contrario, ma che non voleva parlarne. «Grazie di averlo chiesto.»

Tutte le finestre della residenza principale avevano le tende tirate, per nascondere l'attività all'interno. Attraversammo un boschetto di pini da cui si udiva il ronzio lontano di un motore fuoribordo; sentivo l'odore dell'erba appena tagliata e il piacevole profumo muschiato e terroso dell'acqua dolce. Poi il sentiero emerse dagli alberi e ci ritrovammo davanti il lago Wyndham in tutto il suo splendore, il genere di panorama perfetto che prima di allora avevo visto soltanto sulle cartoline.

«Oddio!» esclamò Tammy. «Guarda!»

Eravamo in cima a un prato ampio e falciato alla perfezione. L'erba soffice scendeva lungo una leggera pendenza e terminava in una spiaggia sabbiosa, un molo di legno a forma di L e una rimessa per le barche. E poi c'era il lago, venticinque metri quadri di acqua azzurra, punteggiata di kayak e barche a vela colorate. A completare il quadro, all'orizzonte c'erano tre montagne verdi e un cielo pieno di nuvole simili a batuffoli di cotone.

«È qui che Aidan mi ha chiesto di sposarlo» spiegò Maggie. «A San Valentino, il lago era ancora ghiacciato. C'era neve ovunque. Uno spettacolare paese delle meraviglie invernale. Ero convinta che saremmo andati a fare una ciaspolata, invece si è inginocchiato e ha tirato fuori l'anello.»

«Mooooolto romantico!» esclamò Tammy. «Il posto perfetto per una proposta di matrimonio.»

Aidan sorrise a labbra strette, mentre io mi resi conto che era la spiaggia che avevo visto nella foto, la stessa dove aveva posato per uno scatto con Dawn Taggart.

«E sabato, dopo la cerimonia, è qui che terremo il ricevimento» continuò Maggie. «I fotografi lo adorano, la luce al tramonto è incredibile, a quanto pare.»

Sui due lati del prato si aprivano vaste aree boschive, fitte foreste intersecate da sentieri asfaltati e altri sterrati, e Maggie ci avvertì che era facile perdere l'orientamento nei boschi, soprattutto di notte. Le mostrai la mappa che avevamo ricevuto da Hugo, ma lei parve scettica. «Non vi aiuterà quando sarà buio pesto e non riuscirete a vedere a un palmo dal naso. Vi consiglio di portare sempre con voi il cellulare, così avrete una torcia.»

Con il permesso di mia sorella, Abigail corse verso la spiaggia, e noi la seguimmo. La sabbia era soffice, bianca e farinosa. Aidan disse che era importata da Waikiki, ma non capii se stesse scherzando, e non indagai. Al momento non c'era nessuno che nuotava o prendeva il sole, ma la presenza di una dozzina di sdraio e ombrelloni vuoti suggeriva che fossero attesi molti altri ospiti.

Abigail si fermò accanto a una piccola flotta di kayak, canoe e barche a vela. «Signor Frank, vuoi andare in canoa?»

«Siamo appena arrivati» le ricordai.

«Magari dopo pranzo» propose Tammy.

Dalla spiaggia partiva un altro sentiero lastricato che costeggiava la riva, superava la rimessa per le barche e girava intorno al lago. Dopo un minuto di cammino arrivammo a un cottage a due piani fatto di acciaio, vetro e pietra, con un grande portico ed enormi finestre affacciate sul lago.

«Ecco il Merlo» annunciò Maggie. «Credo sia uno dei cottage più carini del campo, e volevo che lo aveste voi.»

Aidan spiegò che agli edifici della tenuta si accedeva senza chiavi, avremmo dovuto usare il Bluetooth per entrare nel cottage. Tammy e io gli consegnammo i cellulari perché scaricasse e installasse l'app necessaria. Il campo aveva una connessione internet ultraveloce, quindi il processo richiese meno di un minuto. «Vi aggiungo all'account di famiglia» disse, «così potete accedere a tutti gli edifici principali. Ora avvicinatevi alla porta e guardate cosa succede.»

Salii i gradini del portico e la porta si aprì con uno scatto e girò sui cardini, come se fosse stata rilasciata da una molla. Entrai in una grande stanza con pavimenti in pino, pareti di legno grezzo e un camino in pietra che si innalzava in un atrio a due piani. Il cottage era arredato con decorazioni rustiche – corna di alce, remi di legno e mappe del territorio – oltre a sedie e divani sufficienti per una decina di visitatori.

«Quante persone alloggeranno qui?»

«Solo voi tre.» Aidan indicò la balconata del piano superiore e un paio di porte. «I vostri bagagli dovrebbero già essere arrivati nelle camere da letto. Frank, tu sei nella suite principale, a sinistra, ma la stanza di Tammy è quasi identica. Penso che sarete entrambi molto contenti.»

Mia sorella e Abigail ci seguirono dentro e Tammy si portò una mano sul cuore. «Santo cielo, guarda questo posto! Abigail, hai mai visto niente del genere?»

La bambina fece una giravolta e finse di svenire sul pavimento. «Sul serio? Questo è il nostro motel?»

«Sentitevi liberi di usare tutto quello che trovate in casa» disse Maggie. «E se avete bisogno di qualcosa, prendete il telefono e digitate lo zero. Verrà subito qualcuno ad assistervi.»

Ero certo che il cottage avesse tutto ciò che potevamo desiderare. Armadi pieni di coperte, cuscini, asciugamani, kit di pronto soccorso, spray antizanzare, torce elettriche e scarpe da ginnastica. E un enorme televisore a schermo piatto con doppia soundbar, un tavolo rotondo per giocare a carte e uno scaffale pieno di giochi da tavolo: Topini in trappola, Scale e Serpenti, Scarabeo e Taboo.

Ma la mia gioia fu di breve durata, perché a quel punto Aidan annunciò che stava andando via. «Glen è qui» disse a Maggie, mostrandole un messaggio sul cellulare. «Sarà meglio che vada a dare una mano.»

«Certo.» Lei gli diede un rapido bacio sulla guancia. «Porta i miei saluti, ci vediamo a cena.»

Aidan ci esortò a disfare le valigie, rilassarci e divertirci, poi uscì. Eravamo al campo da diciotto minuti in tutto.

«Dove va?» chiesi.

«Una conoscenza del college» rispose Maggie, come se questo spiegasse tutto, come se non avessi appena fatto quasi seicento chilometri in macchina per pranzare con il mio futuro genero.

Tammy doveva aver percepito l'irritazione nel mio tono, perché si affrettò a cambiare argomento. «È la mia immaginazione o sento odore di cinnamon rolls?»

«Venite» ci invitò Maggie.

Ci guidò attraverso la sala da pranzo e fino a una cucina super moderna. In attesa sul bancone c'era un gigantesco buffet: cestini di pane fresco, vassoi di sandwich in miniatura, frutta fresca, e una montagna di biscotti, pasticcini e brownies. Sarebbe stato sufficiente a sfamarci tutti e tre per l'intero weekend, ma Maggie lo presentò semplicemente come «il pranzo».

«Immaginavo che avreste voluto qualcosa di veloce» disse. «Può andar bene?»

Tammy scoppiò a ridere. «Stai scherzando, Maggie? È più roba di quella che mangiamo al Ringraziamento!»

Abigail chiese il permesso di aprire il buffet, poi prese un piatto e iniziò a riempirlo di minihamburger di pollo, sandwich con tacchino, lattuga e bacon, e tre enormi cucchiaiate di insalata di patate. «Vacci piano» le dissi. «Il cibo non scappa.»

«È affamata» ribatté Tammy. «E anch'io.» Mi passò un piatto e ne tenne uno per sé.

«Mangiate pure con calma» disse Maggie. «Vi lascio un po' di tempo per ambientarvi, torno fra un paio d'ore.»

Non riuscivo a crederci. «Un paio d'ore?»

«Papà, ho un matrimonio da organizzare.»

«Pensavo che avremmo pranzato insieme.»

«No, ho detto che ci sarebbe stato il pranzo per *voi*. Io ho già mangiato, perché ho ancora un milione di cose da fare.»

Rimisi il piatto sul bancone. «Allora fatti aiutare, piccola. Mettimi al lavoro. Cosa c'è da fare?»

Lei scosse la testa, come se stentassi ad afferrare l'enorme portata dei problemi che la affliggevano. «Papà, questo weekend ci saranno trecento persone. Sessanta sono vegetariane, ventisei sono vegane, undici sono intolleranti al glutine. Un centinaio alloggeranno qui e le altre duecento in albergo, e mi servono tre bus che portino gli invitati avanti e indietro.» Il tono della sua voce diventava sempre più acuto, perché non stava prendendo fiato mentre elencava il da farsi. «Ma l'unica società che gestisce navette nel giro di duecento chilometri ha appena cancellato la mia prenotazione senza motivo. "Mi scusi, signorina, non ce la facciamo." Quindi, a meno che tu non conosca tre autisti di autobus, non puoi aiutarmi.»

In realtà li conoscevo, tre autisti di autobus – è una seconda carriera piuttosto popolare fra i dipendenti di UPS che si stancano di trascinare in giro pacchi – ma nessuno di loro era proprietario del veicolo che guidava, tanto meno degli autobus di lusso che con ogni probabilità i Gardner avrebbero voluto.

«Oh, tesoro, è terribile!» disse Tammy. «Hai informato l'associazione dei consumatori? Queste società dovranno pur rispondere a qualcuno.»

Maggie annuì paziente e attese che mia sorella finisse di parlare. «È un'ottima idea, zia Tammy, ma ho già un piano. Devo soltanto andare a metterlo in atto. Se volete aiutarmi, state qui a disfare le valigie e a rilassarvi.»

Si vedeva che era sfinita. Sapevo che organizzare un matrimonio era impegnativo e non volevo aggiungermi alla crescente lista di fardelli di mia figlia. Quindi mi sforzai di sembrare bendisposto, ma lei si accorse comunque della mia delusione.

«Senti, papà, cercherò di tornare per le tre e faremo un giro del campo insieme, d'accordo? Che ne dite?»

«Mi sembra fantastico» disse Tammy, prendendomi per il braccio e trascinandomi via. «Vai a fare quello che devi, Maggie. Noi staremo bene. Non preoccuparti!»

6

Abigail mangiò troppo e vomitò. L'avevo previsto con largo anticipo. Doveva essere la prima volta che si trovava di fronte a un buffet e sembrava convinta di essere tenuta a provare tutto. Le dissi: «Ehi, Cookie Monster, vacci piano!», e mia sorella se la prese con me.

«Non dirle così, Frankie.»

«Perché no? Guardala! Non ti ricorda uno dei Muppet di quel programma che vedevamo da bambini, *Sesamo apriti*?»

Abigail aveva la parte davanti della maglietta ricoperta di briciole di biscotto e ingollava macedonia più in fretta di quanto riuscisse a mandarla giù. Aveva le guance gonfie di acini d'uva che non aveva ancora masticato, e continuava a metterseneme in bocca altri.

«Ha sofferto la carenza di cibo.»

«Così ti strozzi, Abigail. Mangia con calma.»

«Non sgridarla. Non è così che si fa.»

«Ma guardala, sembra un criceto. Non voglio che faccia così di fronte ai Gardner.»

«Di lei mi occupo io. Tu pensa a mangiare. Vedrai che andrà tutto bene.»

A quel punto la bambina scappò in bagno, si inginocchiò

davanti al gabinetto e vomitò tutto. Presi una manciata di pomodorini e me ne infilai uno in bocca. «Che sorpresa» dissi. «Chi l'avrebbe mai detto?»

Tammy si accigliò. «Avevi promesso di essere carino. Invece ti stai comportando da stronzo. Non so perché sei così irritabile, ma vedi di darci un taglio.»

Andò da Abigail e mi lasciò da solo a finire il pranzo. Aveva ragione, mi stavo davvero comportando da stronzo. E non sapevo perché ero così irritabile. Forse era la mancanza di sonno. Oppure avevo capito fin dall'inizio che c'era qualcosa che non andava in quel posto.

Quindi sì, il pranzo fu abbastanza deludente, ma il nostro umore migliorò molto quando salimmo di sopra a disfare i bagagli. Mio Dio, non avete idea di quanto fosse grande la mia suite. Avrei potuto farci dei giri di corsa per allenarmi. C'era un letto king size. Un bagno privato. Un altro gigantesco televisore a schermo piatto con Netflix, Hulu, Amazon, Apple e quant'altro. E un piccolo balconcino solo per me, dove sedermi con una birra a godermi il tramonto sul lago.

Tammy aveva una suite identica alla mia, alla porta accanto, e Abigail una piccola stanza per bambini a tema nautico in fondo al corridoio. Pesci colorati nuotavano sulla carta da parati e c'erano due letti a castello che assomigliavano a delle barche a vela in miniatura. Abigail non riusciva a credere di poter scegliere fra quello in alto e quello in basso; immagino si fosse aspettata di dover dormire sul pavimento.

Ci misi un minuto a disfare la valigia e mi cambiai per non essere vestito come i giardinieri. La mia suite aveva una piccola scrivania accostata alla finestra, e qualcuno mi aveva lasciato un programma degli eventi.

WEEKEND DEL MATRIMONIO DI MARGARET E AIDAN

Giovedì 21 luglio
12-17: Disfare i bagagli, riposare, rilassarsi ed esplorare!
17: Cocktail di benvenuto (prato principale)
18: Cena (prato principale)
20: Falò e marshmallow (spiaggia)

Venerdì 22 luglio
11: Escursione di gruppo a Cormorant Point
12: Pranzo a Cormorant Point
16: Prova generale (Globe)
18: Cena di prova (prato principale)
20: Gara di karaoke (spiaggia)

Sabato 23 luglio
11: Brunch all'aperto (prato principale)
15: Matrimonio (Globe)
16: Cocktail (prato principale)
17-???: Cena, balli, e altri balli! (prato principale)

Il programma mi invitava a riposare, rilassarmi ed esplorare, ma ero troppo agitato per fare un pisolino o per oziare su una sedia a dondolo, e non mi sentivo a mio agio ad andarmene in giro per la tenuta tutto solo. Ero nervoso all'idea di incontrare Errol e Catherine di persona, e in fondo forse volevo che Maggie fosse presente la prima volta.

Quindi mi sedetti alla piccola scrivania e lavorai al mio discorso. Ero già riuscito a ridurlo a due pagine, dopodiché avevo passato le ultime settimane a scriverlo e riscriverlo. Tiravo una linea, cancellavo, e riformulavo lo stesso sentimento con altre parole: ~~Maggie, sono così orgoglioso della donna che sei diventata~~. E: ~~Maggie, sei sempre stata una persona gentile e dolce e generosa~~. E: ~~Se la madre di Maggie ci sta guardando, di certo è felicissima~~.

Stavo cercando di far parlare il cuore, ma ogni volta che provavo a pronunciare il discorso ad alta voce mi sembrava ipocrita, sdolcinato e falso. E più lo limavo, peggio era. Pensai che sarebbe stato bello conoscere uno scrittore professionista a cui chiedere consiglio, e fu così che mi venne in mente Vicky. Non era una scrittrice di professione, ma suo figlio sì, e lei leggeva più libri di chiunque altro avessi mai conosciuto.

Composi il numero del salone e la receptionist me la passò.

«Frank? Tutto bene?» chiese lei.

«Sì, scusa se ti disturbo. Volevo chiederti un favore.» Le spiegai il problema del discorso e le chiesi se le andasse di dargli un'occhiata e suggerirmi qualcosa. Ovviamente pagandole la cifra che riteneva congrua.

«Ma che dici? Lo faccio con piacere.» Mi disse di inviarle il discorso e promise di darmi una risposta entro la mattina dopo. «Sono sicura che è meglio di quanto pensi. È normale avere dubbi quando si scrive qualcosa.»

La pregai di non indorarmi la pillola, ricordandole che avrei dovuto leggere quella roba ad alta voce, di fronte a trecento persone. «Se fa schifo, devi dirmelo.»

«Se fa schifo, lo miglioreremo, vedrai. Mandamelo, ci sentiamo domani.» Sembrava distratta; mi spiegò che aveva una bambina piccola in attesa e la descrisse come una bomba a orologeria. «Se non finisco entro cinque minuti, esploderà.»

La ringraziai di nuovo e la lasciai tornare al lavoro. Poi digitai tutto il discorso in un messaggio e glielo inviai. E a quel punto mi sentii molto meglio, perché ero sicuro che Vicky avrebbe sistemato tutto. Ma non ebbi molto tempo per godermi la soddisfazione, perché di punto in bianco Abigail si mise a gridare.

7

Grida acute e terrorizzate mi fecero balzare dalla sedia. Sembrava che la stessero aggredendo. Aprii la porta, Tammy era già uscita dalla sua stanza. Corremmo insieme lungo il corridoio, verso la camera di Abigail. La porta era chiusa ma la sentivamo urlare dall'altra parte, strillava come se avesse messo un piede in una tagliola. Entrammo e la trovammo con la schiena contro il muro, in un angolo, gli occhi spalancati in uno sguardo terrorizzato, che indicava tutta agitata una parete vuota.

«Abby, che c'è?» chiese Tammy. «Cosa c'è che non va?»

Era troppo sconvolta per rispondere. Continuava a puntare il dito verso un qualche orrore invisibile e indicibile. Tammy si avvicinò piano, con entrambe le mani alzate, per comunicare che non voleva farle del male.

«Va tutto bene, tutto bene, sei al sicuro. Nessuno ti farà del male. Respira, tesoro, respira.»

Abigail si lanciò a testa in giù sul tappeto, come se stesse cercando di seppellirsi la testa nel pavimento. Era inconsolabile. Batté i pugni e scalciò con i piedi; iniziai a pensare che doveva aver affrontato problemi ben più gravi della «carenza di cibo» di cui aveva parlato prima mia sorella. Forse aveva un serio disturbo del comportamento. Rischiavamo che avesse uno scatto d'ira durante il matrimonio e si mettesse a lanciare petali in faccia ai due sconcertati genitori di Aidan.

Ma, quando mi guardai intorno nella stanza, realizzai che la parete vuota che Abigail stava fissando non era completamente vuota. C'era la porta di una cabina armadio, ancora socchiusa. Mi avvicinai e la bambina strepitò come una teiera piena di acqua in ebollizione.

«No, signor Frank! No!»

«Tesoro, va tutto bene! Siamo qui» disse Tammy, che nel frattempo aveva abbracciato Abigail e le stava accarezzando i capelli. «Che succede? Cos'hai visto?»

Lei scosse la testa, rifiutandosi di rispondere, come se dare un nome alla sua scoperta potesse in qualche modo aumentarne il pericolo.

«Oh, per l'amor del cielo.» Spalancai la porta e mi ritrovai davanti un armadio di cedro vuoto. Una sola mensola alta, un'asta di legno, e un paio di grucce di metallo. Quando mi sporsi all'interno, però, una luce si accese e rivelò la massa irsuta di *qualcosa* sulla mensola.

A una prima occhiata pensai che fosse una parrucca. Una matassa scura di capelli castani ricci. Poi guardai meglio e realizzai che stava tremolando. Come se avesse un lieve battito.

«Che cos'è?» chiese Tammy. «Frankie, cosa vedi?»

Afferrai una gruccia e ne usai un'estremità per dare un colpetto alla parrucca. Ne spuntò la zampa di un ragno gambalunga, poi un'altra, e infine una dozzina. Non era una parrucca; era un nido, centinaia di ragni gambalunga stretti insieme al caldo e al sicuro nel buio dell'armadio. E ora stavano sfuggendo all'attacco e si arrampicavano sulle pareti. Uno particolarmente grosso mi atterrò sulla mano e lanciai un urlo. Mi presi a schiaffi come un idiota per togliermelo di dosso.

«Chiudi la porta!» urlò Abigail.

La sbattei forte, poi abbassai lo sguardo e vidi uno spazio di mezzo centimetro sul fondo. Afferrai una coperta dal letto e la usai per sigillare l'apertura. «Sono ragni» dissi. «Ragni gambalunga.»

«Quelli non sono veri e propri ragni» precisò Tammy. «Sono animali diversi.»

Le dissi che non mi importava; per quanto mi riguardava, se un insetto aveva otto zampe e sembrava un ragno, allora era un ragno. «Devono aver fatto le uova.»

Alla menzione delle uova Abigail lanciò un ululato, e la implorai, per favore, *per favore*, di smettere di strillare. «Hai già un sacco di uova in testa, quindi non facciamoci prendere dal panico.»

Lei ricadde sul fianco e si abbracciò le ginocchia, mentre mia sorella mi fissava imbronciata. «Non sei di grande aiuto.»

Tammy massaggiò dolcemente la schiena di Abigail descrivendo piccoli cerchi, tentando di calmarla. «Chiamiamo i Gardner e spieghiamo il problema. Sono sicura che possiamo cambiare cottage.»

«Non ci penso nemmeno.»

«Perché no?»

«Perché suona patetico. Quale uomo adulto chiama Errol Gardner per lamentarsi dei ragni nell'armadio?»

«Sono tantissimi, Frankie. Credo che serva una disinfestazione.»

«È uno spreco di soldi. Chiedono trecento dollari per spruzzarti un mucchio di veleno in casa, quando basta una scarpa.»

Tammy e Abigail aspettarono sul portico mentre io facevo il lavoro sporco con una scarpa in pelle Oxford Florsheim, che mi ero portato per accompagnare Maggie lungo la navata. Non volevo che i ragni scappassero, quindi mi chiusi nella cabina armadio e cominciai a colpire. Fu un lavoro duro, brutale. I ragni erano centinaia, e i loro cadaveri maciullati producevano un odore disgustoso, simile al pus che esce da un foruncolo. Portai avanti la mia battaglia, trattenendo i conati di vomito per quel puzzo tremendo, finché non furono tutti morti. Poi scesi di sotto a prendere una bacinella d'acqua tiepida e una spugna e strofinai le pareti di cedro e il soffitto per ripulire le zampe spezzate e i resti spiaccicati. Alla faccia del «disfare i bagagli, riposare, rilassarsi ed esplorare».

Quando ebbi finito, uscii sul portico e dissi a Tammy che il campo era libero. Poi impiegammo dieci minuti buoni a convincere Abigail che poteva tornare dentro. Era sicura che mi fossero sfuggiti dei ragni e disse che preferiva dormire sul portico per tutto il fine settimana. Le feci notare che la maggior parte degli insetti vive all'aperto, e che il bosco era pieno di scarafaggi, zecche, vespe e centopiedi, ma servì soltanto a farla ricominciare a urlare.

«Io lì dentro non ci torno» disse. «Non ce la faccio, signorina Tammy. Ti prego, non farmi tornare. Ti prego, ti prego, ti prego, ti prego, ti prego...»

Quindi mi dissi che il caso era chiuso, l'avremmo lasciata dormire sul portico. Avevo visto delle comode sedie da giardino, potevamo metterle un mucchio di coperte e chiuderla così. Oppure digitare lo zero al telefono e chiedere un sacco a pelo. Ma mia sorella disse che aveva un'idea migliore e mi chiese di seguirla dentro. «Devo parlarti.»

Andammo in cucina e Tammy preparò un caffè. Aggiunse latte e due cucchiaini di zucchero al mio perché sa che mi piace così. Poi mi mise davanti la tazzina e sferrò il suo fendente. «Credo che tu e Abigail dovreste fare a cambio di stanza.»

«Non esiste. Scordatelo.»

«È solo un posto per dormire. Passeremo la maggior parte del fine settimana all'aperto.»

«Bene, allora dalle *tu* la *tua* stanza.»

«Non posso, Frankie. Sai che ho paura degli insetti.»

«Gli insetti non ci sono più.» Avevo ancora in mano la scarpa e le mostrai la suola. «Ne ho appena uccisi un migliaio. Sembravo John Wick.»

«Sì, ma non puoi averli presi tutti. Ci sono altri ragni in quella stanza, ne sono certa. E se costringiamo Abigail a dormire lì dentro starà sveglia per metà nottata a gridare. Non chiuderemo occhio.»

Fu devastante realizzare che Tammy aveva ragione: dovevo scegliere fra una notte insonne nella mia suite di lusso e otto ore di sonno profondo in un lettino a castello.

«Per questo non volevo portarla! Te l'avevo detto che ci avrebbe creato problemi!» Indicai il secondo piano. «È la stanza più bella che abbia mai visto, e ora devo rinunciarci.»

«Non prendertela con me, Frankie. Io volevo chiamare i Gardner e chiedere che ci cambiassero il cottage. Sei *tu* che hai detto di volertene occupare. E poi hai solo fatto scappare quei ragni nei loro nascondigli. Come fa a essere colpa mia?»

Sul portico, intanto, Abigail camminava avanti e indietro davanti alla finestra, grattandosi forte la testa con entrambe le mani.

«Ti prego, Tammy. *Vuole* dormire fuori.»

«Frankie, quella povera bambina ha passato tutto marzo e tutto aprile a dormire all'aperto. Lei e la madre vivevano dietro un Taco Bell. Non ho nessuna intenzione di farglielo rifare. Voglio che dorma in un letto come si deve, con le lenzuola pulite e un cuscino, come me e te e i Gardner, capito?»

Quello che avevo capito era che avevo perso – di nuovo –, così lanciai la mia maledetta tazzina nel maledetto lavandino e andai di sopra a spostare le mie cose.

8

La mia nuova camera da letto non aveva un posto dove sedersi, a parte un piccolo «angolo delle storie» arredato con morbidi cuscini e libri illustrati. Disfeci i bagagli il più velocemente possibile, poi scesi in cucina e mi sedetti al buffet. Tutto quel tempo libero mi stava facendo impazzire. Volevo passeggiare all'aperto, vedere il campo. Volevo nuotare, fare escursioni e andare in canoa. E più di ogni altra cosa volevo incontrare i miei consuoceri.

Penso fosse questo il vero motivo per cui ero tanto irritabile. Non riuscivo a credere che Errol e Catherine non fossero ancora venuti a salutarci. Ero sconvolto che, subito dopo il nostro arrivo, Aidan si fosse dileguato per passare del tempo con un amico del college. E Maggie era corsa in città senza nemmeno permettermi di accompagnarla. Cercai di ricordare a me stesso che era molto impegnata e che a volte il modo migliore per aiutare una persona è togliersi di mezzo. Ma avevo la sgradevole sensazione che non fossimo i benvenuti, che fossimo stati invitati per senso del dovere.

Alle tre uscii ad aspettare mia figlia. Abigail era su una sedia a dondolo in veranda, china su una scacchiera a giocare a dama da sola.

«Grazie di aver fatto cambio camera, signor Frank.»
«Di niente.»
Diede un colpetto alla scacchiera. «Vuoi giocare?»
«Non posso. Maggie sarà qui da un momento all'altro.»
«Dove andate?»
«Vuole farmi vedere il campo.»
«Posso venire?»
«Be', non sarà molto interessante. Daremo un'occhiata agli edifici, cose del genere, e parleremo della storia del posto.»
Si alzò lo stesso. «Per me è okay.»
«Be', sai, Maggie vorrà stare un po' da sola con me. Non ci vediamo spesso.» Abigail si limitò a fissarmi, come se le sfuggisse il punto, così dovetti dirglielo esplicitamente. «È meglio se resti qui.»
Ricadde sulla sedia. «Va bene.»
«Cosa sta facendo Tammy?»
«Un bagno. Non c'era il bagnoschiuma che fa le bolle, ma ha chiamato lo zero e una signora gliel'ha portato. In tre profumazioni diverse.»
«Vai a dirle che ti annoi.»
«Non mi annoio. Volevo soltanto venire con voi.» Tornò a concentrarsi sulla scacchiera e usò una pedina bianca per mangiarne due nere. Mi guardai intorno, sperando che Maggie si materializzasse all'improvviso per salvarmi dall'imbarazzo di quella conversazione, ma di lei non c'era traccia. Rimasi a osservare la partita di Abigail contro il suo avversario immaginario, finché il cellulare non cominciò a squillare. Controllai il display – MAGGIE ♥♥♥ – e risposi subito.
«Ehi, sei in ritardo?»
«Scusa, sono ancora in città.»

«Che succede?»

«Di tutto» disse, prima di snocciolare la lista degli ultimi disastri: il fioraio aveva sbagliato i centrotavola, il videomaker era risultato positivo al Covid e non aveva ancora trovato una soluzione per le navette. I suoi problemi si stavano solo moltiplicando.

«E la wedding planner? Non dovrebbe gestirle lei, queste emergenze?»

«È un gioco di squadra, papà. Stiamo tutti facendo del nostro meglio. Dovrei rientrare in tempo per cena, d'accordo?»

In tempo per cena? «Vuoi dire alle sei?»

«Papà, ascolta. Non hai bisogno di me per visitare la tenuta. Prendi la mappa, esplora, conosci gente. Hai un milione di possibili attività a disposizione: il lancio del ferro di cavallo, la sala giochi...»

Mi stava parlando come se fossi un ragazzino del campo estivo senza amici e privo di stimoli. Sembrava non capire che ero andato nel New Hampshire per passare del tempo con mia figlia, non per centrare un paletto lanciando ferri di cavallo insieme a degli sconosciuti. Ma avevo sentito l'irritazione nella sua voce e non volevo peggiorare le cose. Quindi chiusi la telefonata con un: «Va bene, a stasera».

Abigail fissava ancora la scacchiera, fingendo di non aver origliato. Ma ero stato attento a non dire niente che potesse rivelare il cambio di piani.

«Allora vado» le dissi.

«Dov'è Maggie?»

«Mi aspetta alla casa principale.»

Mi fece un pollice in su e io mi sentii molto stupido per aver mentito a una bambina di dieci anni. Ma immagino non mi piacesse l'idea di essere stato piantato in asso. Abigail disse: «Ci vediamo dopo, signor Frank», e la cosa finì lì.

Dal nostro cottage partivano diversi sentieri che si addentravano nel bosco, ma ripercorsi all'indietro quello da cui eravamo arrivati, seguendo la riva del lago Wyndham per un minuto o due, finché non fui di nuovo sulla spiaggia. Le sdraio erano ancora tutte vuote, e non c'era nessuno che nuotava. Sul prato principale, invece, più vicino a Osprey Lodge, uomini e donne in divisa bianca trasportavano grandi tavoli e sedie pieghevoli. Pareva che si stessero preparando per il ricevimento, anche se era soltanto giovedì. Vidi un falegname con indosso una felpa del Dartmouth College che fissava un telaio di legno con una sparachiodi. Stava costruendo una grande piattaforma, una specie di palco sopraelevato, e gli chiesi se aveva bisogno di aiuto. Forse ero ancora in cerca di un modo per fare la mia parte. Mi lanciò un'occhiata di sbieco e mi chiese: «Lavora qui?».

Spiegai che ero il padre di Maggie ed ero lì per il matrimonio, al che lui si raddrizzò subito e posò la sparachiodi. «Non si preoccupi, signor Szatowski. Si rilassi e si goda il campo.»

Perché *tutti* continuavano a dirmi di rilassarmi?

«Non è un po' presto per allestire?» chiesi. «E se piovesse prima di sabato?»

«Questo non è per il matrimonio.» Indicò i grandi tavoli rotondi, ora coperti da tovaglie bianche e circondati di sedie pieghevoli. «È per stasera.»

Fino a quel momento mi ero aspettato che la cena di giovedì fosse un evento intimo, con la mia famiglia e i Gardner. Ma la ditta di catering stava apparecchiando con bicchieri e argenteria per decine di persone. Forse non era ancora il ricevimento vero e proprio, ma sembrava già più costoso di qualsiasi matrimonio a cui avessi mai partecipato.

Il falegname tornò al lavoro con la sua sparachiodi. Mentre stavo lì a riflettere sulla mia prossima mossa, Aidan emerse dal retro della casa, accompagnato da una donna dai lunghi capelli rossi. Agitai la mano e lo chiamai, ma il fracasso delle maestranze coprì la mia voce. Lui e la donna si avviarono lungo uno stretto sentiero che spariva fra gli alberi. Attraversai il prato di corsa, schivando tavoli e camerieri, nel tentativo di raggiungerli. Quando arrivai all'imbocco del sentiero, però, erano già scomparsi nel bosco.

Visto che tutti continuavano a incoraggiarmi a esplorare, decisi di seguire comunque il sentiero. Nel bosco c'era più fresco, più buio e più silenzio. I rumori del campo diminuirono e presto non sentii altro che il frinire delle cicale e, di tanto in tanto, il canto di un uccello. Lanciavo sporadiche occhiate alla mappa per cercare di orientarmi, ma il sentiero non era segnato. Ero a ovest di Osprey Lodge, in un folto gruppo di alberi chiamato Imagination Grove, e la strada mi stava portando verso i confini più estremi della proprietà. Dedussi che la mappa non poteva essere stata disegnata in scala: il bosco era più grande di quanto sembrasse, doveva essere stato rimpicciolito in modo che tutto entrasse in una sola pagina.

Oppure mi ero soltanto perso.

Una delle cose più utili che ho imparato nei miei quattro anni nell'esercito è un concetto noto come «consapevolezza situazionale». L'idea è che bisogna sempre valutare ciò che ci circonda, concentrandoci su minacce, rischi e tracce di recenti alterazioni. Un approccio molto utile per un diciannovenne terrorizzato che pattugliava i villaggi iracheni durante la Guerra del Golfo, nonché un'abitudine di cui ho faticato a liberarmi. Ancora oggi non riesco a entrare in un ristorante senza individuare subito le uscite d'emergenza più vicine. Dopo diversi minuti sul sentiero, mi fermai per guardarmi intorno, e non vidi anima viva. Non avevo motivo di agitarmi in un bosco con la visuale chiara in tutte le direzioni. Ma avevo la sgradevole sensazione di essere atteso da un'imboscata, di finire in qualche trappola.

Il sentiero mi portò su un tratto in forte pendenza e poco curato, poi intravidi una struttura in lontananza. Somigliava a un vecchio capanno per gli attrezzi, molto diverso dagli altri edifici moderni della tenuta. Aveva un rivestimento in legno logoro, finestre polverose, e un tetto di lamiera grigia coperto di muschio. Controllai la mappa, ma l'edificio non era indicato. Mi avvicinai a un lato, una parete piatta e liscia con due bocchette di ventilazione arrugginite e una finestra. Le tende erano tirate, ma era aperta, quindi sentivo le voci all'interno.

Una era di Aidan, ma era l'altra persona – la donna – a parlare di più. Non distinguevo tutte le parole, ma il tono generale della conversazione era chiaro. Lei era arrabbiata e Aidan la stava calmando, o almeno ci provava.

«Non è giusto.»

«Lo so.»

«Non è giusto nei *miei* confronti.»

«Sì, lo so. Capisco.»

«Non dire che capisci, Aidan. Perché se capissi *davvero*, se fossi d'accordo con me, non faresti quello che stai facendo.»

Lui rispose qualcosa che non sentii, così mi feci coraggio e andai più vicino, camminando con cautela sulle foglie secche fino a fermarmi proprio accanto alla finestra.

A quel punto lui disse: «Cosa vorresti che facessi?».

«Di' la verità.»

«A parte quello.»

«Ti aiuterò. Ci tengo a te. Possiamo farlo insieme...»

«No, no, no. *Noi* non faremo niente. Non c'è nessun *noi*.»

E poi disse qualcos'altro che non colsi. La donna era agitata, ma il tono di Aidan rimase fermo, ostinato.

Mi guardai intorno, temendo che qualcuno potesse sorprendermi a origliare. Ma da quello che vedevo c'eravamo solo noi tre nella foresta. Mi spostai verso il retro del capanno, avvicinandomi a una finestra più grande, dove le voci arrivavano più chiare.

«... ti sta sfuggendo il quadro generale.»

«Forse dovrei parlare con Margaret.»

«*No.*»

«È solo che penso...»

«Stai lontana da lei, cazzo.»

«Cristo, Aidan...»

«Non deve sapere niente di questa conversazione. Se le dici anche solo una parola...»

Il resto della frase fu sussurrato.

«Mi stai minacciando?»

«No, sto...»

«Sicuro? Perché sembrava una minaccia.»

«Rilassati, okay? Vieni qui.»

Dalla finestra sul retro pendevano delle tende ingiallite che non arrivavano al davanzale. Schiacciai il viso contro il vetro e strizzai gli occhi per vedere attraverso lo spiraglio. Vidi una stanza ingombra di oggetti e debolmente illuminata. Notai delle tele allineate lungo le pareti, in gruppi di sei o sette. Una panca da lavoro piena di colori e attrezzi per dipingere e un grande cavalletto di legno. Aidan era di schiena e la donna lo stava abbracciando. Aveva l'età di mia figlia, alta, con lunghi capelli rossi e lentiggini sul viso, e i nostri sguardi si incrociarono. Lei si tirò su e si allontanò da Aidan.

«C'è qualcuno» disse.

Avevo il sole alle spalle; mi accorsi solo allora della mia ombra ben visibile contro la tenda. Aidan si voltò e io mi scostai dalla finestra con un balzo. Lui si avvicinò e guardò fuori. «Frank? Cosa ci fai qui?»

Offrii la prima spiegazione che mi venne in mente. «Stavo esplorando il campo.» Gli mostrai la mappa, nella speranza che potesse dare un minimo di credibilità alla mia storia. «A quanto pare mi sono perso.»

«Non ti sei perso, è il mio studio. Entra, ti faccio fare un giro.»

Aidan era in attesa sulla soglia quando raggiunsi l'ingresso. «Hai scoperto il mio piccolo segreto. Ho provato a dipingere nella casa principale, ma è impossibile. Troppe distrazioni. Il personale che va e viene. Questo posto, invece, è perfetto. È l'unica struttura superstite del campo estivo originale. È molto silenziosa e non è segnata sulle mappe. Anzi, quasi nessuno sa della sua esistenza.»

Lo seguii all'interno. L'aria odorava di muffa e di sostanze chimiche: acquaragia, trementina, olio di lino. E c'erano dipinti ovunque, un mucchio di visi tormentati in bianco e nero come quelli che avevo visto nell'appartamento di Boston. Molti erano incompleti e mostravano solo *parti* di facce. Una bocca aperta. Un collo slanciato. Un mezzo orecchio coperto da ciocche di capelli. Li trovai ancora più inquietanti di quelli finiti.

La rossa era appoggiata alla panca da lavoro di Aidan. Indossava una camicetta color crema, una gonna verde lunga e un paio di sandali di cuoio. Gli abiti e i gioielli sembravano fatti in casa e un po' antiquati, come se fosse appena uscita da una fiera rinascimentale.

«Frank, ti presento Gwendolyn» disse Aidan, e realizzai che prima avevo sentito male. Era corso via per incontrare *Gwen*, non Glen. «Eravamo compagni all'accademia d'arte. Ora insegna, come me.»

Lei parve divertita dallo scambio. «A Aidan piace far sembrare importanti le persone. In realtà faccio lezione in un asilo tutti i martedì. Pittura con le dita e con le stecche dei ghiaccioli. Il resto della settimana faccio la rider, consegno cibo a domicilio.»

«Non c'è niente di cui vergognarsi» le dissi. «Io lavoro per UPS da ventisei anni.»

«Fa le consegne?»

«È un lavoro duro, ma ti garantisco che paghiamo meglio di quei servizi di delivery.» Sembrava genuinamente interessata, quindi mi vantai un po' dei benefit aziendali, del piano pensionistico, dell'assicurazione sanitaria e dei vantaggi di fare il corriere. «E poi ora muoiono dalla voglia di assumere più donne. Per via del MeToo e quel genere di cose. Non so dove abiti, ma potresti avere ottime possibilità.»

«Darò un'occhiata» disse lei. «Come vi conoscete voi due?»

«Frank è il padre di Margaret» spiegò Aidan.

Fu come se avesse schiacciato un interruttore. Il suo atteggiamento nei miei confronti cambiò all'istante.

«Aspetti un attimo, è il *padre* di Margaret?»

«Sì, Frank Szatowski.»

«Allora immagino che appenderà presto al chiodo l'uniforme marrone, no? Ha già consegnato il suo ultimo pacco?»

Non era la prima a fare quella battuta. Molti dei miei colleghi avevano fatto commenti simili. Come se tutti si aspettassero che Maggie mi passasse una quantità di denaro tale da permettermi di trasferirmi a Key West e fare le vacanze alle Hawaii, godendomi i piaceri della vita con i miei nuovi parenti Gardner. Ma io non avevo nessuna intenzione di accettare neanche un centesimo da mia figlia. Avevo sempre pensato che le fortune di famiglia dovessero viaggiare in una sola direzione: dai genitori ai figli, non al contrario.

«Sono soddisfatto della mia vita» le dissi. «Non farò cambiamenti.»

Lei non cercò di nascondere il suo scetticismo, né il suo improvviso e inspiegabile disprezzo nei miei confronti. «E Aidan la chiamerà papà? O continuerete a chiamarvi per nome?»

«Non abbiamo discusso la questione.» Mi voltai verso di lui. «Ma visto che Gwen l'ha tirata fuori, sarò felice di rispondere a entrambi gli appellativi. Fa' pure come preferisci.»

«Lo so, Frank, ti ringrazio. Gwen sta solo lanciando provocazioni. È tipico di lei.»

La donna sbuffò. «Certo, Aidan. Parlare chiaro è *così* provocatorio. Sono davvero una mina vagante.» Si sporse verso di me, strizzando gli occhi al mio orologio da polso. «Posso chiederle che ore sono, Frank?»

«Le tre e mezzo.»

Lanciò uno sguardo malizioso a Aidan, come se avesse dimostrato qualcosa. «D'accordo, ora vado a lanciarmi da una scogliera. Ma piacere di averla conosciuta, Frank. Sono sicura che passerà un bellissimo weekend. Mi saluti Margaret.»

Uscì dal capanno, avviandosi saltellando nel bosco e, forse me lo stavo immaginando, ma mi parve che stesse agitando le anche più del necessario, come se sapesse di essere osservata.

«Mi dispiace» disse Aidan.

«Ho detto qualcosa che l'ha offesa?»

«Non è colpa tua. I soldi sono un argomento sensibile.»

Mi spiegò che Gwendolyn aveva perso i genitori quando aveva sette anni ed era stata cresciuta dalla nonna, un'immigrata irlandese che lavorava come donna delle pulizie. In qualche modo era riuscita a frequentare l'università con una borsa di studio, e lì lei e Aidan avevano stretto un'improbabile amicizia. Erano stati molto legati per quattro anni, ma le loro strade si erano divise dopo la laurea. Aidan si era trasferito nel suo attico di Boston e lei era tornata a Lawrence, nel Massachusetts, dalla nonna ottantunenne. Perché il mondo era ingiusto, disse Aidan, e guadagnarsi da vivere facendo gli artisti era praticamente impossibile.

«Ma cosa c'entra tutto questo con me?»

«Niente. È sempre strana quando viene qui al campo. Critica tutto. E detesta Capaciti. Forse è stato un errore invitarla, ma eravamo buoni amici.»

Volevo chiedergli della conversazione che avevo sentito, ma non c'era modo di farlo senza ammettere che avevo origliato.

Non è giusto.

Di' la verità.

Forse dovrei parlare con Margaret.

Ripetei a me stesso che non avevo sentito tutto, quindi potevano parlare di qualunque cosa. Nonostante quel: *Mi stai minacciando?*

Lui stava aspettando che dicessi qualcosa. Di vedere se avrei fatto un'altra mossa nello strano gioco a cui stavamo giocando. Ma mi serviva tempo per pensare a quello che avevo scoperto. Mi guardai intorno nello studio e in un angolo notai una scala a chiocciola di metallo, che scendeva attraverso un buco nel pavimento. «Dove porta quella scala?»

«A un rifugio antiatomico.»

«Sul serio?»

Aidan annuì. «Il campo è stato costruito nel 1954, all'apice della "Paura rossa", quando il governo sovvenzionava la costruzione di rifugi atomici e tutti ne avevano uno.» Fu interrotto da un trillo proveniente dalla sua tasca. Prese il cellulare e controllò lo schermo. «È mio padre, meglio che risponda.»

Si voltò per avere un minimo di privacy, e io ne approfittai per esaminare la scala. Stretti scalini in grigliato si avvolgevano intorno a un palo di acciaio nero, scomparendo nel buio. Era come guardare in un pozzo. «Sì, sono qui con lui ora... Siamo nel mio studio.» Aidan ascoltò un attimo prima di girarsi verso di me. «Mio padre chiede se sei libero per un drink.»

«Certo.»

Aidan annunciò che saremmo arrivati subito e terminò la telefonata. Quando uscimmo dallo studio chiuse bene la porta e notai che la bloccò con la solita app. Mi disse che il padre ci aspettava a Osprey Lodge e lo invitai a fare strada, ma lui si diresse verso il lago. «Ah, un'altra cosa, Frank. Margaret mi ha accennato che hai ricevuto qualcosa per posta, una foto, se non sbaglio?»

«Sì, ce l'ho in valigia.»

Lui forzò un sorriso imbarazzato, quasi scusandosi per il disturbo. «Credi che potremmo passare a prenderla prima di andare? Mio padre vuole vederla.»

9

Errol Gardner assomigliava a uno di quegli uomini che si vedono nelle pubblicità del Viagra: era alto, abbronzato, con spalle larghe e capelli sale e pepe. Dalle mie ricerche sapevo che aveva cinquantasette anni; avevo letto che iniziava ogni giornata con un'ora di corsa sul tapis roulant, cinquanta flessioni, un centinaio di addominali, e mezzo litro di succo di erba di grano. Sapevo che indossava ogni giorno una variante dello stesso outfit: giacca marrone, camicia bianca e jeans. In una intervista a «GQ» aveva detto, a proposito del suo stile, che era «abbastanza elegante per le sale riunioni di Boston, abbastanza resistente per i reparti produzione e abbastanza smart per i drink dopo il lavoro».

«Frank Szatowski!» Pronunciò il mio cognome come una specie di battuta, quasi che il suono fosse spassoso di per sé. «Che bello conoscerti, finalmente! Com'è andato il viaggio?»

«Una passeggiata.»

«Bene, bene, bene. Mi fa piacere. E che mi dici della sistemazione? È di vostro gradimento?» Si rivolse al figlio. «In quale cottage li avete messi?»

«Nel Merlo» disse Aidan ed Errol annuì in segno di approvazione.

«Ottima scelta. Vista favolosa. Oh, Frank, non riesco a credere che tu sia qui. Sono mesi che aspetto questo incontro. Vieni pure!»

Osprey Lodge era gigantesca e Aidan mi aveva portato dritto al secondo piano, quindi non avevo avuto molto tempo per guardarmi intorno. L'ufficio di Errol Gardner era circondato da elementi in legno naturale, come se fosse stato ricavato da un albero gigante. La scrivania era più grande di un normale tavolo da pranzo e la finitura in mogano era intarsiata con svariati motivi decorativi: uccelli, alberi, fiori e animali della foresta. Accanto alla scrivania c'era un piedistallo su cui era esposto uno stretto cilindro di metallo delle dimensioni di un piccolo termos. Errol mi spiegò che si trattava di una cella a combustibile ultracompatta. «Il miracolo della Miracle Battery. Puoi toccarla, se vuoi.»

Io però avevo le mani occupate dalla bottiglia di bourbon Blanton's Single Barrel che avevo portato in dono a Errol. «Nella tua intervista al "New England Living" dicevi che è il tuo preferito.»

Lui accettò la bottiglia con un sorriso smagliante. «Oh, Frank, ho *odiato* quell'intervista. La giornalista ha sbagliato tutto, a parte la storia del bourbon! È l'unica cosa vera che ha scritto su di me!» Guardò un punto alle mie spalle. «L'hai mai provato, Gerry?»

Realizzai che non eravamo da soli. C'era un quarto uomo accanto alla finestra, appollaiato sul bordo di un divano, con un abito grigio di ottimo taglio e un cravattino bordeaux. «Non ho ancora avuto il piacere» disse.

«Il mio migliore amico, Gerry Levinson» lo presentò Errol.

L'uomo si alzò e attraversò la stanza per stringermi la mano.

Era ben più vecchio di Errol, abbastanza anziano da poter essere il nonno di Aidan. Aveva il viso rugoso e una leggera zoppia, ma la sua stretta di mano era sorprendentemente salda. «È un vero piacere, Frank. Margaret ci ha parlato tanto di te.»

Errol aprì un armadietto nella parete, rivelando una specie di minibar nascosto. Stappò la bottiglia di bourbon e ne versò per tutti. Poi propose un brindisi agli sposi e facemmo tintinnare i bicchieri. Il whisky era eccellente. Me ne bastò un sorso per sentirmi più rilassato. Ero stato nervoso all'idea di conoscere i Gardner per tutto il giorno, fin da quando ero uscito di casa alle sei del mattino. Ma ora che le presentazioni erano fatte mi sentivo già più calmo. Presi un altro sorso ed Errol rise. «Buono, vero?»

«Incredibile» dissi. «Non avevi esagerato.»

Ci riunimmo intorno al tavolino con i nostri drink e il mio consuocero si lanciò nelle lodi di Maggie. Disse che era intelligente, ambiziosa e lavoratrice, «un talento raro», e che Aidan era fortunato ad averla trovata. «Tu e tua moglie avete fatto un lavoro straordinario. Il mio unico rammarico per questo weekend è che la signora Szatowski non possa essere con noi.»

Il commento mi commosse. Era molto gentile da parte sua pensare a mia moglie. «Colleen avrebbe adorato questo posto. Le piaceva stare all'aperto, amava la natura. Andavamo sempre a fare trekking da giovani. Pocono Mountains, Catskills, Finger Lakes. Ma non siamo mai stati in un posto così bello.»

Quando inizio a parlare di Colleen è difficile fermarmi. Gli raccontai che eravamo compagni di classe alle elementari e poi amici alle superiori, ma che ci eravamo innamorati soltanto dopo che mi ero arruolato nell'esercito. Avevo trascorso sei mesi in Medio Oriente nel periodo dell'operazione Desert

Storm e Colleen mi scriveva due volte a settimana. Inviava lettere lunghe e dettagliate (era prima che le email decollassero) in cui mi raccontava tutto ciò che accadeva a casa: la chiusura del nostro Blockbuster, l'arresto del pastore della chiesa per appropriazione indebita di fondi, mi diceva quando uno dei nostri amici comuni aspettava un bambino, o finiva in carcere, o altro. Ho ancora tutte le lettere che mi ha mandato. Se siete mai stati sul campo, sapete quanto possono essere importanti i messaggi da casa. E durante quei sei mesi le lettere diventarono sempre più personali. Insisteva nel dire che tutti gli altri ragazzi di Stroudsburg erano degli idioti, che io ero l'unico dotato di cervello ed era arrabbiata con me perché me ne ero andato. Mi implorava di stare molto attento, di guardarmi le spalle e di tornare a casa sano e salvo. E quando lasciai l'esercito ero pazzo di lei.

Il whisky doveva avermi davvero rilassato, perché non avevo intenzione di ciarlare tanto. Mi scusai. «Sono qui a parlare a vanvera e non ti ho nemmeno chiesto di *tua* moglie. Come sta Catherine?»

La perfetta compostezza di Errol vacillò, come se avessi trovato il suo punto debole. «Purtroppo devo informarti che non si unirà a noi stasera. L'attacco è iniziato martedì, quindi speriamo che domani sia in fase postdromica.» Doveva aver capito dalla mia faccia che non avevo idea di cosa significasse, quindi si affrettò a spiegare che la maggior parte delle emicranie di Catherine erano seguite da una «fase postdromica», successiva all'attacco di emicrania vero e proprio e che poteva durare fino a ventiquattro ore. I postumi in genere la lasciavano intontita e debole, ma era determinata a riprendersi e unirsi a Errol per presenziare alle nozze del figlio.

«Mi spiace» dissi. «Non pensavo che le sue condizioni fossero così gravi.» Ricordai a Errol che quando avevamo parlato a maggio mi aveva lasciato intendere che Catherine fosse in via di recupero.

«Immagino che questo dimostri la vastità della mia ignoranza, Frank. L'emicrania è una malattia terribile, un flagello brutale e debilitante, e tutti i migliori medici di Boston non hanno la minima idea di come trattarla. Abbiamo incontrato una decina di specialisti e ognuno ha suggerito un piano terapeutico diverso. Eppure oggi mia moglie è ancora a letto con le tende tirate, impossibilitata a muoversi.»

Per Aidan l'argomento sembrava troppo doloroso. Invece di partecipare alla conversazione, si limitò a stringere forte il bicchiere e fissare il whisky. Seduto accanto a suo padre sembrava più piccolo, di qualche centimetro più basso e diversi chili più leggero.

Fu Gerry a rompere il silenzio. «Pare che la FDA stia valutando un nuovo farmaco piuttosto promettente...»

«Sarà il sesto che provano» obiettò Errol. «A questo punto ho smesso di sperare nelle case farmaceutiche. Sono pronto a finanziare un mio laboratorio che faccia ricerche sui trattamenti. Non credo di poter fare peggio del resto dell'industria.»

«Si può fare, certo» assicurò Gerry. «Ma prima di tutto abbiamo un matrimonio da festeggiare. È una bella cosa. Guardiamo i lati positivi, d'accordo?»

Errol annuì cortese e propose un brindisi ai lati positivi.

«Catherine è qui?» chiesi. «In casa?»

Aidan annuì. «Di sopra. Terzo piano.»

«Credete che potrei farle un saluto? Solo per presentarmi?»

Il viso di Gerry si adombrò ed Errol scosse la testa. «Ne

sarebbe mortificata, Frank. Si vergogna del suo stato. Povera donna, è esausta. Pianificare il matrimonio l'ha quasi prosciugata. E lo stress aggiuntivo di questa assurda faccenda di Dawn Taggart, le aggressioni fisiche ed emotive, le hanno dato il colpo di grazia.»

Il nome di Dawn Taggart fu un altro ostacolo al sereno prosieguo della conversazione, e mi sentii grato del mio bicchiere di bourbon. Dopo un momento di silenzio imbarazzato, Gerry si schiarì la gola e disse, con voce bassa: «Margaret ci ha detto che hai ricevuto qualcosa per posta. Vorremmo dare un'occhiata, se per te non è un problema».

Infilai la mano nella tasca della giacca e trovai la busta di plastica contenente la lettera. La passai a Gerry, che la osservò con calma, studiandola attraverso la plastica come se cercasse delle prove.

«È stata affrancata il 17 luglio» disse. «Qui a Hopps Ferry.»

«La discrezione non è il loro forte» commentò Errol. «Apriamola, voglio vederla.»

Gerry pescò un paio di guanti di lattice dalla sua ventiquattrore e se li infilò. Poi rimosse il foglio di carta dalla busta e lo spiegò sul tavolino, in modo che tutti potessimo vederlo. Aidan lanciò un solo sguardo alla foto e si alzò di scatto.

«È falsa! Non l'ho mai portata qui.»

«Certo che è falsa» disse Errol.

Gerry annuì. «La madre di Dawn deve aver trovato una foto di Aidan su internet e ci ha messo dentro sua figlia con Photoshop.»

Poi mi guardarono tutti e tre, come per vedere se ero giunto alla stessa conclusione. «Non so come funziona Photoshop» osservai, «ma a me sembra reale.»

«È questo il punto» spiegò Gerry. «Deve sembrare reale, Frank. Nelle giuste mani può essere un software molto potente. Ma una volta che hai visto tante immagini manipolate, com'è capitato a me, inizi a riconoscere i segni di manomissione digitale. Nessun tribunale accetterebbe mai questa foto come prova.» Usando l'indice, diresse la mia attenzione sulla spiaggia sabbiosa ai piedi di Dawn. «Guarda la sua ombra, per esempio. Del tutto innaturale.»

Errol si disse d'accordo. «E anche i margini dei capelli di Dawn. Vedi che sono dentellati e pixellati? È un maldestro copia e incolla.»

Mi avvicinai così tanto che il mio naso sfiorò la carta, ma non vidi nessun margine dentellato. A me continuava a sembrare una normalissima fotografia.

Gerry se la riprese e la ripose nella busta di plastica, come se la questione fosse chiusa. Ma Errol sembrò accorgersi che non ero soddisfatto. «Frank, sono certo che tu abbia un sacco di domande, quindi giochiamo a carte scoperte. Quanto ti ha detto Margaret?»

«Non molto. Solo che Aidan non c'entrava niente.»

Errol scoppiò a ridere. «Be', non possiamo fidarci della sua parola, non trovi? È una ragazza innamorata! Ha un pregiudizio positivo. Devi sentire tutti i dettagli, così puoi decidere cosa pensare.» Poi guardò Aidan, incoraggiandolo a procedere.

«Va bene» disse Aidan, deglutendo forte. Aveva appena finito il secondo bourbon e aveva l'aria di chi ne avrebbe gradito un terzo, ma mi parve che Errol gli stesse tenendo lontana la bottiglia. Aidan non sembrava per niente felice di raccontare quella storia. Aveva l'aria di un ragazzino costretto a farsi interrogare davanti a tutta la classe. «La prima cosa che devi capire è che non vado mai in città. Perché tutti conoscono mio padre, tutti sanno chi siamo, e mi ritrovo con perfetti sconosciuti che mi suggeriscono di investire nella loro pizzeria. Oppure si mettono a litigare per le auto elettriche. Vogliono parlare di politica e di agevolazioni fiscali, come se la Miracle Battery l'avessi inventata io. Quindi, quando vengo a Osprey Cove prendo sempre strade secondarie ed evito di passare dalla città.»

Poi un venerdì mattina – circa un anno prima, a luglio dell'anno precedente – mentre percorreva quelle strade secondarie Aidan aveva forato una gomma. Anche quella di scorta nel bagagliaio era sgonfia, così si era ritrovato a piedi, in una foresta e con il cellulare che non prendeva. Non c'erano case nei dintorni, nulla a parte una distesa di alberi, e si stava preparando a una lunga scarpinata fino alla città quando una Toyota Corolla si era fermata dietro di lui. Dawn Taggart era scesa dalla macchina e gli aveva chiesto se avesse bisogno di aiuto. Aveva appena finito di lavorare e indossava ancora la divisa da commessa e la targhetta con il nome. Aidan spiegò che non aveva la ruota di scorta e Dawn suggerì di provare con la sua, costringendolo ad ammettere che non sapeva cambiare una gomma. La ragazza tirò fuori il cric e la chiave inglese, si inginocchiò sulla ghiaia e gli mostrò come fare. «Quando finì, provai a darle dei soldi. Avevo ottanta dollari nel portafogli, ma lei non li accettò. Disse che bastava che le restituissi la ruota di scorta e la invitassi a cena. Visto che era stata così gentile da fermarsi per aiutarmi, non ho potuto dire di no.»

La sera successiva, Aidan incontrò Dawn al Millie's Bar and Grill, l'unico vero ristorante in una contea piena di fast food e pizzerie. «Ovviamente il posto era zeppo di ficcanaso. I ragazzi mi guardavano tutti incavolati, come se fossi andato lì a rubare una delle loro donne. Ero sicuro che mi avrebbero seguito nel parcheggio per picchiarmi a sangue. Ma la parte peggiore della cena è stata Dawn Taggart. Voglio dire, non fraintendermi: è una ragazza molto attraente. Molto carina. E spero che stia bene, ovunque sia. Ma non ci siamo trovati su nulla. Non avevamo niente in comune. Parlava solo di TikTok. Chi segue, chi la segue, chi secondo lei mi piacerebbe. Ha addirittura tirato fuori il telefono durante la cena e ha insistito per mostrarmi i suoi preferiti. Ma era stata gentile a fermarsi per cambiarmi la gomma, così ho finto di essere interessato. Poi ho pagato il conto, l'ho accompagnata a casa e, te lo giuro, Frank: quella è stata l'ultima volta che l'ho vista. Quattro mesi prima che scomparisse.»

Sembrava tutto molto ragionevole, ma non potei trattenermi dal fare la domanda più ovvia: «Se è veramente andata così, perché la sua famiglia se la prende con te?».

Aidan alzò le mani, suggerendo che la mia ipotesi valeva quanto quella di chiunque altro. A quel punto Errol fu felice di riprendere la parola. «Gerry ha un paio di idee al riguardo» disse. «Oltre a essere il mio migliore amico, è anche il nostro avvocato di famiglia. Uno dei migliori del New England. E pensa di sapere cosa cercano.»

«Soldi, per dirlo in una parola» spiegò Gerry. «Pensiamo che minacceranno una causa civile. Ricordi i processi di O. J. Simpson?»

Annuii, tutti quelli della mia generazione li ricordavano. I tribunali penali lo avevano ritenuto non colpevole dell'omicidio di Nicole Brown e Ronald Goldman, quindi non aveva mai scontato alcuna pena in prigione. Ma le famiglie delle vittime lo avevano citato in giudizio in un tribunale civile, dove l'onere della prova era diverso, e alla fine avevano ottenuto più di trentatré milioni di dollari.

«Gli avvocati dei Taggart minacceranno di andare a processo in un tribunale locale» continuò Gerry, «dove i giurati hanno forti pregiudizi nei confronti delle famiglie benestanti che vengono da fuori. Non è difficile, in questa contea, trovare dodici persone che nutrano un po' di astio verso i ceti sociali superiori. Quindi l'avvocato compilerà le scartoffie e spererà che lo contattiamo con un accordo, per tenere la storia lontana dai giornali. Per farla breve, vogliono che li paghiamo per stare zitti. Centomila? Forse duecentocinquanta?»

«Non avranno nemmeno un centesimo» disse Errol. «Pagarli sarebbe un'ammissione di colpa, e mio figlio non ha fatto niente. Preferisco affrontare il processo.»

«Non ci si arriverà mai» ribatté Gerry. «Non possono permetterselo, e gli argomenti sono troppo deboli.»

«Non deboli, Gerry. Inesistenti! Il weekend in cui Dawn è scomparsa Aidan era a Boston! Con Margaret!»

Non ero sicuro di aver sentito bene. «Hai detto Margaret?»

«Eravamo nel suo appartamento» spiegò Aidan. «Il monolocale in Talmadge Street. Ci sei mai stato?»

Certo che ci ero stato. L'avevo aiutata a fare il trasloco. Era il monolocale nel seminterrato della palazzina vittoriana, quello con i pesciolini d'argento. L'appartamento che Maggie non sopportava. Ricordo di aver pensato che non era un posto sicuro per una ragazza che viveva da sola, perché doveva scendere una decina di gradini stretti e bui per arrivare alla porta. Ma lei diceva che avere una casa in un quartiere elegante come Back Bay valeva qualche rischio e inconveniente.

«Margaret mi aveva invitato lì a cena il venerdì sera. Era il 2 novembre. La notte prima che Dawn Taggart scomparisse. Ha preparato da mangiare, abbiamo guardato un film, e poi...» Aidan esitò nel descrivere cos'era successo dopo. «È stato un lungo fine settimana.»

«Aidan, non usare mezzi termini» lo ammonì Errol. «Se sei evasivo rischi di suonare colpevole.»

Gerry si disse d'accordo. «Frank deve sapere la verità. Siamo tutti adulti.»

Aidan intrecciò le dita, fletté le mani e ricominciò. «Quando ci siamo svegliati, il sabato mattina, Margaret non aveva impegni. E nemmeno io. Quindi, ecco, siamo rimasti insieme.»

«Nel suo appartamento?»

«Sì.»

«Per quanto?»

«Fino a domenica.»

«Siete stati nel suo appartamento per tutto il weekend?»

«Sì.»

«Saranno stati venticinque metri quadri, Aidan. Non terrei nemmeno un cane tanto a lungo in quello spazio. Cosa avete fatto tutto il weekend?»

Capii la risposta appena la domanda rimase ad aleggiare nell'aria, e il rossore di Aidan confermò i miei sospetti.

«Ah, l'amore da giovani» esclamò Errol in tono malinconico. «Quando incontri la persona giusta, il resto del mondo scompare.»

Gerry annuì. «Ci siamo passati tutti.»

E io avrei voluto che smettessero di parlare, perché dovevo digerire quello che avevo appena sentito: «Quindi il giorno in cui Dawn è scomparsa tu eri a casa di Margaret?».

«Sì.»
«Per tutto il giorno? Non siete mai usciti?»
«Esatto.»
«E c'è qualcuno che può confermarlo?»
«No, non volevamo compagnia» spiegò Aidan. «Eravamo felici di stare da soli. Soltanto noi due. Ma è per questo che Margaret mi crede. Perché è stata con me tutto il tempo.»

10

Lasciammo l'ufficio di Errol e uscimmo sul prato, dove la cena era già in corso. Gli ospiti erano quasi duecento e tutti i tavoli erano pieni, quindi i camerieri si stavano affannando per recuperarne altri.

Un trio jazz suonava *It Had to Be You* di Frank Sinatra, e per quanto mi sforzassi non riuscivo a spiegarmi come avessero fatto a trascinare un piccolo pianoforte a coda sul prato senza rovinare l'erba. Il tavolo del buffet sarà stato lungo un chilometro e mezzo, con bistecche appena cotte, tortine di granchio fresco del New England, enormi pannocchie bollite, e un'infinità di insalate e contorni. Oltre a tre diverse postazioni per i cocktail, in modo che nessuno dovesse aspettare troppo per avere un drink. Mi accostai alla più vicina e scoprii, con mia grande sorpresa, di conoscere il barista.

«Signor Szatowski. Cosa posso offrirle stasera?»

Era il tizio del ristorante in città, quello che ci aveva salvati da Brody Taggart. Si era tolto il grembiule sporco e ora indossava una camicia bianca, un gilet nero e un cravattino. Gli chiesi una Coors Light e mi servì una Smuttynose. Mentre la versava in un bicchiere mi incoraggiò a provarla abbinata alle tortine di granchio, la specialità di sua moglie. «Lei e mia sorella hanno un'azienda di catering. Si occupano loro del matrimonio.»

«Lavora spesso qui?»

«D'estate sì. I Gardner hanno sempre un mucchio di ospiti. Ma questo matrimonio è di un altro livello. Stiamo cucinando abbastanza da sfamare un esercito.»

Lo ringraziai per la birra e mi tuffai nella folla per cercare mia figlia. Dovevo parlare subito con Maggie. Dovevo sapere se la storia di Aidan era vera. E se lo era, perché non me l'aveva detto?

Maggie aveva sempre descritto l'appartamento di Talmadge Street come la cella di una prigione sotterranea. Buio, umido e claustrofobico, un posto in cui andare a dormire mentre si guadagnava da vivere. Quando l'azienda aveva offerto ai dipendenti la possibilità di lavorare da remoto, Maggie aveva rifiutato. Andava in ufficio anche nei weekend. Oppure scappava al parco con la coperta da picnic e il computer per lavorare all'aperto. Chiunque l'avesse sentita lamentarsi di quel monolocale avrebbe avuto serie difficoltà a credere alla storia di Aidan.

Gli invitati erano più giovani di quanto mi aspettassi, in larga parte ragazzi sui venti o trent'anni, dal che dedussi che molti lavoravano per Capaciti. Diversi indossavano felpe con il logo della Miracle Battery e vidi una donna con un top e il tatuaggio di un circuito sul bicipite. Nessuno che conoscessi, e di sicuro nessuno degli amici di Maggie di casa, ma dopo svariati minuti di ricerca sentii finalmente la sua voce che mi chiamava.

«Papà! Ehi, papà!»

Mi girai e la vidi correre sul prato a piedi nudi verso di me, con un elegante vestito giallo e i sandali in mano.

«Eccoti! Ti ho cercato ovunque.» Spiegò che era appena tornata dalla città, dove era riuscita a risolvere il problema delle navette. «Ora sono pronta a festeggiare. Vieni al bar con me?»

«Possiamo parlare prima di una cosa?»

«Parliamo in coda. Ho bisogno di un bicchiere di vino.»

«È una cosa privata, Maggie. Credo che non dovrebbe sentirci nessun altro.»

Mi indicò un tavolino alto ai margini del prato. Non era proprio un luogo appartato – eravamo in piena vista di tutti i partecipanti alla festa – ma sarebbe andato bene. Quando arrivammo Maggie si mise di spalle alla folla, così che nessuno potesse vedere la sua espressione seccata.

«Che succede? Qual è l'emergenza?»

«Ho appena bevuto un aperitivo con Errol e Aidan. E l'avvocato, Gerry Levinson. Abbiamo avuto una strana conversazione.»

«In che senso?»

«Abbiamo parlato di Dawn Taggart, la ragazza scomparsa, hai presente?»

«Sì, papà, so chi è.»

«Giusto. Be', il weekend della sua scomparsa, Aidan dice che era a casa *tua*. Il posto in Talmadge Street. La prigione sotterranea.»

Maggie attese che continuassi. «E allora?»

«Non me l'avevi detto.»

«Non ti avevo detto cosa?»

«Quando abbiamo parlato di Dawn Taggart, mi hai detto che Aidan era a Boston, a trecento chilometri di distanza. Non mi hai detto che era a Boston, a trecento chilometri di distanza, *con te*.»

Maggie scrollò le spalle, come se mi stessi fossilizzando su un dettaglio banale e insignificante. «Mi dispiace, pensavo di averlo fatto.»

«No, non l'hai fatto.»

«E allora? Che importanza ha?»

Mi sforzai di mantenere un'espressione amabile, perché avevo notato che gli altri ospiti ci stavano guardando di sottecchi. Tutti interessati alla sposa e a suo padre che condividevano un momento prezioso prima del grande giorno.

«Perché è il suo unico alibi?»

«Cristo santo, papà. Non è una puntata di *Law and Order*! Perché parli come un pubblico ministero?»

«Aidan dice che ha passato l'intero sabato nel tuo appartamento. E dice che nessun altro l'ha visto lì a parte te.»

«Esatto.»

«Odiavi quell'appartamento, Maggie! Dicevi che era così buio e umido che non sopportavi di passarci nemmeno un minuto più del necessario.»

«E per la maggior parte dei weekend era vero.»

«Quindi perché quello era diverso?»

Aprì la bocca per rispondere, ma sembrò incapace di trovare le parole. «Papà, è una domanda molto personale. Non credo che tu voglia sentire la risposta. Voglio dire, quanto vuoi che sia esplicita?»

«Voglio soltanto una storia che abbia senso.»

Sentite, non sono ingenuo. Ricordavo com'era avere venticinque anni. Non avrei avuto problemi a credere che Maggie e Aidan avessero passato tutto il weekend in una bella camera d'albergo, a ordinare il servizio in camera e rotolarsi su un letto king size. E lo stesso se mi avessero detto che avevano passato il fine settimana nel lussuoso attico di Aidan, a mangiare i piatti di Lucia in terrazza e fare il bagno nella vasca a misura di Lebron James.

Ma gli hotel e gli appartamenti di lusso avevano le telecamere di sicurezza, e lo schifoso monolocale di Maggie no. Se alla polizia di Hopps Ferry si fossero presi la briga di andare a Boston e dare un'occhiata a quel posto, penso che avrebbero trovato la storia di Maggie molto meno credibile.

«Non capisco perché ti stai fissando tanto» disse Maggie. «Aidan non ha fatto niente a Dawn Taggart. È un'anima bella. Gentile. Lo conosco, mi fido di lui, e non ho alcun dubbio.»

E questo mi mandò ancora di più in confusione.

«Stai dicendo che non hai alcun dubbio perché ha un'anima bella e gentile? O perché era a casa tua quando lei è scomparsa?»

«Perché è così importante?»

«Perché c'è una bella differenza.»

«Papà, ti prego, calmati. Non so quante volte posso rispondere alla stessa domanda. Ho conosciuto Aidan a una festa di Halloween. Siamo usciti a cena la sera dopo. E quella dopo ancora l'ho invitato a casa mia. È arrivato il venerdì ed è andato via la domenica e abbiamo passato un bellissimo fine settimana insieme. È l'uomo più dolce, gentile e buono che abbia mai conosciuto e vorrei che tu fossi felice per me. Perché non ci riesci?»

«Perché sono preoccupato, Maggie. Temo che potresti essere così innamorata di lui da non vedere le cose con chiarezza.»

«Papà, credimi, mi è tutto molto chiaro, invece.»

Mia figlia poteva essere testarda come un mulo. Una volta

che si convinceva di una cosa era impossibile farle cambiare idea. L'avevo sempre trovata una delle sue migliori qualità, ma al momento mi stava mandando fuori di testa.

«Maggie, ascoltami. Questo pomeriggio, prima di arrivare, ci siamo fermati a un ristorante in città – io, Tammy e Abigail – e abbiamo incontrato lo zio di Dawn, un tizio di nome Brody. È convinto che Aidan le abbia fatto del male. Sostiene che il cadavere sia ancora qui al campo.»

Lei rise come se avessi fatto una battuta. «E dimmi una cosa, papà. Quando hai parlato con Brody Taggart, per caso, era ubriaco?»

«Sì, ma...»

«Quindi perché ti fidi più di un ubriacone che di tua figlia?»

Era un punto a suo favore, ma non avevo finito. Le dissi anche della conversazione che avevo origliato fra Aidan e la sua ex compagna di università, Gwendolyn. «Non sono riuscito a sentire tutto, ma la stava minacciando, Maggie. Le ha detto di stare lontana da te.»

Maggie rise, di nuovo. «Perché sa che non mi piace. Non piace a nessuno della famiglia. Gwen è qui soltanto perché Aidan prova pena per lei.»

«Hanno un qualche segreto, Maggie. C'è qualcosa che non sai e credo che riguardi Dawn Taggart.»

«Oddio, papà. Smettila con questa Dawn Taggart. Hai intenzione di non pensare ad altro per tutto il fine settimana?»

«Dovresti parlare con Gwendolyn. Scoprire cosa sa.»

«Quella ragazza è un disastro. Non ha amici, quindi si diverte a rovinare la vita degli altri. E rompe sempre le scatole a Aidan per i suoi soldi. Odia Capaciti e odia suo padre, e di conseguenza odia anche me.»

«Perché odia Capaciti?»

«Pensa che usiamo troppo cobalto. O forse il tipo sbagliato di cobalto, non ne ho idea. Lo compriamo da una piccola regione dell'Africa dove, questo è vero, le condizioni lavorative non sono ideali. Quando il tuo lavoro è scavare tunnel nella terra, non sempre respiri aria fresca e puoi sperare in un buon piano pensionistico. Ma indovina? È lo stesso cobalto che fa funzionare il cellulare di Gwendolyn, il suo computer portatile, il suo ebook reader e il suo spazzolino elettrico ecosostenibile, quindi che vuole da noi?»

A quanto pareva ero riuscito di nuovo a far arrabbiare mia figlia, e quest'ultimo scatto d'ira doveva aver attirato l'attenzione degli ospiti, perché molte teste si stavano girando nella nostra direzione. Prima che potessi rispondere, comunque, Errol Gardner si avvicinò a noi con un sorriso e un bicchiere di vino bianco. «Per te, Margaret. So che hai avuto una lunga giornata, ho pensato ne avessi bisogno.»

«Oddio, sì» disse lei, prendendo il bicchiere con entrambe le mani e bevendo come se stesse morendo di sete. «Grazie, Errol.»

Lui mi diede una pacca amichevole sulla spalla. «Come stai, Frank? Hai provato le tortine di granchio?»

«Non ancora.»

«Sono fenomenali. Cerca di accaparrartene una prima che finiscano. E ti dispiace se facciamo una foto? Solo i padri?» Mi resi conto che una donna con una grande macchina fotografica lo stava seguendo a rispettosa distanza. «Ci vorrà un attimo. È per il "Boston Magazine".»

Per lo scatto in realtà impiegammo ben più di un attimo, perché la fotografa ci chiese una serie infinita di pose e angolazioni, e poi domandò il mio nome, la mia città natale e la mia professione. Risposi che lavoravo per UPS e Maggie si inserì nella conversazione. «Guida i furgoni per UPS» precisò. «Ventisei anni senza incidenti. Decine di migliaia di chilometri senza nemmeno un graffio.»

La fotografa si annotò tutto sul taccuino. «I nostri lettori adoreranno questi dettagli. Grazie di avermelo detto.»

Una volta terminato il servizio fotografico, Errol chiese se poteva prendere in prestito mia figlia per un minuto. «Patrick della General Motors è qui con sua moglie Jenna. Posso presentarteli?» Mi lanciò uno sguardo di scuse. «Sono ottimi contatti per Margaret.»

Lei non attese che le dessi il consenso. Mi disse semplicemente di andare a godermi il buffet e aggiunse che mi avrebbe raggiunto dopo aver fatto i suoi giri.

«Certo» risposi. «Vai pure, io starò bene.»

«Grazie» disse Errol, poi appoggiò la mano sulla schiena di Maggie e la guidò attraverso la folla, portandola sempre più lontano da me.

11

«Signor Frank! Signor Frank!»

Abigail stava urlando a pieni polmoni. Mi voltai e la vidi in fondo alla coda per il buffet: saltellava su e giù, agitando le braccia senza il minimo imbarazzo. Per qualche motivo indossava una tuta azzurra pelosa, una specie di costume con la zip al centro. Aveva un cappuccio con le orecchie a punta e grandi occhi strabuzzati. Sembrava un mostro di *Sesamo apriti*. La raggiunsi di corsa e le dissi di smetterla di urlare.

«Cosa ti sei messa?»

«Sono Stitch!»

«Chi è Stitch?»

«Del film, lo conosci?»

Tammy ci venne incontro con in mano un'enorme piña colada frozen. «*Lilo e Stitch*, Frankie. È un cartone animato.»

Abigail si tirò il cappuccio sulla testa per farmi ammirare il costume in tutta la sua bellezza. «Me l'ha comprato la signorina Tammy. È un pigiama!»

«E allora perché ce l'hai addosso? Vedi qualcun altro in pigiama?»

«Oh, Frankie, è adorabile. Ora fai la voce, Abby. Di' qualcosa in quella strana lingua degli alieni.»

Abigail fece una smorfia e si mise a cantare parole prive di senso in un falsetto acuto e stridulo, come se avesse respirato una boccata di elio. Mia sorella scoppiò in una risata esplosiva, rovesciando la piña colada e attirando altri sguardi. Avevo promesso di accettare la presenza di Abigail, quindi mi limitai a sorridere gentilmente e ad accompagnare la bambina di nuovo in fila.

«Non ripetiamo l'errore del pranzo, okay? Fai porzioni piccole. Con calma. Puoi sempre tornare a riempirti di nuovo il piatto.»

Non ascoltò una parola. Prima puntò i panini. Ne prese tre. Poi un'enorme cucchiaiata di purè di patate e due pannocchie. «Ecco, vedi, ci risiamo. Il tuo piatto straripa.»

Cercai Tammy per farmi aiutare, ma stava parlando con la donna dietro di noi, blaterando del segreto per i maccheroni al formaggio perfetti (il panko). Abigail intanto aveva afferrato un paio di pinze e cominciato a rovistare in un vassoio di scaloppine di pollo, in cerca della fettina che la ispirasse di più. «Signor Frank, queste hanno gli ossi?»

«Non hai spazio. Torna a prenderle dopo.»

«E se finiscono?»

«Non finiranno.»

«Come fai a saperlo?»

Lo sapevo perché nessuna persona sana di mente avrebbe preferito una scaloppina di pollo a una bistecca di qualità o a una tortina di granchio appena fatta, che era quello che volevo mangiare io. «Su, spostiamoci.»

La bambina, invece, impugnò le pinze e prese dal vassoio una grossa fettina di pollo che fece colare salsa al limone e capperi su tutto il tavolo. Provò ad appoggiarla in cima al purè di patate, ma ricadde subito sul lato del piatto. Tentai di prenderla al volo, ma non fui abbastanza veloce e il pollo atterrò sull'erba, fra le mie scarpe.

«Hai visto? Ti avevo appena detto...»

Tammy mi mise una mano sulla spalla. «Mantieni la calma, Frankie.»

«Le avevo detto che sarebbe successo.»

Avevamo bloccato la coda al buffet, quindi ordinai ad Abigail di raccogliere la scaloppina. Lei fissò l'erba e scosse la testa. Con voce molto bassa, disse: «Non la voglio più».

«Non importa, tirala su.»

Abigail si scansò, come se all'improvviso il pollo le facesse paura. «Non posso» sussurrò. «Non voglio toccarlo.»

Ci stavano fissando tutti, quindi dovetti abbassarmi io per prenderlo. Lo misi nel mio piatto perché non volevo che andasse sprecato, non con tutte quelle persone che ci guardavano. «Dai, muoviamoci» dissi ad Abigail. «Andiamo a cercare un tavolo. Tutto questo è ridicolo.»

«Aspetta» esclamò mia sorella, accaparrandosi le ultime due tortine di granchio, una per lei e una per Abigail. «Ha bisogno di proteine.»

Tammy disse che ci aveva già preso dei posti e ci guidò attraverso il prato. Avevo dato per scontato che avremmo cenato con Maggie, Aidan e i genitori di lui, ma le uniche persone in attesa al nostro tavolo erano Gerry Levinson e una donna con un vestito rosso senza maniche. Era giovane – forse anche più di Maggie – e attraente, con un fisico notevole e una scollatura profondissima.

Gerry si alzò lentamente per darci il benvenuto al tavolo. «Rieccoti, Frank. Ti presento mia moglie, Sierra.»

Per un attimo pensai che fosse uno scherzo, poi Sierra allungò la mano per stringere la mia e notai una sfilza di diamanti scintillanti al suo anulare. «Piacere di conoscerti» disse, con un accento sdolcinato in stile *Via col vento*. «Devi essere molto emozionato per Maggie.»

Non sapevo come rispondere. Cosa si può dire a una bella donna nel pieno della sua giovinezza che si lega a un anziano avvocato rinsecchito con la pelle tipo formaggio grigliato? Erano una coppia contro natura, una bizzarra mutazione della biologia umana. «Anche tu sei un avvocato?»

«Io?» Lei rise. «No, io non faccio niente.»

«Sei una scrittrice» la corresse Gerry. «Non sminuirti, Sierra. Sta scrivendo un libro per bambini.»

«Sono una scrittrice» ripeté lei con un'alzata di spalle. «Sto scrivendo un libro per bambini.»

«Avete di fronte la prossima J. K. Rowling» spiegò Gerry. «Ho sottoposto le prime cinque pagine ai miei nipoti e le hanno adorate. Non vedono l'ora che arrivi la prossima puntata.»

«Indagini di mercato!» commentò Tammy. «Un'ottima idea, Gerry. Non c'è da stupirsi che tu sia un avvocato così bravo.»

A quanto pareva mia sorella si era già presentata a Gerry e Sierra e aveva accettato la loro relazione senza scomporsi, perché sembrava ben felice di chiacchierare con loro. Fece domande su Osprey Cove e Capaciti e sul ruolo di tutti nell'azienda, mentre io mi costringevo a mangiare la scaloppina di pollo che non avevo mai voluto. Per nessun motivo al mondo avrei gettato nella spazzatura una fetta di pollo. Anche se era punteggiata di macchioline verdi e non capivo se fossero erba cipollina, scalogno o pezzi di prato appena tagliato. Mi cacciai il cibo in bocca e cercai di non pensarci.

Il trio jazz suonò un classico dopo l'altro: *Moon River* e *Come Fly with Me* e *The Girl from Ipanema*. Gerry raccontò delle barzellette stupide sugli avvocati e Tammy e Sierra risero. Mentre il sole tramontava sul lago Wyndham e spariva dietro le montagne, guardai Maggie muoversi sul prato, spostandosi di tavolo in tavolo per intrattenere i suoi ospiti. Il ruolo di padrona di casa le veniva naturale ed era chiaro che tutti la ammiravano.

Ma di Aidan non c'era traccia. E nemmeno di Gwendolyn. Forse era una coincidenza, ma io non credevo.

A un certo punto una cameriera si avvicinò per accendere le candele al centro del nostro tavolo e notai un ragno gambalunga accanto al mio bicchiere d'acqua. Lo scacciai via prima che Abigail se ne accorgesse. Si era portata a cena il galateo dei matrimoni e ora aveva il viso appoggiato sul tavolo e rileggeva le sue pagine preferite usando un solo occhio.

«È sempre bello vedere una bambina che legge» osservò Gerry, e Tammy gli assicurò che Abigail era un topo di biblioteca e assorbiva le nozioni come una spugna. «Senti qui» disse. «Ehi, Abby, quali sono i cinque fiumi più lunghi d'Europa?»

Abigail rispose senza alzare la testa. «Volga, Danubio, Ural, Dnepr e Don.»

Gerry controllò la risposta sul cellulare e ci mostrò stupito lo schermo. «Accidenti, brava!»

«Proviamo con una più difficile» la sfidò Sierra. «Quelli dell'Asia?»

Abigail non batté ciglio. «Fiume Azzurro, Fiume Giallo, Mekong, Lena e Irtyš.»

«È più veloce di Alexa» commentò Tammy orgogliosa. «Le ho detto che deve andare a uno di quei quiz televisivi e fare un po' di soldi. Conosce le capitali di tutti gli Stati, tutti i presidenti e tutti i film animati della Disney, a partire da *Biancaneve*.»

«Straordinario!» disse Gerry. «Dovresti venire a lavorare per Errol Gardner, Abigail. Che ne dici? Ti piacerebbe unirti al team di Capaciti dopo la laurea?»

La bambina si limitò a girare una pagina del libro e alzare le spalle. «Non lo so. Forse. Vedremo.»

E per la prima volta dall'inizio della giornata fui felice che Abigail si fosse unita a noi. Mi venne quasi voglia di sporgermi sul tavolo e darle un bacio su quella testolina pidocchiosa.

12

Eravamo ancora tutti seduti lì quando Hugo, il tizio del cancello di ingresso, arrivò di corsa da Gerry con un tablet. «Chiedo scusa, perdonate l'intrusione» disse. L'avvocato si prese un momento per leggere lo schermo, poi digitò una rapida risposta. «Grazie, signor Levinson. Godetevi la serata» si congedò Hugo.

Si allontanò spedito nella notte e Tammy rimase a fissarlo. «Che uomo attraente» commentò. «E che accento affascinante. Viene dalla Transilvania?»

«È olandese» spiegò Gerry. «Anche se in realtà è cresciuto a Kinshasa, in Congo, dopo che il Paese dichiarò l'indipendenza dal Belgio. Ha avuto un ruolo molto importante in una delle nostre attività laggiù. Ora è quasi in pensione e resta a Osprey Cove tutto l'anno. Tiene d'occhio la proprietà, ma soprattutto si rilassa. È un posto molto tranquillo in inverno.»

«As-so-lu-ta-men-te» disse Sierra, scandendo tutte le sillabe, come se temesse di pronunciare male la parola. Era stravaccata sulla sedia e si arricciava una ciocca di capelli intorno al dito con aria assente, già abbastanza ubriaca. Mi chiesi da quanto tempo era sposata, se il padre era andato al matrimonio, se aveva mai avuto un maschio adulto e responsabile fra le sue figure di riferimento. Il trio jazz passò da *All of Me* a *The Way You Look Tonight* e Gerry invitò la moglie a unirsi alle coppie che stavano già ballando sul prato.

Tammy li guardò con tenerezza. «Quanto sono dolci!»

«Stai scherzando, vero? Davvero ti sembrano una bella coppia? Non eri una femminista tu?»

Mia sorella sospirò. «Mi sono definita così una volta al liceo e te la sei legata al dito.» Poi si allungò per prendere il suo bicchiere d'acqua, ma c'era dentro solo il ghiaccio, allora si infilò in bocca alcuni cubetti e li schiacciò con i denti. «Secondo me al cuor non si comanda. Sembrano felici.»

«Sei fuori di testa. Lei deve essere appena uscita dal liceo e quel tizio è più vecchio del conte Dracula. È disgustoso. Se fossi suo padre, sarei mortificato.»

Abigail era annoiata dalla discussione. Si afflosciò sulla sedia e si tirò il cappuccio azzurro sulla testa, coprendosi occhi e naso. Poi, senza alcuna ragione comprensibile, iniziò a sussurrare: «Meep-meep-meep-meep-meep». Per fortuna Gerry e Sierra non c'erano.

Un cameriere si avvicinò e mi offrì un'altra birra, io però chiesi dell'acqua. Avevo già bevuto a sufficienza e l'alcol non mi stava aiutando a calmare i nervi. Tutti gli eventi della giornata mi avevano turbato. La conversazione con Brody Taggart. L'assurdo modulo per la privacy di cinquantasei pagine. Il nugolo di ragni. Lo strano incontro con Gwendolyn. E poi la conversazione nell'ufficio di Errol, tutte quelle rassicurazioni sul fatto che la foto di Dawn e Aidan fosse evidentemente photoshoppata. Mi pentii di non averne tenuto una copia. Avrei voluto averla ancora, così da poterla mostrare a un esperto e chiedere una seconda opinione.

Intanto, dall'altra parte del prato, Maggie continuava a svolazzare di tavolo in tavolo per dare il benvenuto di persona a ogni singolo ospite. Ma non c'era ancora traccia del suo promesso sposo. «Dov'è Aidan?»

«Non lo so. Non si è visto per tutta la serata.»

«E non ti sembra strano?»

«Devi smetterla di essere tanto paranoico» disse Tammy. «Ti comporti come se stessimo parlando di Dottor Cell Phone, ma guardati intorno, fratellino. Apri gli occhi. La situazione è completamente diversa.»

Abigail alzò lo sguardo dal libro e sogghignò. «Chi è Dottor Cell Phone?»

«L'ex fidanzato di Maggie» disse Tammy.

«No, no, no, non chiamarlo fidanzato.»

«Il suo vero nome era Oliver.»

«Ma non era un fidanzato.»

Tammy scrollò le spalle. «Più o meno sì.»

«Per quanto tempo?» chiese Abigail.

«Per nessun tempo! Quel tizio era un verme, un pervertito e un degenerato!» Forse avevo urlato un pochino, perché Tammy posò i palmi sulle orecchie di Abigail, per proteggerla dal mio scoppio d'ira.

«Frankie, calmati» disse.

«E sai cos'altro mi dà fastidio? Dove diavolo sono gli amici di Maggie?»

Tammy fece un gesto per indicare il prato. «Sono *questi* i suoi amici.»

«Intendo i suoi veri amici. I compagni di scuola. Le ragazze di Stroudsburg.» Cercai di ricordarmi i loro nomi, ma era difficile, perché Maggie non me ne aveva fatti conoscere tanti.

Diceva che la mia gestione approssimativa della casa la imbarazzava; avrebbe voluto che ci trasferissimo in un appartamento più bello, in un quartiere migliore. «La ragazzina della casa all'angolo? L'indiana con la zeppola.»

«Priya Hattikudur» disse Tammy. «Si sono perse di vista dopo il liceo, Frankie. Ma è normale. Capita che le persone sviluppino interessi diversi. Priya è nell'immobiliare con i genitori, adesso.»

Capivo che Maggie aveva scelto un percorso diverso e ora viveva in un mondo diverso, ma pensavo che una delle cose belle di un matrimonio fosse riunire tutte le persone che avevano fatto parte della tua vita, anche nel passato, perché potessero celebrare il tuo futuro.

«Invece di lamentarti di chi non è qui» suggerì Tammy, «forse dovresti andare a conoscere chi c'è.»

Mi indicò un tavolo pieno di ragazzi e ragazze e spiegò che erano le damigelle e i testimoni di Aidan e Maggie.

Andai a presentarmi e mi pentii quasi all'istante di averlo fatto. Le sedie erano tutte occupate, non c'era posto per sedersi, e mi toccò starmene lì in piedi mentre tutti dicevano i loro nomi. Alcuni erano esotici, come Bacchus e Mathilde e Tarquin, altri non li sentii perché la musica era troppo forte. Si parlava di andare a nuotare nudi più tardi, e le ragazze volevano che si unisse anche uno dei camerieri, perché a quanto pareva era identico a Jeremy Allen White. Ascoltarli chiacchierare era come entrare in sala quando un film è iniziato da mezz'ora; nominavano persone che non conoscevo e cose di cui non avevo mai sentito parlare: Slack, Chloé, Charli, Banksy, BeReal, Bad Bunny, NPC, A24. Giuro che non mi ero mai sentito così vecchio.

La ragazza più vicina a me si chiamava Khalani. Era abbronzata e carina, con un tatuaggio a forma di stella marina e lunghi capelli biondi intrecciati. Doveva aver notato il mio disagio, perché mi fece segno di avvicinarmi e prese una scatolina di latta dalla borsetta. Alzò il coperchio per rivelare circa due dozzine di orsetti gommosi e mi incoraggiò a sceglierne uno. «È THC, con un piccolo rinforzino jolly.»

«E quale sarebbe il jolly?»

Khalani si spostò le trecce dal viso e rise. «Frank, che simpatico! Se te lo dico non sarebbe più un jolly, no? Devi sceglierne uno e vedere cosa succede.»

Le dissi di no, grazie, e lei alzò le spalle prima di selezionare un orsetto arancione per sé e passare il contenitore al suo vicino. Guardai la scatolina di orsetti gommosi fare il giro del tavolo, tutti la studiavano con aria tranquilla, come se fosse un cestino di pane all'aglio dell'Olive Garden. Alcuni si servirono, altri si limitarono a passarla al prossimo. Non mi ero mai sentito a mio agio con la droga, quindi lanciai un'occhiata a Osprey Lodge, tanto per avere qualcosa da guardare. A una finestra del terzo piano intravidi la sagoma di una persona che fissava il prato, in piedi tra le tende. Era in controluce, quindi non riuscivo a distinguerne i lineamenti, ma la corporatura e la postura suggerivano che si trattasse di una donna, alta e magra, con i capelli raccolti.

Khalani seguì il mio sguardo, poi sorrise alla finestra e salutò con la mano. «Quella è Catherine Gardner.»

«Come fai a saperlo?»

«Deve essere lei. Quella è la sua camera da letto.»

«Ci sei stata?»

Lei annuì. «Un paio di anni fa. È stata una vera mentore per molte di noi. È un peccato che non stia bene.» Continuò a salutare, facendo cenno a Catherine di scendere e unirsi alla festa, ma la figura alla finestra non reagì. Era così rigida che avrebbe potuto essere un manichino.

Spiegai che non l'avevo ancora conosciuta e Khalani si voltò sconcertata. «Ma il matrimonio è fra due giorni! Stai scherzando?» Mi mise una mano sulla spalla e mi spinse dolcemente verso la casa. «Vai subito a presentarti. Terzo piano, in cima alle scale.»

«Errol mi ha detto che stava riposando.»

«Ora non sta dormendo, guardala! È sveglissima e muore dalla voglia di parlare con te.»

Avevo visto abbastanza della casa da sapere che non avrei avuto difficoltà a trovare il terzo piano, ma esitavo, avevo paura di fare qualcosa di inappropriato. «Aspetterò che sia Maggie a presentarci.»

«È troppo impegnata. Fidati di me, Frank. Catherine è una donna dolcissima, sarà entusiasta di conoscerti. Non essere timido!»

Forse non mi serviva nemmeno tanto incoraggiamento. Sapevo che non sarei riuscito a rilassarmi del tutto finché non avessi conosciuto Catherine Gardner e mi fossi presentato a dovere. Così mi fermai al tavolo dei dessert, disposi un piccolo assortimento di biscotti su un piatto, e mi avviai verso Osprey Lodge. Ritornai sui miei passi di quel pomeriggio ed entrai dall'imponente porta principale.

L'atrio ferveva di attività – con camerieri che portavano scatole e vassoi al camion frigorifero parcheggiato all'esterno –, quindi nessuno notò che mi ero intrufolato in casa e stavo salendo la grande scala a spirale.

Mi fermai sul pianerottolo dove avevo conosciuto Errol Gardner e poi continuai fino al terzo piano, lì trovai un corridoio corto e buio. Cercai a tastoni un interruttore sulla parete, ma i sensori di movimento registrarono la mia presenza e le luci sul soffitto si accesero.

Superai un bagno, una specie di ripostiglio e due camere degli ospiti buie, e raggiunsi la porta in fondo. Immaginavo che fosse la suite padronale, quindi mi feci coraggio e bussai.

«Catherine?»

Nessuna risposta. Sapevo che probabilmente la suite era composta da diversi ambienti e lei poteva essere lontana; forse non mi aveva sentito. Provai ad abbassare la maniglia, ma era bloccata. Notai un sensore Bluetooth sulla serratura e mi ricordai che Aidan mi aveva assicurato che avrebbe collegato il mio cellulare all'account di famiglia, in modo che potessi avere accesso a tutti gli edifici principali. Ma la porta non si aprì nemmeno quando provai ad avvicinare il telefono al sensore.

Bussai di nuovo, più forte, e stavolta sentii un movimento. Un fruscio di passi leggeri.

«Sono Frank Szatowski, il padre di Maggie. Speravo di potermi presentare, sempre che non la disturbi ricevere visite.»

Altro silenzio. Iniziavo a convincermi che stavo parlando da solo. Prima che mi voltassi per andarmene, però, sentii il lieve cigolio di un'asse del pavimento. Come se ci fosse qualcuno dall'altra parte della porta, a guardarmi dallo spioncino.

«Non risponderà.»

Mi girai di scatto e vidi una giovane donna con una lunga gonna verde e sandali di cuoio. L'amica di Aidan, Gwendolyn.

«Che ci fai qui?» chiese. Ora mi dava del tu.

Non so perché mi sentii in colpa. Avrei potuto farle la stessa domanda. Invece le dissi la verità: «Sono venuto a trovare la madre di Aidan, volevo presentarmi. E vedere se si sente meglio».

Qualcosa della mia risposta parve divertirla. Sorrise in un modo che sembrava vagamente beffardo. «Non si sente meglio. E di sicuro non aprirà quella porta.»

«Come fai a saperlo?»

«Chiedilo a tuo genero.»

Si girò e si avviò lungo il corridoio, ma io la seguii.

«No, aspetta, di cosa stai parlando?»

«Sarò onesta, Frank. Quando ti ho incontrato, oggi pomeriggio, pensavo che sapessi in cosa ti stavi cacciando. Ma è evidente che non è così. Perché se non hai ancora incontrato Catherine Gardner, allora non sai niente.»

«Dimmi, cos'è che devo sapere?»

Lei non rispose, continuò semplicemente a scendere le scale. La seguii oltre il pianerottolo del secondo piano, fino a un atrio pieno di camerieri e addetti del catering.

«Gwendolyn, ti prego, parla.»

Mi lanciò un'occhiata severa che significava: *Non qui*. Così la seguii fuori, nella notte, oltre il camion frigorifero e dall'altro lato del viale di accesso. Lei avanzò nel buio, diretta verso un'alta siepe di pini. Si girò su un fianco e si infilò in un piccolo varco, io la seguii in un boschetto. Era praticamente svanita nella notte, ma poi accese una sigaretta e una fiamma arancione le illuminò il viso.

«Ho seguito te e Aidan oggi pomeriggio» le dissi. «Vi ho sentiti parlare nello studio, ma mi sfuggono alcuni dettagli. Perché ti ha minacciata?»

«Non vuole che Margaret sappia quello che so.»

«E cosa sarebbe?»

Lei scosse la testa e fece un sorriso triste, come a dire: *Bel tentativo, ma non ci penso proprio.* «Il mio consiglio è questo: prendi tua figlia e vai via di qui. Convincila ad annullare il matrimonio prima che si facciano male altre persone. Perché qui sta succedendo qualcosa di terribile. Te ne sei accorto, vero? Non lo senti anche tu?»

«Si tratta di Dawn Taggart?»

Gwendolyn fece un lungo tiro dalla sigaretta. «Dawn Taggart è l'ultima delle tue preoccupazioni. Tutto questo è molto peggio di Dawn Taggart.»

Era così criptica che avrei voluto tanto prenderla a sberle. «Dimmelo e basta.»

«Non mi crederesti mai. Te lo leggo in faccia, Frank. Sembri una brava persona. Non sei pronto per sentirlo.»

Le strappai la sigaretta dalle labbra, la feci cadere a terra e la spensi con la scarpa. «Ascoltami, Gwendolyn. Non sono carino e gentile come pensi. Ho prestato servizio per sei mesi in Medio Oriente subito dopo il liceo. Durante quel piccolo evento di cui nessuno si ricorda più e che si chiamava Guerra del Golfo. Credimi: ho visto cose che tu non puoi immaginare. Allora, perché non mi racconti il tuo grande e spaventoso segreto?»

Il viso di Gwendolyn si illuminò di un bagliore bianco, il raggio di una torcia che squarciava la notte. Due guardie vestite di nero si aggiravano nel bosco, per il loro pattugliamento notturno. Lei lanciò uno sguardo ansioso nella loro direzione e abbassò la voce.

«Domattina alle undici c'è l'escursione di gruppo. Vanno tutti a piedi a Cormorant Point. Di' loro che non ti senti bene.

Verrò a cercarti e ti racconterò tutto. Ma fino ad allora devi tenere la bocca chiusa. Non dire a nessuno di questa conversazione.»

Le guardie stavano venendo verso di noi. Gwendolyn se ne andò senza dire una parola. Uno degli uomini mi puntò la torcia direttamente negli occhi.

«Signor Szatowski!» Riconobbi la voce. Era Hugo. «Si è perso? Va tutto bene?»

Con quell'aria allegra e l'accento cantilenante, avrebbe potuto essere un insegnante di scuola materna che si rivolgeva a una classe piena di bambini.

«Tutto bene. Stavo solo facendo una passeggiata.»

Sicuramente mi aveva visto parlare con qualcuno, però non chiese con chi. Si limitò a dirmi di tornare alla cena per non perdermi i marshmallow sulla spiaggia. «C'è un bellissimo falò e i ragazzi si stanno divertendo un mondo. Si sbrighi, prima che finisca.»

13

Sul prato, intanto, il trio jazz era scomparso, e si era volatilizzato anche il pianoforte a coda. Ora la cassa portatile di uno degli invitati diffondeva musica elettronica. Il dispositivo non era molto più grande di una palla da softball, ma riempiva la notte di bassi profondi e martellanti che sentivo rimbombarmi nel petto. Gli ospiti urlavano per farsi sentire sopra la musica assordante. Tornai al mio tavolo, ma Tammy e Abigail non c'erano più. Al loro posto c'era un gruppo di ragazzi che non avevo mai visto, tracannavano shot e sbattevano i bicchierini vuoti sul tavolo. Alzai lo sguardo sul terzo piano di Osprey Lodge, ma la sagoma alla finestra era scomparsa.

Era difficile riconoscere qualcuno al buio. La mia visione notturna non è più quella di una volta. Feci il giro dei tavoli e scrutai le diverse figure, alla ricerca di quella familiare di Maggie. Passai davanti a due uomini che si baciavano su una sedia; uno era a cavalcioni dell'altro e sembrava che volessero divorarsi. Le gambe della sedia stavano cedendo sotto il loro peso, vacillando fin quasi al collasso. Altrove, sul prato, tre donne avevano iniziato una partita a ferri di cavallo, anche se era troppo buio per vederci qualcosa; si limitavano a lanciarli e ascoltare il clangore del metallo.

Poi sentii una mano sulla spalla e mi voltai, ritrovandomi davanti mia sorella. Teneva Abigail in braccio, mezza addormentata. «Eccoti» disse. «Dove cavolo sei stato?»

«Cercavo Maggie.»

«L'hai mancata. È venuta al nostro tavolo poco dopo che eri andato via. Abbiamo chiacchierato un bel po', ma alla fine si è stancata di aspettarti.»

«E Aidan? L'hai visto?»

«Non ancora, ma devo portare via Abigail. Ha mal di pancia, e poi la festa sta diventando un po' troppo distopica.»

Effettivamente mi pareva una buona idea. I genitori affidatari della Pennsylvania devono occuparsi dei bambini in ambienti sicuri, senza droghe, alcol e promiscuità, quindi al momento Tammy stava venendo meno ai suoi doveri da più di un punto di vista. Se qualcuno dei servizi sociali avesse visto le fotografie di quella festa, non le avrebbero più dato in affido nessuno.

Abigail strofinò il viso sulla spalla di Tammy, poi aprì gli occhi e mi rivolse un sorriso assonnato. «Mi dispiace di aver fatto cadere il pollo, signor Frank.»

Le risposi di non preoccuparsi. Sembrava esausta, e in realtà era stata una lunga giornata per tutti. Dissi a mia sorella che sarei rientrato al cottage di lì a poco e la guardai andare via con la bambina.

Poi un ferro di cavallo mi passò sibilando davanti alla faccia, a pochi centimetri dal naso, e una ragazza andò a prenderlo di corsa. «Scusa!»

Mi avviai verso il lago e – come aveva promesso Hugo – trovai un enorme falò che ardeva sulla spiaggia. Due ragazzi senza maglietta continuavano a lanciare legna sul fuoco, facendo alzare ancora di più le fiamme. Pensai che fosse da irresponsabili. Dal lago soffiava una leggera brezza e c'era il concreto rischio che alcune braci incandescenti finissero nel bosco; sarebbe bastata una scintilla per accendere le foglie secche. Pensai al telegiornale di quella mattina, al fatto che ogni giorno nove americani muoiono in incendi accidentali.

Poi una ragazza in accappatoio bianco passò fra me e il falò. Si slacciò la cintura, si sfilò l'accappatoio e lo lasciò cadere sulla sabbia. Sotto era completamente nuda, con la schiena esile e lunghe gambe muscolose. Marciò sicura di sé nell'acqua, immergendosi fino alla vita. Poi si tuffò in avanti e scomparve sotto la superficie. Altri ragazzi erano già nel lago e accolsero il suo arrivo con un applauso, un coro di teste prive di corpi, tutte sorridenti e oscillanti nelle onde.

Guardandomi intorno sulla spiaggia, scorsi altre persone svestite. Giovani in reggiseno o in boxer o in perizoma. E vidi Maggie al centro del gruppo, con un accappatoio bianco legato stretto in vita.

«Papà! Dov'eri finito?»

«A cercarti. Cosa ci fai qui?»

«Una nuotata, appena vai via.» Mi fece l'occhiolino. «Sarebbe un po' imbarazzante se mi vedessi.»

Le dissi che era una pessima idea. «Alcuni dei tuoi amici stanno prendendo delle droghe. THC con jolly.»

Lei rise. «Sono solo microdosi.»

«Che significa?»

«È roba sicura. Psilocina e ketamina autorizzate al commercio. Le producono in laboratorio, come le vitamine.»

«Aidan le prende?»

«*Vorrei* che le prendesse. Gli farebbero bene.»

«È qui? In acqua?»

«No, decisamente no.»

«Vai a fare il bagno nuda senza di lui?»

«Fidati, papà, non è il tipo che fa queste cose.»

Mi prese per mano e mi riportò sul prato, e con la coda dell'occhio vidi boxer che cadevano e accappatoi che si aprivano e gambe che ci correvano accanto. «Dove sei stata per tutta la sera? Aspettavo di poter parlare con te.»

«Lo so, mi dispiace, ma facciamo un patto. Torna al cottage. Cerca di dormire. E ti prometto che domani mattina alle otto e mezzo sarò da te. Andiamo a fare un giro in canoa. Come ai vecchi tempi.»

Mi offrì la mano e io la strinsi.

«Affare fatto» dissi. «Ma promettimi che starai attenta in acqua, d'accordo?»

«Buonanotte, papà. Riposati. Ti voglio bene.»

«Anch'io ti voglio bene, Maggie.»

Mi lasciò sul prato e corse via, non mi girai a guardare. Ero d'accordo che tornare al cottage fosse la cosa migliore. Ero stanco, avevo guidato tutta la mattina ed era stata una lunga giornata. Ero pronto per una bella nottata di sonno in un letto a castello a misura di bambino. Ma mentre risalivo il prato mi imbattei nelle due sdraio dove si erano accomodati Errol Gardner e Gerry Levinson, rivolti verso la spiaggia e con due bicchieri di bourbon in mano. Mi riconobbero e alzarono i bicchieri in un brindisi.

«Eccolo qui» disse Errol.

«Il padre della sposa» aggiunse Gerry.

Sierra era in piedi dietro la sedia del marito, intenta a massaggiargli dolcemente le spalle e il collo. «Com'è andata la cena, Frank?»

«Molto bene.»

Gerry mi fece l'occhiolino. «Stavi pensando di farti una nuotata? Unirti al contingente dei giovani?»

«No. Davo soltanto la buonanotte a Maggie. Non l'ho quasi vista da quando sono arrivato.»

Errol bevve il resto del bourbon e posò il bicchiere vuoto sull'erba. «Sai, Frank, mi chiedevo una cosa. Quanto tempo è passato da quando Colleen non c'è più?»

«Circa quindici anni.»

«Ho notato che non hai portato un'ospite con te questo weekend. Dobbiamo dedurne che non vedi nessuno?»

«No, al momento no.»

«Pensi che ti risposerai?»

Certo che avevo pensato di risposarmi, più di una volta. Sapevo che probabilmente sarei stato felice, e Colleen scherzava sempre sul fatto che non avrei avuto problemi a trovarmi un'altra moglie, visto che bussavo di continuo alle porte delle donne consegnando loro quello che volevano.

E sì, forse in un certo senso avevo messo gli occhi su Vicky da un anno a quella parte, ma volevo sistemare le cose con Maggie prima di fare qualunque mossa. Volevo essere sicuro che la nostra relazione padre-figlia fosse abbastanza solida prima di introdurre l'idea di una matrigna.

Comunque non mi sentivo a mio agio nel condividere nulla di tutto ciò con loro, quindi mi limitai a scrollare le spalle e rispondere: «Il matrimonio è un passo importante».

«Oh, non ti stavo suggerendo di sposarti» ribatté Errol. «Mi chiedevo se gradissi un po' di compagnia questo weekend.»

«Le feste di nozze sono l'occasione perfetta per conoscere delle donne» intervenne Sierra.

«È vero» convenne Gerry. «Appena sentono la marcia nuziale, vanno fuori di testa. Saltano nel letto del primo che si trovano davanti.» Sierra gli strinse una spalla in segno di protesta, ma il marito insisté che i fatti erano fatti.

«Volevo dire che sarei felice di presentarti qualcuno» aggiunse Errol. «Se vuoi darmi qualche parametro di base – colore di capelli, corporatura, un intervallo di età –, sono sicuro di riuscire a trovare una persona adatta. E così potresti rilassarti un pochino. Capisci cosa intendo?»

Credevo di capire cosa intendesse, ma non riuscivo a credere che me lo stesse proponendo davvero. «Apprezzo molto, Errol. Ma vorrei concentrarmi su Maggie questo weekend.»

«Sta benissimo, Frank! Ha venticinque anni. Tua figlia è una donna adulta e indipendente. Credo che tu debba concentrarti meno su di lei e più su di te.»

E forse da un certo punto di vista aveva anche ragione, ma non mi piaceva per niente il tono dei suoi commenti. Non apprezzo che mi si dica come fare il padre.

«Sai, Errol, in realtà c'è una cosa che vorrei chiedere a *te*. Dov'è *tuo* figlio stasera?»

«Non lo so. Sarà in giro.»

«No, non lo è. Non vedo Aidan da quando siamo usciti dal tuo studio. In teoria tutti i suoi amici sono qui per festeggiare il suo matrimonio. Ci sono le tortine di granchio e i cocktail e un falò, ma Aidan non si sta godendo niente di tutto questo. Dove diavolo è finito?»

«Aidan ha ventisei anni. Non gli faccio da babysitter.»

«Forse dovresti. Non trovi un po' strano che tu sei qui, Maggie è qui, io sono qui, e Aidan è sparito per tutta la serata?»

«Non lo so, Frank. Cosa stai insinuando?»

Non lo sapevo cosa stavo insinuando. Ma non avevo dimenticato gli avvertimenti di Brody di quella mattina.

Dai retta al tuo istinto.

Sai che c'è qualcosa che non va.

È il principe delle fottute tenebre.

Gerry si schiarì la gola e parlò con la sua voce bassa e melensa. «Frank, credo di poter rispondere alla tua domanda. All'inizio della serata ho visto Aidan entrare in casa. Mi ha detto che andava di sopra da sua madre. Catherine non poteva scendere a cena perché non stava bene, e lui non voleva che si sentisse tagliata fuori. Quindi le ha portato del cibo e le ha tenuto compagnia per tutta la sera.»

Sierra spalancò la bocca e si posò una mano sul petto. «Oddio, è la cosa più dolce che abbia mai sentito. Hai cresciuto un ragazzo d'oro, Errol.»

«Aidan tiene molto a sua madre» aggiunse Errol. «Farebbe qualsiasi cosa per lei.»

Mi sembrava tutto plausibile. Era possibile che Aidan fosse nella stanza di Catherine quando ero andato a bussare, forse erano proprio i suoi passi che avevo sentito dall'altro lato della porta. E forse Catherine gli aveva detto che non voleva visitatori. Poteva avergli chiesto di ignorarmi.

«Mi dispiace, Errol. Non volevo insinuare niente. Sono sveglio dalle tre e mezzo, credo di aver bisogno di dormire.»

Lui si alzò e mi strinse la mano. «Nessun rancore, Frank. È un weekend pieno di emozioni. Soprattutto per noi papà.»

«Domani sarà una giornata meravigliosa» ci assicurò Gerry. «Il tempo è perfetto per un'escursione. Ci divertiremo al lago.»

Augurai a tutti la buonanotte, poi attraversai il prato e mi avviai verso gli alberi, seguendo il sentiero che mi avrebbe riportato al cottage. Poco prima di inoltrarmi nel bosco lanciai un'ultima occhiata a Osprey Lodge, e notai che la sagoma era di nuovo alla finestra del terzo piano. E anche se ne distinguevo soltanto i contorni, avevo la netta sensazione che mi stesse osservando. Feci un cenno di saluto, come avevo visto fare a Khalani. E con mia grande sorpresa lei alzò la mano destra per ricambiare. Poi si allontanò dalla finestra e spense la luce.

Parte terza

La prova generale

1

Mi svegliai con la sensazione di una dolce carezza sulla guancia. Mi ricordava i lunghi capelli castani di mia moglie che mi solleticavano il viso quando si rigirava nel letto. Dovevo averla sognata di nuovo. Poi il solletico si spostò sul naso, muovendosi su otto zampe da ragno, e mi tirai su a sedere nel buio, dandomi schiaffi alla cieca.

Mi sporsi verso il comodino e accesi la luce. Erano le quattro e dieci, secondo il fuso orario Gardner. Ero sdraiato tutto storto sul letto a castello e c'erano altri tre ragni sopra di me, sospesi al materasso del lettino di sopra. Presi un fazzoletto dalla scatola sul comodino e li schiacciai. Poi mi guardai intorno nella stanza e ne scoprì altri sulle pareti, sul soffitto e sulle tende. A quanto pareva erano usciti dai loro nascondigli mentre dormivo. Dovetti fare il giro della stanza per ucciderli tutti prima di potermi sentire abbastanza a mio agio da spegnere di nuovo la luce.

E a quel punto sapevo che riaddormentarmi era impossibile. Avevo troppi pensieri per la testa: lo zio di Dawn, nel parcheggio del ristorante Mom and Dad's, che mi chiedeva che cazzo mi saltasse in mente. La storia molto poco credibile di Maggie e Aidan a proposito del monolocale nel seminterrato di Talmadge Street. La foto falsa di Dawn Taggart sulla spiaggia di Osprey Cove. E la promessa di Gwendolyn di venire a cercarmi al mattino per svelarmi tutti i segreti. Che cosa mi avrebbe detto?

Una volta esaurita la nuova serie di preoccupazioni, tornai a rivisitare i classici: i miei peggiori fallimenti come genitore. Tutte le sere in cui avevo costretto Maggie a restare a tavola e finire di mangiare; le volte in cui l'avevo punita per i brutti voti o per il coprifuoco non rispettato o per le faccende lasciate a metà. Mi girai e mi rigirai e vagai nei labirinti del rimorso, in cerca di memorie di giorni più felici che mi aiutassero a rilassarmi e addormentarmi. Mi sforzai di concentrarmi sui momenti belli: i compleanni, le mattine di Natale, i brunch da Waffle House. Ma la mia mente continuava a tornare ai fallimenti, come quando avevo minacciato di chiamare la polizia per far arrestare mia figlia.

Maggie doveva avere diciassette anni quando era successo, perché aveva appena iniziato a lavorare part-time da Dunkin' Donuts, dove serviva caffè e ciambelle glassate. Aveva messo da parte un po' di soldi e voleva comprarsi una giacca di «pelle vegana» da trecentocinquanta dollari da uno di quei loschi rivenditori online che fanno affari su Instagram, quindi aveva bisogno che le prestassi la carta di credito. Le dissi che il prezzo era spropositato per una giacca che non teneva nemmeno caldo e cercai di spiegarle che «pelle vegana» non era altro che una trovata di marketing per non dire «pelle finta». Le feci notare che gli influencer sui social media ostentavano uno stile di vita fasullo che nessuna persona normale poteva permettersi. Le mie proteste non sortirono alcun effetto. Maggie mi ricordò che i soldi se li era guadagnati lei e il nostro accordo prevedeva che potesse spenderli come preferiva. Poi mi piazzò in mano un mucchietto di banconote stropicciate e mi trascinò al computer.

Usai la mia carta di credito per ordinare la giacca, taglia M, spedizione standard tramite UPS. Una settimana dopo un'email avvisò Maggie che la giacca era stata consegnata, ma quando uscì di casa per recuperarla, del pacco non c'era traccia. Quella sera, quando tornai dal lavoro, mi spiegò il problema e chiese se era possibile che il corriere l'avesse consegnata all'indirizzo sbagliato. Ma io conoscevo quel corriere: John «Speedy» Gonzalez era del mestiere da quindici anni e lavoravamo allo stesso centro di smistamento. Non avrebbe mai portato altrove una consegna destinata a «Szatowski». Anzi, Speedy ci faceva sempre il favore di lasciare i pacchi sul portico, al riparo dalla pioggia e dal vento. La spiegazione più verosimile, dissi a Maggie, era che il suo pacco fosse stato rubato.

I furti sono un grosso problema nel mio lavoro: ci sono schiere di ladri che si aggirano nei quartieri residenziali di tutto il Paese, una rete capillare di malviventi che seguono i furgoni e sottraggono i pacchi appena sono stati consegnati. Più di una volta al mese mi capita di sospettare di essere pedinato: a quel punto accosto, scendo dal furgone e scatto una foto della strada dietro di me, stando attento a immortalare la macchina e l'autista. In genere è un deterrente più che sufficiente. Purtroppo i ladri di pacchi sono come gli scarafaggi. Per ognuno di quelli che vedi, ce ne sono almeno tre o quattro in agguato dietro l'angolo, appena fuori dalla vista.

Maggie ci rimase così male che quasi si mise a piangere. Le dissi che c'era ancora speranza. Scrissi un'email al venditore, spiegai la situazione e sottolineai che ero un dipendente UPS.

Mi risposero con un codice sconto valido per l'acquisto di un'altra giacca, che sarebbe stata gratuita, e stavolta fu Maggie stessa a fare l'ordine. Tre giorni dopo, un'altra giacca di pelle vegana arrivò a casa nostra, e Maggie era in attesa sul portico. Per quanto potevo vedere, mi sembrava di scarsa qualità e temevo che non sarebbe stata granché utile in caso di neve, ma a mia figlia piaceva e la indossava sempre.

La storia sarebbe potuta finire lì, sennonché una settimana più tardi mi fermai al Sam's Club per comprare dei semi e incontrai per caso una delle amiche di mia figlia, una vicina di casa di nome Priya Hattikudur. Mi piaceva Priya e pensavo che avesse una buona influenza su Maggie. I suoi genitori erano agenti immobiliari e le loro facce sorridenti erano su tutte le panchine e le pensiline degli autobus della contea di Monroe. Sembravano persone intelligenti e grandi lavoratori, dotati di molto buon senso.

Quindi mi sorprese un po' vedere Priya indossare la stessa giacca di pelle vegana troppo costosa di mia figlia. E quando glielo chiesi mi disse che era stata Maggie a vendergliela.

«L'azienda ne ha mandate due per sbaglio» spiegò. «Voleva vendere quella in più online, ma alla fine l'ha data a me per ottanta dollari.»

Non so spiegarvi come mi sentii in quel momento. Se i vostri figli vi hanno mai deluso – estremamente, seriamente, *profondamente* –, allora forse sapete di cosa sto parlando. Ero così scosso che uscii dal negozio senza comprare i semi. Dovetti andare nel parcheggio e chiudermi nella Jeep per raccogliere i pensieri. Per la frustrazione presi a pugni il sedile vuoto accanto al mio, colpendolo fino a farmi male alle mani.

A cena, quella sera, riferii a Maggie la mia conversazione

con Priya. Lei confessò subito e si scusò per aver mentito, ma il tutto con una specie di ghigno imbarazzato.

«Hai rubato una giacca» la accusai. «Sei una ladra.»

«Non una vera ladra» si giustificò. «Non l'ho presa in un negozio.»

«Sì, invece. È la stessa cosa.»

Maggie usò tutte le scuse possibili e immaginabili. Il venditore faceva parte di una gigantesca multinazionale, non era un grosso danno. La giacca costava troppo, quindi *meritava* di averne due al prezzo di una. Ed era prodotta in Malesia, probabilmente da lavoratori trattati come schiavi, quindi fregare l'azienda era quasi una presa di posizione politica. Insisté che lo facevano anche tutte le sue amiche, che nel mondo degli acquisti online era un comportamento più che accettabile.

«Hai usato la mia carta di credito» le ricordai. «Mi hai reso complice del tuo crimine. È frode postale. Ricordi per chi lavoro? Come porto il cibo su questa tavola?»

Mia sorella era a cena da noi, quindi ovviamente dovette dire la sua. Mi ricordò che nessun altro sapeva cos'era successo, quindi non c'era ragione di perdere le staffe. E immagino che fu lì che persi *veramente* le staffe, perché minacciai di denunciare mia figlia. Maggie scoppiò a ridere, sapeva che non l'avrei mai fatto.

«Cerchiamo di essere razionali» disse Tammy, prima di proporre a Maggie di restituire la giacca e basta. Ma non riuscimmo a capire come fare. Non c'era modo di restituire il capo senza ottenere un rimborso completo. Quindi alla fine costrinsi Maggie a donare la giacca a un'associazione di beneficenza. Mi tenne il broncio per un mese, e per ripicca si rifiutò di indossare altre giacche per tutto l'inverno; si avventurava fuori nella tormenta con una sottile felpa di cotone, come se non le avessi lasciato scelta. E a me non importava, perché all'epoca avevo il coraggio di tenere il punto.

Ma ormai non ne ero più tanto sicuro. La mia guerra fredda di tre anni con Maggie mi aveva spinto a riflettere attentamente sugli sbagli del passato. Sapevo di averla allontanata con una serie di errori, più o meno grandi, e ora dovevo procedere con cautela, se volevo che il nostro rapporto funzionasse. Quindi cercai di rilassarmi e di ripetermi che sarebbe andato tutto bene. Brody Taggart era chiaramente ubriaco. E Gwendolyn sembrava soltanto gelosa della fortuna di mia figlia. Non potevo fidarmi di nessuno dei due.

Rimasi a lungo sdraiato a letto, ma senza riprendere sonno.

2

Alle sette e mezzo mi alzai, rifeci il letto, mi infilai sotto la doccia, mi vestii e scesi in cucina. Sul bancone trovai un vassoio di prelibatezze appena sfornate: muffin, bagel, scones, cinnamon rolls e un sacco di altri dolci dalle strane forme di cui ignoravo il nome, più ciotole di avena e yogurt e un gigantesco termos con il caffè caldo. Evidentemente qualcuno era entrato nel cottage per preparare quel banchetto, ma l'aveva fatto nel più totale silenzio.

Mi versai del caffè, riempii un piatto di carboidrati e portai tutto fuori sul portico. Mia sorella era seduta su una sedia a dondolo, con un accappatoio bianco di Osprey Cove e ciabatte abbinate, e contemplava la nebbiolina che saliva dal lago con una tazza di tè in grembo. «Buongiorno, fratello! Come hai dormito?»

Non aveva senso lamentarsi, quindi mi limitai ad accasciarmi sulla sedia accanto alla sua. «Bene. Tu?»

«Il miglior sonno degli ultimi trent'anni. Un sonno profondo, alla Rip Van Winkle. Deve essere l'aria fresca. Oppure i rumori del lago, lo sciabordio delle onde sulla spiaggia, non lo so. Che relax! Non ho dovuto accendere nemmeno la macchina dei suoni.»

Era di ottimo umore. In tutti i risvegli della sua vita, disse Tammy, non aveva mai trovato una colazione tanto deliziosa ad aspettarla.

Mentre assaporava ogni morso del suo croissant al cioccolato, mi raccontò la conversazione con Errol Gardner, che aveva conosciuto a cena la sera prima. «Ti dico la verità, Frankie, ero un po' intimorita all'idea di incontrarlo. Visto che è così ricco, mi aspettavo fosse supponente. E invece sai cosa? È venuto al nostro tavolo e ha portato un bicchiere di vino bianco per me e uno Shirley Temple per Abby, e abbiamo parlato una buona mezz'ora. È davvero una persona sincera e compassionevole. Ha promesso ad Abigail di insegnarle a fare sci d'acqua, sai? Ci sono trecento giovani della Ivy League a questa festa ed Errol Gardner dedica del tempo a una bambina in affido. È una cosa notevole, non trovi?»

Posai il caffè sul tavolino e concordai sul fatto che Errol fosse molto generoso. «Ieri sera si è offerto di trovarmi un po' di compagnia.»

«Che genere di compagnia?»

«Femminile.»

Mia sorella parve deliziata. «Scommetto che conosce delle vedove molto simpatiche.»

«O delle prostitute. L'una o l'altra.»

Per poco non si strozzò con il tè. «Frankie, per favore! Ha davvero usato il termine *prostituta*?»

«Ha detto *compagnia*. Ma potevo scegliere l'età e il colore di capelli e la corporatura. Sembrava che dovessi ordinare da un menu. È stato molto strano. E il tutto con Gerry lì accanto, insieme alla moglie appena maggiorenne. Dio solo sa come si sono trovati quei due.»

«Ma dai, voleva sapere qual è il tuo tipo. Se vuoi posso parlarci io. Credo di sapere che genere di donna ti piace.»

«No, Tammy. Non andare a parlare con Errol per me. Non voglio compagnia questo weekend. Voglio passare del tempo con Maggie, Aidan e la famiglia di Aidan. Stop.»

Lei lasciò cadere la cosa e io trascorsi diversi minuti a crogiolarmi nel meraviglioso panorama. Il lago si estendeva davanti a noi, placido e immobile nella quiete del mattino. Avvistai un falco pescatore, che scendeva verso l'acqua e ne sfiorava la superficie; un istante dopo si alzò in volo con un pesce tra gli artigli. Poi rivolsi la mia attenzione alla colazione – un croissant appena sfornato, piccole quiche rotonde con pancetta e funghi, una ciotola di mirtilli del Maine con panna fresca – e scoprii che il mio umore migliorava a ogni boccone. Era tutto ottimo, il caffè era sublime e mia sorella rabbrividiva e sospirava di gioia, beata, sopraffatta dalla bellezza della natura.

Poi la porta si aprì con un cigolio e Abigail uscì strascicando i piedi, con il suo pigiama blu da aliena, artigliandosi un lato della testa.

«Buongiorno, patatina!» disse Tammy, ottenendo un grugnito in risposta. «Come hai dormito?»

Abigail fece una smorfia. «Mi prude tanto la testa, signorina Tammy.»

«Davvero? Peggio di ieri?»

«Sì.»

«Va bene, tesoro, fammi un favore. Torna dentro a prendere un asciugamano. E porta qui anche il vasetto di maionese che è in frigo. E la spatola di gomma, quella che si usa per mettere la glassa sulle torte. Hai capito?»

Abigail annuì e sparì in casa, e io lanciai un'occhiata a mia sorella, che sminuì la mia preoccupazione con un gesto della mano. «Avrà soltanto la pelle secca. Non pensare a noi. Vai a guardare gli uccelli, trovati qualcosa da fare.»

Sul portico c'era un binocolo a disposizione degli ospiti, in modo che potessero sedersi sulle sedie a dondolo e ammirare i magnifici uccelli acquatici. Ma l'arrivo di Abigail aveva rovinato tutto. Si dimenava, si agitava e gemeva mentre Tammy cercava di spalmarle la maionese sul cuoio capelluto, e tutti gli uccelli erano volati via in cerca di pace e tranquillità. L'odore era terribile, come di piedi sudati e puzzolenti. Presi il barattolo per controllare la data di scadenza.

«Tammy, questa roba è andata a male a novembre.»

Lei scrollò le spalle. «Se i pidocchi muoiono di salmonella per me è lo stesso.» Una volta finito, avvolse l'asciugamano intorno al collo di Abigail, perché non si sporcasse il pigiama. «Quei piccoli bastardi riescono a trattenere il respiro per un'ora, quindi devi lasciarla in posa fino alle nove e mezzo.»

Lì mi resi conto che ero in ritardo e mi alzai. «Devo andare, ho appuntamento con Maggie per un giro in canoa.»

Abigail spalancò gli occhi. «Posso venire?»

Mia sorella annuì. «Certo, perché no?»

«No, no, no» dissi io. «Resta qui e fai colazione.»

«Ma Frankie, ci tiene tanto ad andare in canoa» spiegò Tammy. «Ieri non ha parlato d'altro per tutto il giorno.»

Promisi ad Abigail che l'avrei portata in canoa nel pomeriggio, se fosse stato possibile. Lei mi guardò con aria delusa, e anche mia sorella, ma capite anche voi il mio punto di vista, vero? Avevo dormito in un lettino a castello e mangiato una scaloppina di pollo raccolta da terra a causa sua; solo, mi rifiutavo di sacrificare la cosa più importante, ovvero il tempo con mia figlia. Non volevo che Abigail si mettesse in mezzo e impuzzolentisse l'intera barca.

«Puoi portarla tu» ricordai a Tammy. «Hanno una decina di canoe a disposizione di tutti.»

«Ma io non sono mai salita su una canoa! Sarei spaventata a morte!»

«Non importa» disse Abigail. «Starò qui a leggere.»

Tornò dentro a passi strascicati e mia sorella mi lanciò un'occhiata di profondo disappunto, ma io mi rifiutavo di sentirmi in colpa. Mi incamminai lungo il sentiero e seguii la riva del lago finché non mi ritrovai sulla spiaggia. Sulla sabbia c'erano le tracce dei bagordi della sera prima: asciugamani dimenticati, bicchieri vuoti, lo slip di un bikini giallo, e un mucchio di marshmallow smangiucchiati brulicanti di piccole formiche nere. Il caos sembrava fuori posto a Osprey Cove, ma un terzetto di giardinieri si aggirava già per il prato raccogliendo la spazzatura con lunghe pinze di metallo.

Trovai Maggie in piedi sulla riva, con la maglietta di una maratona di beneficenza e un paio di shorts beige. Aveva in mano due tazze termiche e me ne porse una. «Latte e due bustine di zucchero» disse. Mi commosse che si fosse ricordata come prendevo il caffè e si fosse presa il tempo di pensare a me. Certo, non vedevo come sarei potuto andare in canoa con una tazza di caffè, ma mia figlia mi spiegò che le canoe moderne erano dotate di portabicchieri, come ogni altro mezzo di trasporto al mondo.

Prendemmo una canoa e la mettemmo dritta, scoprendo che era piena di ragni gambalunga. Usai un remo per metterli in fuga, e poi, insieme, spingemmo la prua della barca nel lago. «Manovro io» disse Maggie. «So dove stiamo andando.»

Presi il remo e mi sistemai nel posto davanti. Mia figlia ci spinse e saltò con grazia nel sedile posteriore, senza bagnarsi nemmeno con una goccia. Mi spiegò che voleva portarmi a Cormorant Point, una cresta rocciosa a poco meno di due chilometri a ovest della spiaggia. «Faremo una passeggiata lì per pranzo, ma ho pensato che ti sarebbe piaciuto vederla dall'acqua.»

Non avevo dimenticato le istruzioni di Gwendolyn. Mi aveva detto di restare al campo quando tutti fossero partiti per l'escursione. «Tu e Aidan ci andate?»

«Sì, ci vanno tutti.»

«Anche la madre di Aidan?»

Avrei voluto vedere la reazione di Maggie, ma purtroppo era girata di spalle. «Be', no, papà, mi sembra ovvio che Catherine non può venire. Non è in condizioni di fare escursioni.»

«Come si sente stamattina?»

«Non lo so, sto nel cottage Colibrì, dalla parte opposta del campo. Non vado alla casa principale da ieri.»

«Quindi la lasciamo da sola tutto il giorno? Non mi sembra carino. In fondo è tua suocera.»

Ci eravamo allontanati di circa un centinaio di metri dalla spiaggia quando Maggie inclinò il suo remo, facendoci girare di novanta gradi. Poi riprendemmo a pagaiare, seguendo la linea di costa.

«A Catherine non dispiace. In casa c'è un'infermiera che si prende cura di lei. Le tiene compagnia e si assicura che abbia tutto ciò di cui ha bisogno.»

Ero tentato di chiederle perché non mi avesse aperto la sera prima, ma decisi di non dirle niente. Sarebbe servito solo a farla arrabbiare.

«Se vuoi posso restare qui e pranzare con Catherine» dissi.

«Se si sente meglio e le va di vedere qualcuno. Posso stare con lei e tirarle su il morale.»

«Papà, è molto gentile da parte tua, ma conosco Catherine e sono sicura che preferirebbe che tu venissi all'escursione. Si sentirebbe in colpa a saperti chiuso in casa con lei. Non le piace essere un peso.»

Ripensai alle parole di Gwendolyn della sera prima: *Se non hai ancora incontrato Catherine Gardner, allora non sai niente.*

Mia figlia invece quanto sapeva?

E perché era così evasiva?

«Mi stupisce che tu non abbia portato Abigail» disse Maggie. «Mi aveva detto che voleva andare in canoa. Poteva sedersi al centro.»

«Le sono tornati i pidocchi. Tammy ci sta mettendo su la maionese.»

«Ma è una credenza popolare! Non risolverà niente.»

«Tua zia è convinta del contrario.»

«Quella bambina ha bisogno di un medico. Appena torniamo chiamo l'ambulatorio in città. Sono sicura che possono mandarci qualcuno.»

«No, Maggie. Hai già un milione di cose da fare. Non ci siamo quasi visti da quando sono arrivato, non prenderti altre rogne.»

«Papà, perché stai urlando?»

Non mi ero accorto che stavo urlando. Abbassai la voce e cercai di spiegarmi in tono calmo e misurato: «Questo weekend dovrebbe essere dedicato alla famiglia, Maggie. Quando rientreremo a casa, domenica, Abigail tornerà da sua madre – oppure sarà data in adozione – e non la vedremo mai più. Da qui a trent'anni guarderai le foto del tuo matrimonio e non ti ricorderai nemmeno il suo nome. Ti chiederai: chi cavolo è questa bambina? E cosa ci faceva alla mia festa?».

Maggie rise. «Forse hai ragione, ma penso che chiamerò comunque l'ambulatorio. Verrà subito qualcuno.»

Ormai i medici non fanno più visite a domicilio, ma a quanto pareva bastava chiamarsi Gardner per alzare il telefono e chiedere qualunque cosa desiderassi. Potevi scegliere una fascia d'età, il colore di capelli e il fisico ed evocare magicamente una compagnia di sesso femminile, come un genio della lampada.

Continuammo a pagaiare e Maggie si calò nel ruolo di guida turistica. Attirò la mia attenzione su vari punti di interesse intorno al lago, fra cui un piccolo faro in disuso e una proprietà che un tempo era appartenuta a Jimmy Stewart. Era ovvio che era orgogliosa del campo e felice di mostrarmelo, si vedeva che si sentiva quasi già proprietaria del posto.

Cormorant Point era una scogliera rocciosa che sporgeva dalla riva. A parte il fatto che era il punto più alto sull'acqua, non aveva niente di particolarmente degno di nota. Un paio di escursionisti mattinieri si stavano già aggirando sulla cima, erano appoggiati alla ringhiera di sicurezza e si scattavano selfie. Maggie spiegò che la cima della scogliera era a cinquanta minuti a piedi da Osprey Lodge, una salita appena sufficiente per stuzzicare l'appetito. Gli addetti al catering avrebbero atteso il nostro arrivo con il pranzo pronto.

A quel punto lei stava già girando la barca. A quanto pareva la nostra escursione mattutina era terminata ed era ora di tornare indietro. Eravamo in acqua da appena venti minuti, e c'erano ancora tante cose che volevo chiederle. Avevamo sprecato un sacco di tempo a parlare di Abigail e di Jimmy Stewart.

«Maggie, ascoltami. Come ti senti?»

«Alla grande.»

«Parlo del matrimonio.»

«Sì, ho capito.»

«Sei nervosa?»

«Per niente. Sono emozionata.»

«E Aidan? È nervoso?»

«Aidan sta bene.»

«Non l'ho visto ieri sera.»

«Nemmeno io.» Pensavo che avrebbe aggiunto qualcosa al riguardo, ma continuò a remare e basta.

«Gerry ha detto che era da sua madre.»

«Mi sembra plausibile.»

«Ma non lo sai? Non l'hai visto?»

«Lui dorme lì, nella casa principale. Non lo vedo da cena.»

Lo disse in tono neutro, ma io non riuscivo a farmene una ragione. «Quindi ieri sera sei andata a fare il bagno nuda con i tuoi amici e non l'hai visto? Non vi siete nemmeno dati la buonanotte?»

Lei rise. «Papà, non siamo come te e la mamma. Io e Aidan non siamo inseparabili, siamo persone indipendenti. Abbiamo interessi diversi, amici diversi. E Aidan è un tipo riservato. È un artista. Ha bisogno di più tempo da solo. Non gli piace sentirsi asfissiato.»

Mi accorsi che stava remando più in fretta, che metteva più vigore in ogni colpo, come se fosse impaziente di tornare sulla terraferma.

«Non sto cercando di asfissiarlo, Maggie. Vorrei soltanto parlargli. Capire meglio che tipo di persona è.»

«Avete parlato per un'ora ieri! Errol mi ha detto che avete bevuto un bourbon insieme. O quello non conta?»

«Eravamo con suo padre e l'avvocato di famiglia. Perché gli avevo portato la fotografia di Aidan e Dawn Taggart. Hanno detto che è photoshoppata.»

«Non può che esserlo. Aidan non l'ha mai portata qui.»

Ancora una volta, mi pentii di non averne fatto una copia. «A me sembrava vera.»

«È proprio questo il punto» spiegò Maggie. «Deve sembrare vera. Ma di questi tempi non ci si può fidare dei propri occhi.»

In lontananza, iniziavo a intravedere un lato della rimessa per le barche dei Gardner. Eravamo quasi arrivati al campo e non volevo concludere la nostra gita su una nota amara. Superammo alcuni cottage e riconobbi la facciata del Merlo. Tammy ci salutò dalla sua sedia a dondolo sotto il portico ed entrambi ricambiammo il saluto. Non c'era traccia di Abigail, però.

Dopo un altro minuto circa ci stavamo avvicinando al molo a forma di L. Apparve Osprey Lodge.

Il prato principale era pieno di gente; sembrava che tutti gli ospiti fossero usciti per accoglierci. O magari erano stati svegliati da un allarme antincendio: molti erano ancora in pigiama, pantofole e accappatoio, come se fossero corsi fuori senza preavviso. Chiesi a Maggie se ci fosse una specie di colazione di gruppo, ma lei disse: «No, no, è strano. Qualcosa non va».

Errol Gardner e Gerry Levinson erano sulla spiaggia a confabulare con Hugo. Due delle guardie di sicurezza erano immerse nel lago fino alle ginocchia e camminavano verso di noi. Hugo individuò la nostra canoa e agitò entrambe le braccia. «State fuori dalla baia, per favore! Attraccate al molo!»

Intanto il sole era alto su Osprey Lodge e dovetti ripararmi gli occhi con le dita. Non capivo cosa stesse succedendo. Maggie affondò il remo e ci rigirò di centottanta gradi, poi una nuvola si spostò davanti al sole, permettendomi di vedere meglio la riva. I due uomini nell'acqua erano ormai immersi fino alla cintola e avanzavano verso un grande oggetto che galleggiava appena al di sotto della superficie. Lo fissai finché non assunse una forma più o meno definita e riuscii a metterne a fuoco alcune parti: gambe nude e snelle, un accappatoio bianco aperto, lunghi capelli rossi.

3

Maggie sfrecciò da Errol e Gerry mentre io legavo in fretta la canoa al molo, prima di seguirla. Nessuna delle guardie si oppose alla mia presenza, forse perché avevano problemi ben più grossi di cui occuparsi: la donna morta nel lago e come riportarla a riva.

L'accappatoio le si era aperto in vita e si allargava sulla superficie dell'acqua, facendola assomigliare a un angelo con le ali bianche spiegate. Le guardie stavano usando i remi per pungolare e spingere il corpo. Gli ospiti sul prato si tenevano a rispettosa distanza, ma notai che Khalani aveva in mano l'iPhone per registrare gli eventi. Se ne accorse anche Gerry e mandò subito una guardia a parlarle. «Ricorda a quell'idiota che ha firmato un accordo di riservatezza. E dille di ricordare anche ai suoi amici che hanno *tutti* firmato un accordo di riservatezza. Se vedo solo mezza immagine su TikTok, sarà la prima a pagarne le conseguenze.»

Hugo si chinò sulla sabbia, indossò un paio di guanti di lattice e girò con cautela la donna sulla schiena. Avevo già riconosciuto i lunghi capelli rossi, ma non ero pronto allo shock di rivedere così il viso di Gwendolyn. Gli occhi erano ancora aperti e le labbra erano livide e leggermente schiuse in quella che sembrava un'espressione di stupore. L'acqua le gocciolava dalla bocca lungo un lato del viso, come un vaso troppo pieno.

«È assurdo» disse Maggie. «Io e mio padre eravamo qui alle otto e mezzo, la spiaggia era vuota.»

«Era sotto il pontile» spiegò Errol. «I giardinieri sono venuti a pulire e uno di loro l'ha vista.»

Hugo premette un dito sul collo di Gwendolyn per sentirle il battito. Pensai che fosse uno scrupolo del tutto superfluo, ma forse lo fece perché sul prato c'erano un sacco di persone che guardavano. Si voltò verso uno dei suoi uomini e disse: «Portateci delle coperte. Veloce, veloce, veloce». Poi le sistemò l'accappatoio, come per preservare ciò che restava del suo pudore. «Dobbiamo parlare con gli altri ospiti, vedere cosa riusciamo a capire prima che arrivi la polizia. Scoprire se qualcuno l'ha vista ieri sera.»

«Io l'ho vista» disse Maggie. «Intorno alle undici, no, le undici e mezzo.» Hugo le fece cenno di continuare. «Io e gli altri stavamo andando via dalla spiaggia per tornare ai cottage e lei camminava verso l'acqua. Era sola. Con l'accappatoio che ha addosso ora. Le ho detto che era troppo tardi, che avevamo finito di nuotare, ma non mi ha sentita o non le importava. Ha continuato a camminare e basta.»

«Ti è sembrato che avesse assunto delle sostanze?»

«Non ne ho idea. Non è mai stata molto espansiva nei miei confronti, quindi non è che avessi troppa voglia di parlarle, ma Aidan dice che ha sempre fatto uso di droghe, quindi non sarebbe...» La sua voce si spense, pareva che non le venissero in mente le parole.

«Non sarebbe strano?» suggerì Errol.

«Esatto» disse Maggie.

Per correttezza, mi sentii obbligato a sottolineare che un sacco di persone stavano prendendo droghe la sera prima. Ricordai a Maggie gli orsetti gommosi di Khalani, a base di THC e chissà cos'altro, ma lei mi rispose come se fossi un idiota. «Non parlo delle microdosi, papà. Gwendolyn prendeva droghe illegali. Roba pesante.»

Una guardia arrivò di corsa con una coperta e io diedi una mano ad avvolgere il corpo di Gwendolyn. Un attimo prima di coprirle il viso, notai due segni rossi sul lato del collo, ciascuno delle dimensioni di una monetina. «E quelli cosa sono?»

Hugo alzò una mano per ordinare a tutti di fermarsi. Poi si inginocchiò e si chinò sul corpo, avvicinandosi così tanto al volto che per un attimo pensai che volesse baciarla. Invece si rialzò di scatto e batté le mani per ripulirle dalla sabbia. «Deve aver sbattuto contro qualcosa nel lago: una roccia o la punta di un ramo.» Ci fece segno di finire di coprire il corpo. «Chiameremo la polizia, ovviamente, e la esaminerà anche un medico legale.» Nel frattempo chiese agli uomini di disperdere la folla, perché temeva che tutti quei curiosi potessero innervosire gli agenti. «E qualcuno dovrebbe trovare Aidan e dargli la notizia.»

«Ci vado io» si offrì Maggie. «Glielo dico io. Sarà sconvolto, voglio stargli vicino.»

Avrei voluto avvertirla di stare attenta. Avevo la sensazione che Aidan sapesse già molto bene cos'era successo a Gwendolyn.

«Vengo con te» proposi, però Maggie scosse la testa decisa, mettendo di nuovo in chiaro che il mio aiuto non era richiesto.

4

«Penso siamo tutti d'accordo nel dire che pareva avere dei problemi.»

La notizia della morte di Gwendolyn si era sparsa in fretta. E quando tornai da Tammy scoprii che si era già fatta una solida opinione al riguardo.

«L'ho vista in fila al buffet ieri sera e la prima cosa che ho pensato è che fosse una tossicodipendente, con quell'aria malnutrita e lo sguardo vitreo. E poi non ha quasi toccato cibo. Ha preso soltanto i fagiolini, una pannocchia e un po' di riso. Cosa ti fa pensare?»

«Che era vegetariana?»

«Aveva un grosso problema, Frankie. Un problema che inizia con la D e finisce con la A. *Droga.*»

Avevo trovato Tammy e Abigail all'ombra del Big Ben, l'albero più grande e antico della proprietà, piantato nel 1853 (stando alla targhetta) da Benjamin Butler, eroe di guerra dell'armata unionista. C'erano due altalene di legno appese al ramo più basso, ma Abigail le aveva ignorate e si era arrampicata sul tronco. Era già abbastanza in alto e stava infilando la mano alla cieca in un nodo nel legno. Le dissi che rischiava di farsi mordere da una qualche bestia nascosta lì dentro, ma lei non mi prestò ascolto e continuò a frugare.

«Non credo che Gwendolyn fosse una tossicodipendente» dissi. «Ho scambiato qualche parola con lei ieri sera. Sembrava perfettamente lucida.»

«Sono molto bravi a nasconderlo, Frankie. Fidati di me. Un sacco dei genitori biologici con cui ho a che fare sono tossicodipendenti, ma sono dei fenomeni a fingere. Comunque, sapendo quali sono i segnali di allarme, si impara a riconoscerli.» Sospirò. «Spero che non rovini il matrimonio. Credi che lo rimanderanno?»

«Devono. La polizia è qui. Interrogheranno tutti i presenti. Getterà un'ombra sull'intero fine settimana.»

Qualcosa mi colpì alla nuca e quando mi girai vidi la scarpa da ginnastica di Abigail che mi oscillava davanti alla faccia. Era scesa di nuovo sul ramo più basso ed era bloccata. «Signor Frank, mi serve una mano.»

Ma anche allungando al massimo le braccia, le arrivavo appena alle ginocchia. «Devi saltare.»

Lei scosse la testa. «Non posso.»

«Ti prendo.»

«No, no, no...»

«Striscia con il sedere giù dal ramo. Non preoccuparti, Abigail. Ti prometto che ti prendo, non ti lascerò cadere.»

Il suo labbro inferiore tremava, sembrava sul punto di mettersi a piangere. Stava andando di nuovo fuori di testa, come con i ragni.

«Chiediamo una scala» disse Tammy. «Vado in casa a chiamare qualcuno.»

Mi girai a guardarla. «Non ci serve una scala, Tammy. La prendo io. Deve soltanto saltare.»

Mia sorella spalancò gli occhi e un istante dopo i trenta

chili di Abigail si schiantarono sulle mie spalle. Caddi in ginocchio, con i palmi affondati nel terreno, e sentii un terribile schiocco nella parte bassa della schiena. Come se un muscolo si fosse spezzato in due.

«Abigail!» esclamò Tammy.

Chiusi gli occhi, strinsi i denti, e sussurrai una sfilza di improperi. La bambina rotolò giù dalla mia schiena, si alzò e mostrò a Tammy un minuscolo graffio sul polso. «Brucia.»

Tammy la prese in braccio. «Andrà tutto bene, piccola. Ho una pomata in valigia. Torniamo dentro, così te la metto.» Alla fine si accorse che non mi muovevo. «Stai bene, Frankie?»

Dissi di sì perché volevo solo che se ne andassero. Girarmi sul fianco rese il dolore vagamente più sopportabile, ma alzarsi era fuori discussione.

Nel mio lavoro non c'è niente di più invalidante di un infortunio alla schiena. Puoi perdere un occhio e continuare a metterti al volante, e conosco corrieri che sono andati avanti nonostante l'artrite, i dolori al ginocchio e il tunnel carpale. Ma non si possono trasportare televisori a schermo piatto con la schiena a pezzi. Temevo che Abigail mi avesse reso inabile al lavoro, che sarei stato costretto a chiedere una pensione di invalidità, lo scenario peggiore che potessi immaginare.

Ma dopo qualche istante di riposo sdraiato sull'erba riuscii a mettermi seduto, e poi a tirarmi lentamente su. Se fosse stato un qualunque altro weekend, mi sarei infilato subito a letto con due compresse di paracetamolo e una busta di ghiaccio. Invece zoppicai fino a Osprey Lodge per cercare mia figlia e vedere come il suo promesso sposo avesse preso la notizia.

5

Sulla spiaggia vidi tre paramedici e cinque o sei poliziotti lavorare fianco a fianco con gli addetti alla sicurezza di Osprey Cove. Li scrutai da lontano, standomene all'ombra degli alberi. A parte scattare un mucchio di fotografie, non sembrava che stessero facendo granché. C'era una barella sulla sabbia, parallela al cadavere di Gwendolyn, e uno dei paramedici pareva riflettere sul modo migliore di caricarla lì sopra.

Errol Gardner uscì dalla porta sul retro della casa principale e venne verso di me. Teneva in mano una tazza di caffè e si offrì di portarmene una, ma declinai.

«Come sta Aidan?» chiesi.

«Oh, sta bene. Dice che era praticamente inevitabile. Ha sempre temuto che Gwendolyn avrebbe fatto questa fine.»

«Non credo sia stata un'overdose» replicai. «Ho parlato con lei ieri sera. Sembrava del tutto in sé.»

«Lo so, Frank, l'hai detto anche prima. Non ci resta che aspettare il referto del medico legale. Ma credo che non arriverà prima della settimana prossima.»

Scorsi Gerry e Hugo in mezzo al gruppo di medici e agenti. Erano immersi in una conversazione tranquilla e rilassata, come se parlassero dei Red Sox.

«È un peccato per il matrimonio» dissi. «Hai parlato con i ragazzi del rinvio?»

«Non ci sarà nessun rinvio. I ragazzi vogliono sposarsi lo stesso. Io sono d'accordo, e dovresti esserlo anche tu. Appena i medici vanno via, partiamo per l'escursione. Portiamo tutti a Cormorant Point.» Dovette accorgersi dalla mia postura che non ero nelle migliori condizioni. «Anche se non sono sicuro che tu sia pronto per la scarpinata, Frank. Mi sembri un po' rigido.»

Gli raccontai come mi ero fatto male alla schiena e lui fece una smorfia di compassione. Poi disse che all'ambulatorio del campo avevano dei cerotti riscaldati e promise di farmene mandare uno al cottage. Ma prima di tutto, aggiunse, doveva andare a parlare con la polizia ed esortarli a darsi una mossa.

Lo guardai marciare verso la spiaggia e avvicinarsi agli agenti come se avesse il diritto di stare lì. Non sentii lo scambio, ma mi sembrò che i poliziotti si stessero scusando per averci messo tanto.

Certo, signor Gardner.

Finiremo fra qualche minuto, signore.

Staremo fuori dai piedi, promesso.

Tantissimi ospiti ciondolavano sul prato, ma nessuno faceva domande. La scena sulla spiaggia assomigliava più a una pausa caffè che a una vera indagine di polizia. Ero ancora incredulo quando sentii squillare il cellulare. Un messaggio. Era Vicky, che rispondeva al mio SOS del pomeriggio precedente.

Frank, ho letto il tuo discorso e penso che sia perfetto. È pieno di affetto e viene dal cuore... non cambierei una sola parola. Ti assicuro che piacerà a tutti. Specialmente a Maggie. Puoi farcela! ♥♥ Vicky.

In genere lavorava da mezzogiorno alla chiusura, ed erano soltanto le dieci e mezzo, quindi sapevo di avere buone probabilità di trovarla a casa. Mi immersi fra gli alberi per avere un po' di privacy e la chiamai.

«Ehi, Frank! Ti ho appena mandato un messaggio.»

«Lo so, l'ho letto.»

«Va tutto bene?»

«No, non proprio, mi dispiace continuare a disturbarti...»

«Che succede?»

Sbirciai tra le fronde, verso il prato principale. I medici avevano sollevato la barella da terra e stavano portando il cadavere di Gwendolyn verso Osprey Lodge. «Ieri notte è morta una donna.»

«Oh, no...»

«Stanno portando via il cadavere, e poi andremo tutti a fare una scampagnata. A parte la madre di Aidan, perché lei non esce dalla sua stanza. Quindi si è persa i bagni di mezzanotte senza vestiti e le microdosi di ieri sera. E ti ho detto che gli orologi sono quindici minuti avanti?»

Sentii Vicky sprofondare in una sedia e aprire una lattina. «Frank, rallenta. Perché non cominci dall'inizio? Da ieri pomeriggio. Raccontami cosa sta succedendo.»

Partii da ancora prima, da mercoledì sera, subito dopo che mi aveva tagliato i capelli, quando ero arrivato a casa e avevo trovato la foto di Aidan Gardner e Dawn Taggart nella mia cassetta della posta. Le dissi di Hugo e dei moduli per la privacy e della misteriosa malattia di Catherine, di Gerry Levinson e della moglie assurdamente giovane e della promessa di Gwendolyn di raccontarmi tutto, poche ore prima che morisse.

«Mi sento come in una zona d'ombra. Ovunque mi giri

succedono cose assurde, e nel frattempo tutti continuano a ripetere che è normale. Non ci capisco più niente.»

«E Tammy? Lei cosa ne pensa?»

«È caduta nella tana del coniglio. È completamente succube di tutto questo e non riesco a farla ragionare.»

«Allora devi fidarti del tuo istinto. Cosa ti dice l'istinto?»

Mi sentii uno schifo a dare voce ai miei sospetti, ma capii che erano fondati non appena pronunciai le parole. «Penso che Aidan abbia fatto del male a queste ragazze. A entrambe: Dawn Taggart e Gwendolyn. Penso che mia figlia sia troppo accecata dall'amore per rendersi conto di quello che sta succedendo. E penso che Errol Gardner stia coprendo il figlio, perché è questo che fanno i genitori ricchi.»

«Non soltanto i ricchi» obiettò Vicky.

«In che senso?»

«Parlo per esperienza, Frank. Quando mia figlia Janet ha cominciato a mettersi nei guai, non facevo altro che inventare scuse per lei. "Oh, non ha davvero un problema con la droga. Sta sperimentando. Sta esplorando il suo lato selvaggio." Non volevo vedere la verità. E quando sono riuscita ad ammettere che aveva un problema, era troppo tardi.»

Mi dispiaceva averle fatto rivangare quei brutti ricordi. Mi aveva detto più di una volta che perdere Janet era la cosa peggiore che le fosse mai successa. «Mi dispiace, Vicky.»

«Non preoccuparti, Frank. Ma ti dico una cosa che ho imparato sulla mia pelle: i genitori sono narratori inaffidabili. Siamo convinti di conoscere i nostri figli meglio di chiunque altro, ma la verità è che non li guardiamo in modo obiettivo. Nemmeno un visionario come Errol Gardner. Tuo genero mi ricorda Sam Bankman-Fried.»

«Chi?»

«Il ragazzino delle criptovalute. Non li leggi i giornali?»

«Non leggo articoli sulle criptovalute. Sono stronzate.»

«Sì, esatto, ma Sam Bankman-Fried ci ha guadagnato una fortuna. Ha rubato miliardi ai suoi clienti. Il giudice gli ha dato venticinque anni di prigione, ma la vera sorpresa sono i suoi genitori. Sono entrambi professori di legge a Stanford. Conoscono le regole della finanza meglio di chiunque altro, ma continuano a insistere che il figlio è innocente, che non ha fatto niente di male. Perché non vedono le cose chiaramente. È una forma di cecità volontaria, Frank, ed ero anch'io così con Janet.»

Vicky si offrì di fare una telefonata al figlio, quello che lavorava per il *Wall Street Journal*, ma io non volevo dire o fare niente che potesse innescare un'indagine. «Stanno cercando di mettere a tacere la cosa.»

«Sai che non suona per niente bene, vero?»

Sentii qualcuno dietro di me sul sentiero, si stava avvicinando dai cottage più orientali. «Devo andare, Vick.»

«Cosa farai?»

«Ho un'idea, ma non sono sicuro che funzionerà.»

«Stai attento, Frank. Se non la smetti di curiosare in giro, rischi di farti coinvolgere troppo.»

«Sono già coinvolto» le ricordai. «Mia figlia deve sposare questo tizio domani alle tre in punto.»

6

Tornai al Merlo e trovai Tammy e Abigail sul portico, impegnate negli ultimi preparativi per l'escursione. Mia sorella non era mai stata una tipa da sport all'aria aperta, ma stava abbracciando lo spirito dell'evento. Indossava una vecchia maglietta di un concerto di Dolly Parton, dei bermuda e un paio di sneakers Dansko, il marchio di calzature ufficiale degli assistenti sanitari di tutto il Paese. Abigail si era tolta il pigiama azzurro da Stitch ed era vestita come una ragazzina normale, finalmente, ma si era spalmata male la protezione solare e aveva la faccia tutta impiastricciata. Accolse il mio ritorno con un ampio sorriso che mise in mostra tutti i denti. «Vieni anche tu, signor Frank? Maggie dice che se arriviamo in cima si vede anche il Maine!»

Le dissi che non avevo dormito bene, quindi sarei rimasto a casa a riposare, ma Tammy non mi credette. «La vita è per i vivi, Frankie. Mi dispiace tanto per l'incidente, ma Errol dice che dobbiamo tutti andare avanti.»

«Tu vai pure avanti. Io ho bisogno di riposo.»

Entrai nel cottage e mi affacciai alla finestra per vederle allontanarsi e raggiungere gli altri. Poi mi spostai in cucina e mi sforzai di mangiare una mela, una banana e un paio di fette di formaggio. Sapevo che sarei stato via per almeno un paio d'ore e non volevo essere distratto dalla fame. Non volevo nemmeno rischiare di essere visto da qualcuno dei partecipanti all'escursione, quindi attesi altri dieci minuti prima di uscire.

Invece di prendere Main Street e passare davanti a Osprey Lodge, seguii il sentiero lungo il lago, fino alla spiaggia, dove alcuni membri del personale stavano aprendo gli ombrelloni e sistemando le sdraio. Gli agenti di polizia e i paramedici erano spariti, ed era rimasto un profondo avvallamento sulla sabbia dove era stato trascinato il corpo di Gwendolyn.

Attraversai la spiaggia e proseguii costeggiando la riva del lago, superai altri cottage e persino una piccola spa, dove gli ospiti potevano prenotare massaggi con pietre calde e pedicure in vista del matrimonio. Poi rientrai nel bosco, camminando ancora per diversi minuti finché non mi ritrovai all'ingresso del campo, vicino alla piccola struttura in legno dove avevamo firmato i moduli per la privacy. Due agenti della sicurezza stavano bevendo dalle borracce e parlando animatamente, ma quando mi sentirono avvicinarmi tacquero.

Poi fu Hugo in persona a emergere dal capanno.

«Signor Szatowski, ha sbagliato strada! Cormorant Point è dall'altra parte!»

«Devo andare in città. Come faccio a riprendere la macchina?»

«Oh, può accompagnarla Oscar. Dove vuole andare?»

«Faccio da solo.»

«Ha bisogno di qualcosa?»

«Cavolate varie. Paracetamolo eccetera.»

Mi sorrise, scoprendo i denti più bianchi che avessi mai visto. «Abbiamo il paracetamolo in ambulatorio. Gliene faccio mandare una confezione al cottage, così le risparmio il viaggio.»

«Resta sempre l'eccetera.»

Hugo provò a farmici ripensare. Spiegò che il campo riceveva consegne nell'arco dell'intera giornata e che poteva procurarmi qualunque cosa di cui avessi bisogno nel giro di un'ora. «Batterie, caricatori per il computer, vestiti, oggetti personali...»

«Voglio soltanto la mia Jeep» gli dissi. «Quanto devo aspettare per avere la mia Jeep?»

Nulla di ciò che dicevo riusciva a scalfire l'allegro entusiasmo di Hugo. «Appena un minuto o due, signore.» Si infilò nel capanno e parlò in una radio, impartendo istruzioni sussurrate che non riuscii a sentire. Poi tornò e annunciò che la mia macchina era in arrivo. «Vuole aspettare dentro? Così si protegge dal sole.»

«No, sto bene.»

Chiesi a Hugo se la polizia era già andata via; lui spiegò che avevano lavorato in fretta per arrecare meno disturbo possibile alla famiglia. «La droga è una piaga nelle comunità rurali. Quegli agenti hanno visto abbastanza casi di overdose da saper riconoscere i segni alla prima occhiata.»

Mi guardai intorno e vidi che le altre guardie si erano infilate nel bosco e stavano seguendo il confine della recinzione. «Circonda tutta la proprietà?»

Hugo annuì. «Non è bellissima, lo so, ma fuori stagione il campo è un bersaglio molto ambito dai rapinatori. È pieno di computer, attrezzature da cucina, lenzuola, asciugamani: qui ci sono ladri che porterebbero via tutto. E da solo io non posso essere ovunque.»

«Quindi sei qui anche a novembre?»

«Tutto l'anno, signor Szatowski. Osprey Cove è casa mia. Ho un cottage che si chiama Picchio muratore a un centinaio di metri da qui, in mezzo al bosco.»

«E stai qui da solo tutto l'inverno?»

«Oh, no, per niente. Ogni giorno chiamo idraulici, imbianchini, giardinieri, spazzaneve, e chi più ne ha più ne metta. Con tutti questi edifici c'è sempre qualcosa da riparare. Ma tengo la proprietà in condizioni eccellenti, in modo che sia pronta quando il signor e la signora Gardner ne hanno bisogno. Amano molto venire qui fuori stagione. Specie quando le foglie cominciano a cambiare colore.»

«E Aidan? Viene mai qui fuori stagione?»

Il sorriso di Hugo vacillò per un momento, come se stesse soppesando le implicazioni della mia domanda. «Quasi mai. Aidan è troppo impegnato con la sua arte e l'insegnamento a Boston. Non ha tempo di rilassarsi e godersi la natura.» Poi il sorriso si riaccese. «Ma forse le cose cambieranno dopo il matrimonio. Sua figlia sembra molto felice qui.»

Sentii la mia Jeep prima di vederla, con gli pneumatici che scricchiolavano sulla ghiaia mentre avanzava lenta lungo il vialetto. Hugo mi chiese se avevo bisogno di indicazioni, ma gli dissi che me la sarei cavata. Riconobbi il giovane al volante, l'avevo visto quella mattina sulla spiaggia. Era una delle guardie che avevano usato i remi della canoa per spingere il corpo di Gwendolyn a riva. Mise il cambio in posizione di parcheggio e lasciò il motore acceso. «Buon viaggio, signore.»

Mentre mi allontanavo dall'ingresso, lanciai uno sguardo furtivo a Hugo dallo specchietto retrovisore. Aveva preso il telefono e se lo premeva contro l'orecchio.

Seguii il tortuoso vialetto di ghiaia fino alla lunga strada d'accesso piena di buche, poi svoltai sulla strada asfaltata che mi avrebbe riportato in città. Di nuovo, il parcheggio del ristorante Mom and Dad's era quasi pieno: meglio, perché significava che potevo lasciare lì la mia Jeep senza attirare l'attenzione. Non c'era traccia di Brody Taggart (né di nessun altro) sul portico, ma sapevo che viveva nelle vicinanze. In una roulotte nei pressi all'Alpine Creek, o almeno così mi avevano detto. Attesi che la strada fosse sgombra e la attraversai per inoltrarmi nel bosco.

Non c'era un percorso tracciato da seguire, quindi avanzai a casaccio, scavalcando felci e rami caduti e oltrepassando i cespugli. Dopo un minuto di cammino, sentii un colpo di fucile in lontananza. Su alcuni alberi erano attaccati dei cartelli gialli e neri che segnalavano il divieto di caccia, ma la plastica era sbiancata dal sole e le puntine di metallo arrugginite, quindi non ero sicuro che i divieti fossero ancora validi.

Poi mi ritrovai a scendere una collina ripida e scivolosa: per mantenermi in equilibrio passavo da un albero all'altro, sbattendo contro i tronchi e acuendo a ogni colpo il dolore sordo e pulsante nella parte bassa della schiena. Per l'ennesima volta, maledii Abigail per essere saltata giù dall'albero ed essermi atterrata sulle spalle. Mi ripromisi di fissare una visita dal chiropratico appena fossi tornato a Stroudsburg.

In fondo alla vallata mi fermai in riva a un ruscello che sospettavo fosse l'Alpine Creek. Lì accanto partiva uno stretto sentiero, con impronte che andavano in entrambe le direzioni, lasciandomi in dubbio sulla strada da prendere. Ma mentre cercavo di decidere, sentii abbaiare un cane da ovest, e questo risolse la questione. Il cane doveva appartenere a qualcuno, e forse quel qualcuno era Brody Taggart.

Camminai per un tratto lungo come un campo da football, giusto il tempo necessario per dubitare di me stesso e chiedermi se avrei dovuto scegliere l'altra direzione. Poi vidi il retro di una piccola casa. Basandomi su quello che aveva detto Maggie, mi aspettavo proprio una roulotte, una di quelle anguste scatole di metallo con i mobili imbullonati al pavimento. Invece era una casa modulare abbastanza grande, con rivestimenti in alluminio giallo brillante e finiture bianche intorno alle finestre. La struttura era a mezzo metro da terra, su supporti di cemento, e qualcuno aveva costruito un robusto portico sul davanti e lo aveva riempito di piante da appartamento, campane a vento e una bandiera degli Stati Uniti. Nel vialetto di ghiaia erano parcheggiati tre veicoli: un gatto delle nevi coperto da un telone nero ammuffito, una Chevrolet Blazer color argento e una Toyota Corolla malconcia. Quando vidi la Corolla, capii che ero arrivato nel posto giusto.

Salii i gradini del portico e sentii il cane abbaiare di nuovo, ora dentro casa. Sembrava imbufalito, ringhiava, digrignava i denti e si lanciava contro la porta. Mi parve di vedere un movimento nella grande finestra panoramica, ma era coperta da tende di pizzo e non potevo esserne certo. Nel frattempo il cane abbaiava come un ossesso, e mi chiesi se fosse stato un errore andare lì. Ero nervoso, perché ricordavo bene come mia figlia aveva descritto Linda Taggart: *È sempre ubriaca, passa le giornate in camicia da notte. E si imbratta la faccia di trucco arancione.*

Mi stavo sporgendo per bussare quando sentii un leggero *clic*. Se siete mai stati in una zona di guerra, saprete riconoscere senza il minimo dubbio il rumore di un selettore di fuoco che cambia impostazione da «sicura» a «semiautomatica» a «raffica». Muovendomi pianissimo, alzai entrambe le mani e mi girai verso il rumore. Brody Taggart imbracciava un AR-15, l'equivalente civile dell'M-16 che avevo usato in Iraq. Aveva equipaggiato il carrello con un mirino speciale e un puntatore laser, al momento puntato in mezzo al mio petto.

«Conto fino a tre e poi sparo. Non voglio nessuno sul mio portico.»

Non lo feci contare. Scesi i gradini, superai le macchine e tornai in fondo al vialetto di ingresso. Solo allora mi fermai e mi girai. «Ci siamo visti al ristorante ieri» dissi. «Mi hai parlato di Dawn, ti ricordi?»

«Uno» cominciò lui.

«Non sono più sul portico, perché conti?»

«Ho cambiato idea, continua a camminare.»

«Ieri notte è morta una ragazza. A Osprey Cove. Dicono che sia annegata nel lago, che sia stata un'overdose, ma io penso che mentano.»

«Non è un problema mio. Due.»

Alzai le mani, implorandolo di ascoltarmi. «Tua sorella è qui? La madre di Dawn? Posso parlare con lei, per favore?»

La porta della casa mobile si aprì, rivelando una donna robusta con un paio di jeans e una camicia maschile di flanella. Disse qualcosa che non sentii al fratello, e lui abbassò l'arma. Un cocker spaniel marrone e bianco, con il pelo morbido, si lanciò fuori e corse verso di me, girando intorno alle mie gambe e saltandomi alle ginocchia. Mi abbassai per fargli annusare la mano e un attimo dopo si rovesciò sulla schiena, mostrandomi la pancia per chiedere le coccole.

«Lei è Bongo» gridò la donna. «E io sono Linda Taggart. La madre di Dawn.»

«Frank Szatowski. Mia figlia sta per sposare Aidan Gardner.»

«Oh, so tutto, Frank. Sono stata io a mandarti la foto.» Mi fece cenno di raggiungerla sul portico e accomodarmi su una delle sedie a dondolo. Con mio grande sollievo, sembrava del tutto sobria. E il trucco, se lo aveva, doveva essere così leggero che non si notava. Linda disse che sarebbe tornata subito, entrava a prenderci qualcosa da bere. Lanciò un'occhiataccia al fratello e gli ordinò di mettere via il fucile; non c'era pericolo di un'invasione cinese nell'immediato futuro. Brody fece una smorfia beffarda, come a suggerire che non fosse da escludere, ma alla fine, benché di malavoglia, la seguì dentro.

Andai sul portico e mi sedetti, con Bongo felicemente acciambellata ai miei piedi. Le grattai la schiena e guardai le piante. Dovevano essercene più di venti tipi, glicini, felci e molte altre che riconoscevo ma di cui mi sfuggiva il nome. Linda doveva avere il pollice verde, perché sembravano tutte in grande forma.

Lei e il fratello tornarono con tre bicchieri di tè freddo e una ciotola piena di cracker a forma di animali. «Insegno alle elementari» spiegò Linda, scrollando le spalle. «Mi sarebbe piaciuto avere altro da offrirti, ma non pensavo saresti venuto.»

Sorseggiai il tè. Era fatto in casa, rinfrescante e molto apprezzato dopo la mia camminata nei boschi. «Sono io che dovrei scusarmi» dissi. «Mi dispiace essermi presentato qui senza preavviso, ma ho paura e non so cosa fare.»

«Dicci della ragazza. Cos'è successo?»

Sapevo che probabilmente stavo violando i termini del mio accordo di riservatezza (o «modulo per la privacy», come l'aveva chiamato Hugo), ma le raccontai comunque tutta la storia, dal mio primo incontro con Gwendolyn giovedì pomeriggio alla scoperta del suo corpo. Scoperta a cui era seguita l'immediata supposizione che fosse morta di overdose, nonostante i segni che avevo notato sul suo collo.

«È così che agiscono i Gardner» spiegò Linda. «Sono convinti di poter trasformare ogni affermazione in un fatto, solo alzando la voce. La realtà la decidono loro. Se vogliono che siano le otto, dicono che sono le otto e si aspettano che sia *tu* a mandare avanti l'orologio. E la cosa assurda è che la gente è felice di farlo!»

«Il fuso orario Gardner» dissi.

«Esatto. Lo definirei un complotto, ma non si disturbano nemmeno a nascondere le loro azioni. Mentono e si aspettano che tutti si adeguino alle loro bugie.»

«Aidan dice che la foto è un falso. Dice che non ha mai invitato Dawn a Osprey Cove.»

«Aidan è un fottuto bugiardo» sbottò Brody. «Vorrei staccargli la testa e cacargli nel collo.»

Fino a quel momento aveva ascoltato la conversazione, in attesa di dare il suo contributo, ma credo che a quel punto non ne potesse più. Linda lo zittì e gli disse che non era per niente d'aiuto.

«Anche soltanto immaginarlo aiuta *me*» replicò Brody. «Ho un sacco di fantasie del genere. Tipo fargli saltare le palle e darle in pasto alla nostra Bongo.»

Sentendosi chiamare, il cane alzò la testa. Brody però scosse subito il capo per comunicarle che doveva essere paziente, doveva aspettare.

«Parlami di Dawn» dissi. «Come ha conosciuto Aidan?»

La prima cosa che Linda Taggart mi spiegò era che tutte le ragazze di Hopps Ferry conoscevano Aidan Gardner. Disse che era la cosa più simile a un principe che ci fosse in città: giovane, acculturato, bello e straricco. «Di solito il lunedì sera guardavamo *The Bachelor* e Dawn diceva sempre che nessuno degli scapoli del programma reggeva il confronto con Aidan Gardner. E non l'aveva nemmeno mai incontrato! Ma per le ragazze di qui è sempre stato una leggenda vivente.»

L'incontro fortuito era accaduto nel luglio dell'anno precedente. Dawn si barcamenava fra due lavori part-time: faceva le pulizie in un Hampton Inn e riforniva gli scaffali di un grande magazzino, entrambi a mezz'ora di distanza, verso il lago Winnipesaukee. Un pomeriggio, mentre tornava a casa dal lavoro, aveva trovato Aidan e la sua macchina fermi sul ciglio della strada. Aveva bucato una gomma, ma non aveva quella di scorta, quindi Dawn si era offerta di prestargli la sua. E quando aveva capito che Aidan non aveva idea di come si usasse un cric, si era inginocchiata in mezzo alla strada e gli aveva cambiato la ruota. «Aidan provò a darle dei soldi. Una specie di mancia, credo, ma mia figlia rifiutò. Gli disse che preferiva che le offrisse un bicchiere di vino. Un bel pinot grigio.» Linda rise al ricordo. «E ti giuro che fino a quel momento Dawn non aveva mai bevuto una goccia di pinot grigio in tutta la sua vita. Era una cosa che aveva sentito su TikTok.»

La ragazza era tornata a casa al settimo cielo e presto aveva iniziato a uscire con Aidan con regolarità. Era un fidanzato generoso e l'aveva riempita di regali costosi: un computer portatile e uno scanner, una giacca Patagonia, un braccialetto Tiffany. Accessori e apparecchi di lusso che una ragazza delle pulizie di un hotel non si sarebbe mai potuta permettere.

«Immagino che molte madri ne sarebbero state entusiaste» disse Linda. «Ma a me non piaceva per niente.»

«Perché no?»

«Non mi è mai sembrata una relazione sana. Non facevano niente in gruppo. Con altre persone. Nessuna delle sue amiche l'ha mai conosciuto. E non andavano fuori a cena o al cinema perché a Aidan non piaceva essere fissato dalla "gente del posto".»

«Parlava di noi» intervenne Brody, «come se fossimo tutti così affascinati da sua altezza reale che non potevamo fare a meno di guardarlo a bocca aperta.»

«Ti faccio un altro esempio» continuò Linda. «Ogni anno organizzo un barbecue per il compleanno di Dawn. Niente di sofisticato, un piccolo ritrovo qui in giardino, ma lei non ha voluto saperne di invitare Aidan. Mi ha detto che si vergognava troppo di fargli vedere la casa. Allora le ho risposto: "Tesoro, se quest'uomo ti ama, amerà anche il posto da dove vieni, perché è una parte di te". Ma poi ho capito qual era la verità» disse, e le si incrinò la voce. «La verità è che si vergognava di me.»

Era una sensazione che conoscevo bene. Anche prima che Maggie partisse per il college, mi ero accorto che si stava allontanando da me, stava prendendo le distanze dalla nostra famiglia. Aveva iniziato a criticarmi per come pronunciavo alcune parole, tipo *tortilla* e *presumibilmente*. Mi prendeva in giro per il mio orologio Timex e i jeans Kirkland, comprati entrambi in sconto in un grande magazzino. Mi ero detto che era un normale comportamento da adolescente, che ogni generazione ha bisogno di nuovi traguardi verso cui tendere. Ma il ricordo era ancora doloroso.

«Aidan sostiene che c'è stato un solo appuntamento» dissi. «Giura che sono usciti a cena ed è finita lì.»

Linda scosse il capo. «E allora come spiega la foto? Dissi a mia figlia che, se non voleva presentarmelo, doveva almeno farmi vedere una foto. E lei accese il computer, guardò i vari album e stampò quella che ho mandato a te. È chiaro come il sole che sono sul lago Wyndham. Sulla spiaggia dei Gardner.»

«Aidan dice che è ritoccata.»

Stavolta fu Brody a ridere. «Ecco che piegano di nuovo la realtà al loro volere. Guarda dove siamo, Frank. Secondo te siamo capaci di ritoccare una foto?»

«Dawn è uscita con Aidan per tutta l'estate» insistette Linda. «Poi, verso metà settembre, la cosa iniziò a scemare. Lei diceva che Aidan era troppo impegnato con i corsi e non riusciva a venire spesso a Osprey Cove. E io pensai: che liberazione. Credevo che ci fossimo sbarazzate di lui. Invece lo incontrò un'ultima volta il 3 novembre. Il giorno in cui è sparita.»

Era un sabato mattina, raccontò Linda, e Dawn si era svegliata presto. Era corsa al negozio perché (così aveva detto) le serviva lo shampoo. Era tornata nel giro di un'ora, ma non si era mai fatta la doccia, e la madre l'aveva sentita piangere nella sua stanza. Aveva provato a bussare alla porta, l'aveva implorata di aprirle e parlare con lei. Ma Dawn era al telefono. Linda sentiva soltanto la sua metà della conversazione. «Aidan, dobbiamo vederci» aveva detto. «No, non la settimana prossima, e nemmeno domani. Vieni qui subito. È un'emergenza.»

Passarono altre due ore prima che Dawn si decidesse a uscire dalla stanza. Linda cercò di tirarle fuori la verità, ma lei non voleva parlare. Disse che sarebbe uscita per comprare un paio di stivali.

«Conoscevo mia figlia, Frank. Sapevo che stava mentendo, ogni genitore lo capisce. E non sai quanto vorrei averle impedito di uscire, quanto vorrei averla costretta a dirmi tutto. Se l'avessi fermata...»

Brody le mise una mano sul ginocchio. «Non pensarci. Digli cos'è successo dopo. Cos'hai visto sul cellulare.»

Linda inspirò a fondo. «Giusto, immagino di dover spiegare questa parte. Allora, il fatto è che avevo sempre pagato io l'abbonamento del cellulare di Dawn. Fin da quando era al liceo. Era un'abitudine e non ci facevo più caso. Lo facevo per aiutarla, per toglierle la preoccupazione di una bolletta da pagare. E poi mi piaceva sapere dov'era. Quando stava fuori fino a tardi, potevo aprire la mappa del mio cellulare e vederla lì, come un pallino azzurro.»

Sapevo esattamente di cosa parlava. Anche Maggie e io avevamo un piano telefonico condiviso, quindi avevo seguito la posizione di mia figlia per tutto il liceo, assicurandomi che arrivasse a scuola in orario e stesse lontana dai guai.

«Comunque, quando Dawn è uscita di casa sapevo già dove stava andando, ma ho comunque controllato, tanto per essere sicura. Ho cercato il pallino azzurro e l'ho vista andare su a Osprey Cove. Immaginavo quindi che Aidan avesse accettato di venire. E mi sono persino sentita in colpa per averla spiata. Sapevo di dovermi fare gli affari miei. Quindi ho messo via il cellulare e mi sono dedicata alle faccende di casa. Ho fatto il giro di tutte le stanze per svuotare i cestini della spazzatura, e in quella di Dawn ho trovato una cosa.»

Si alzò lentamente e mi chiese di seguirla in casa. Percorremmo tutti e tre un piccolo corridoio ed entrammo in una minuscola camera da letto; la porta si aprì solo per metà prima di scontrarsi con un letto. Sembrava una stanzetta anonima, con le pareti avorio e le tende bianche. Ma guardando meglio notai i residui del colore precedente, piccole macchie di rosa acceso quasi del tutto coperte. Qua e là scorsi altre tracce di una ragazza adolescente. Polaroid con le amiche. La medaglia di un torneo di pallavolo al liceo. Una cartolina con un orso che fa un sorriso buffo.

Linda attirò la mia attenzione su un cestino accanto al letto. «Ho guardato lì dentro e ho trovato questo.» Era la confezione di un test di gravidanza rapido che prometteva una diagnosi precoce con una accuratezza del 99 per cento. «Solo la scatola, non il test vero e proprio, quindi ho pensato che Dawn l'avesse portato con sé. Per farlo vedere a Aidan. Ora, il mio primo istinto è stato di mandarle un messaggio e dirle di tornare a casa. Volevo sapesse che non doveva chiedere aiuto a Aidan. Potevamo darle tutto il supporto di cui aveva bisogno. Ma il pallino azzurro diceva che era già a Osprey Cove, quindi mi sono detta che era troppo tardi. Dovevo aspettare e vedere cosa sarebbe successo.»

Il semplice fatto di trovarsi nella vecchia camera da letto di sua figlia sembrava sopraffarla, e almeno in parte potevo immedesimarmi in quella sensazione. Si sedette sul bordo del letto di Dawn e mi fece cenno di sedermi accanto a lei. Brody rimase in piedi sulla soglia, come una sentinella, e Bongo girò in tondo prima di sistemarsi sul tappeto. Linda ripercorse in fretta la parte successiva della storia: Dawn non era tornata a casa il sabato sera, e quando lei aveva controllato il cellulare per capire dove si trovasse sua figlia, il pallino azzurro era scomparso. POSIZIONE SCONOSCIUTA. Ma non si era fatta prendere dal panico subito. Non era la prima volta che Dawn restava fuori tutta la notte, e nemmeno che le si scaricava il cellulare. Potevano anche essere buone notizie: forse i ragazzi stavano parlando e risolvendo le cose. Linda andò a dormire sperando per il meglio e la mattina dopo fu svegliata dalla telefonata irritata del direttore dell'Hampton Inn: Dawn era in ritardo e chiedeva dove fosse finita.

Linda chiamò tutte le amiche di sua figlia, ma nessuna di

loro l'aveva vista per tutto il fine settimana. E nessuna aveva il numero di Aidan. Una sapeva che Osprey Cove aveva un fisso, un numero per le consegne e cose del genere. Linda provò a chiamare e le rispose un uomo con un accento olandese. Disse che era stato lì al lavoro per l'intero weekend e che al campo non c'era nessuno. I Gardner erano a Boston e non c'erano stati visitatori. Senza esprimere il minimo coinvolgimento o preoccupazione, si era limitato a consigliarle di chiamare il 911.

La polizia trovò la Toyota Corolla di Dawn trenta chilometri a sud di Osprey Cove, in un parcheggio all'inizio di un sentiero. Provarono a cercarla con i cani su e giù per la montagna. Non la trovarono mai, ma rinvennero la felpa grigia che indossava l'ultima volta che era uscita di casa. E quando Linda si ostinò a ripetere che sua figlia era sparita a Osprey Cove, nessuno la prese sul serio.

«Il capo della polizia venne a parlarmi e gli raccontai tutto, proprio come ho appena fatto con te. Gli ho fatto vedere la scatola del test di gravidanza e gli ho detto del pallino azzurro. E poi ho fatto la cosa più stupida del mondo.»

«Ovvero?»

«Gli ho dato il mio cellulare. Come prova. Mi aveva detto che forse poteva servire a dimostrare che Dawn era stata a Osprey Cove. Mi aveva detto che magari il suo percorso era rimasto salvato in memoria e poteva essere recuperato. Io volevo tanto credergli, così gliel'ho dato.» Linda scosse la testa. «Una settimana dopo me l'ha riportato e ha detto che nessuno era riuscito a trovare niente. Io invece penso che avessero trovato qualcosa e l'hanno cancellata.»

«Tieni presente» disse Brody «che un sacco di poliziotti qui lavorano part-time per i Gardner. Quando non sono in servizio fanno le guardie di sicurezza private. Sessanta dollari all'ora. Sono un sacco di buoni motivi per chiudere un occhio.»

«Ma devono aver parlato con Aidan» osservai. «La polizia non l'ha interrogato?»

«Certo che l'hanno interrogato. Ha detto di non essere mai uscito con Dawn quell'estate, e nessuno poteva provare il contrario. Il giorno che è scomparsa, lui era a Boston con tua figlia. E ora, nove mesi dopo, stanno per sposarsi. Non ti sembra un tempismo sospetto?»

Convenni che era abbastanza sconcertante, e Linda mi avvertì che Maggie era in grave pericolo. «Se le succede qualcosa, nessuno in città ti darà una mano.»

«E le telecamere di sicurezza? Quel posto ne è pieno! La polizia non ha chiesto di vedere i filmati?»

«Sì, e i Gardner sono stati molto collaborativi. Hanno consegnato un intero weekend di girato. Con indicazione di orario e data. Ma immagino che chi ha inventato la Miracle Battery sia anche capace di manomettere un video, no?»

In effetti ormai sembrava possibile contraffare qualunque cosa. Su YouTube avevo visto un video di Joe Biden che parlava con la voce di Donald Trump. Un tempo ci si poteva fidare almeno dei propri occhi e delle proprie orecchie, ma ultimamente era sempre più difficile credere a qualcosa.

Linda doveva aver colto l'incertezza nel mio sguardo, perché ribadì le sue affermazioni. «So per certo che mia figlia è andata in quel campo. Hanno spostato la macchina e la felpa. Ma sono convinta che lei sia ancora lì.»

7

Quando uscii dalla casa mobile, Brody si accorse che zoppicavo, a causa della schiena che mi faceva ancora male, e mi suggerì di seguire il vialetto d'accesso fino alla strada principale. «Senza offesa, ma non mi sembri nelle condizioni di scalare il burrone.»

Accettai il consiglio. La strada era più lunga e riuscii a tornare al Mom and Dad's solo intorno alle due. Stavo uscendo dal parcheggio quando la porta del ristorante si aprì e comparve il mio amico barista. Riconobbe la Jeep, strizzò gli occhi per mettermi a fuoco oltre il parabrezza e mi salutò con aria confusa. Ricambiai il saluto, grato di essere in movimento e non dovermi fermare a spiegare perché ero lì.

Di ritorno a Osprey Cove, trovai alcune macchine in attesa di entrare al campo: una lunga fila di nuovi ospiti in arrivo per il matrimonio. Il team della sicurezza fermava ogni veicolo per controllare i documenti e far firmare il modulo, quindi mi preparai a una lunga attesa. Hugo però mi riconobbe e si avvicinò trotterellando, insistendo perché scendessi dalla macchina. «Margaret ha chiesto di lei. Manca pochissimo al grande giorno, dovrebbe stare con sua figlia, non aspettare che la mia squadra faccia il suo lavoro.»

Mi aveva già aperto la portiera, quindi non potevo rifiutare. «Grazie, Hugo. Apprezzo molto.»

«Nessun problema, signor Szatowski. Ha trovato quello che cercava in città?»

Realizzai che ero a mani vuote, ero tornato senza nemmeno una busta. E a giudicare dal sorrisetto di Hugo, penso che sapesse di aver smascherato la mia bugia.

«Ho trovato più di quanto mi aspettassi» risposi. «Ci sono notizie della ragazza?»

«Quale ragazza?»

Non riuscivo a credere che dovesse chiedermelo.

«La ragazza morta. Gwendolyn.»

«No, signore. Non credo che sapremo niente prima della settimana prossima.» Poi abbassò la voce. «Ma visto che è parte della famiglia, posso condividere con lei un'informazione riservata. La polizia ha trovato della xilazina nella sua valigia. Forse non l'ha mai sentita nominare, ma è una droga terribile. Molto più pericolosa dell'eroina e del fentanyl. È una specie di tranquillante usato dai contadini sugli animali. Per il bene della ragazza, comunque, il signor Gardner preferisce non diffondere la notizia.»

Consegnai le mie chiavi e seguii Main Street verso l'interno del campo. Con gli ospiti che arrivavano a frotte, Osprey Cove aveva un aspetto del tutto diverso. Paesaggisti e domestici erano spariti alla vista, e non restava altro che il frutto dei loro sforzi: alberi e aiuole piene di colore, viali senza una foglia e cottage perfettamente puliti. Gli invitati erano ovunque. A scaricare le macchine, a dondolare nelle amache, a lanciare frisbee e salutare gli amici dandosi il cinque. Sembrava già ora dell'aperitivo, perché avevano tutti in mano un bicchiere di vino o uno più grande di plastica. Nessuno pareva turbato dal fatto che una donna era morta, che un cadavere era stato estratto dall'acqua con due strani segni sul collo e che c'era un'indagine in corso.

Stavo passando davanti a un cottage chiamato Picchio quando una ragazza scese a saltelli dalle scale e iniziò a salutarmi con la mano. «Signor Szatowski! Sono Minh! Del Babson College!» Spalancò le braccia per mostrarmi la felpa dell'università. «Si ricorda di me?»

Certo che mi ricordavo di lei. Minh e Maggie erano state compagne di stanza per quattro anni al college. L'accoppiamento era frutto della scelta casuale di un computer, ma erano diventate amiche ed erano entrate nella stessa confraternita. Mi era sempre sembrata una ragazza molto dolce e un'amica leale, ed ero felice di rivedere una persona del passato di Maggie. Mi abbracciò forte e io la ringraziai di essere venuta.

«Se pensava che mi sarei persa questo matrimonio, allora non si ricorda bene di me! Questo posto è incredibile!»

Mi spiegò che anche lei si era sposata da poco e fece cenno al marito, Brian, di raggiungerci. Se mi avessero detto che era ancora al liceo, ci avrei creduto. Aveva occhi luminosi, un sorriso birichino ed era chiaro che fosse follemente innamorato di sua moglie; notai che le cercava la mano con un gesto automatico. Erano sposati da poco più di un anno e sembravano ancora due piccioncini in luna di miele.

«È proprio strano, signor Szatowski, stavo giusto raccontando a Brian del college e di tutti quegli stronzi dell'amministrazione che hanno provato a gettare Maggie in pasto ai lupi. Sono stati così cattivi con lei, si ricorda? Ma le dico una cosa. Dopo il fine settimana, scommetto che torneranno tutti a bussare alla sua porta per chiederle delle donazioni. E spero proprio che Maggie li mandi al diavolo!»

Rise della sua battuta, ma io non trovavo il tema particolarmente divertente. Le dissi che preferivo non pensare a quell'argomento.

«Be', le garantisco che Babson ha già dimenticato tutto. L'ufficio donazioni ha la memoria molto corta. Maggie finirà sulla copertina della rivista degli ex alunni prima di compiere trent'anni, ne sono certa.»

Uno dei più grandi rimpianti della mia vita è stato mandare Maggie all'università fuori dallo Stato. Ero entrato nell'esercito subito dopo il liceo, quindi, quando arrivò il momento di compilare le domande, sia io sia Maggie brancolavamo nel buio. Io volevo che andasse alla Penn State, così sarebbe stata vicina in caso di emergenza. Ma lei obiettò che era un istituto scadente. Disse che doveva frequentare una scuola più prestigiosa per avere un vantaggio competitivo, e individuò subito il Babson come la «fabbrica» di dipendenti di Amazon, Google, Microsoft, Bank of America e altre aziende Fortune 500. La retta era da capogiro, ma potevo coprirla, e volevo che mia figlia avesse tutte le opportunità che potevo darle.

Prendeva ottimi voti, ed era riuscita a entrare nella confraternita più importante per le studentesse di Economia, cosa che la espose a una vasta rete di contatti professionali. I problemi iniziarono a metà dell'ultimo anno, quando una sua collega della confraternita di nome Jessica Sweeney finì nei guai per aver venduto le risposte di alcuni test. Fu portata davanti al comitato etico e, invece di assumersi la responsabilità da adulta matura, cercò di scaricare tutta la colpa su Maggie. Disse che era mia figlia la vera mente dell'operazione e lei semplicemente un'assistente. La maggior parte delle ragazze della confraternita si schierò dalla parte di Maggie, ma due di loro affermarono che Jessica aveva detto la verità, e il resto del semestre fu una guerra intestina, con accuse e minacce che volavano da una parte all'altra. Maggie mi chiamava piangendo ogni sera. Non l'avevo mai sentita così spaventata, disperata e terrorizzata, ed ero a tre Stati di distanza, incapace di aiutarla. La pregai di parlare con una terapeuta e ingaggiai un avvocato per aiutarla. Alla fine fu scagionata e Jessica Sweeney lasciò la scuola in disgrazia. Ma l'esperienza rovinò il college a Maggie, che si rifiutò di partecipare alla cerimonia di laurea.

«Mi dispiace che le sia successa quella tragedia» commentò Minh. «Ma sa una cosa? Credo che l'esperienza l'abbia resa più forte. Scommetto che nessuno oserebbe più darle fastidio.»

Non ci avrei giurato. Anzi, dopo aver ascoltato la storia di Linda Taggart, ero più sicuro che mai che Maggie fosse stata raggirata, e che avesse bisogno del mio aiuto per sistemare le cose. Dissi a Minh e Brian che ci saremmo visti a cena e mi avviai verso Osprey Lodge in cerca di mia figlia.

Gli addetti al catering erano già sul prato principale, affaccendati a disporre il doppio dei tavoli e delle sedie che erano stati usati la sera prima. E ora la spiaggia era piena di bagnanti: bellissimi ragazzi e ragazze con la pelle color bronzo spaparanzati sulle sdraio a scrollare il cellulare e sorseggiare piña colada. Altri erano in acqua, a nuotare, fare paddleboarding o kayak. Mi avvicinai quel tanto che bastava per assicurarmi che Maggie non fosse fra loro, poi seguii il sentiero intorno al lago per tornare al mio cottage.

«Eccoti qui!» esclamò Tammy. «Dove diavolo sei stato?» Lei e Abigail stavano bevendo un tè freddo sul portico, i visi arrossati dal sole, come se avessero passato tutto il pomeriggio all'aperto.

«Sono dovuto andare in farmacia.»

«Perché?» chiese Tammy.

«Non importa. Cosa mi sono perso?»

Stando a mia sorella, si erano divertiti un mondo. Prima erano arrivati in cima a Cormorant Point, dove la vista era «meravigliosa» e il pranzo «squisito» («La migliore insalata di patate della mia vita» disse, mimando il gesto di un bacio). Poi Errol Gardner in persona le aveva portate sul lago con il suo motoscafo, in modo che Abigail potesse imparare a fare sci d'acqua. «È venuta anche Maggie, siamo state benissimo.»

Abigail pareva leggermente meno entusiasta. «*Io* volevo andare in canoa» spiegò. «Ma Errol ha detto che lo sci d'acqua è più divertente, quindi abbiamo fatto quello.»

«E non ti ho ancora detto la parte migliore» continuò Tammy. «Quando siamo tornate a terra, Errol ha detto che aveva una cosa per me.» Abbassò la voce. «Una specie di regalo di matrimonio, per tutto quello che ho fatto per Maggie.» Solo allora realizzai che mia sorella aveva uno spesso fascio di fogli in grembo. Erano in una cartella blu scuro con delle lettere incise in lamina d'oro, sembravano documenti bancari. «Sono mille azioni di Capaciti. In un conto privato che Gerry ha aperto per me. Mi farà il bonifico lunedì, quando torneremo a Stroudsburg. Non è il dono più generoso che potesse mai farmi?»

L'ultima volta che avevo controllato, un'azione di Capaciti era data a 262 dollari. Quel regalo valeva più soldi di quanti mia sorella ne avesse guadagnati negli ultimi cinque anni.

«E non dirlo in giro» continuò Tammy in un basso sussurro, «ma sono abbastanza sicura che anche tu avrai la tua parte.»

Non ci fu tempo di approfondire, perché Maggie emerse dal nostro cottage con un bicchiere di limonata. «Papà! Dov'eri?»

«Sono felice che tu sia qui. Posso parlarti?»

«Cosa c'è ora?»

«In privato» dissi. «Mi dispiace, Maggie. Detesto chiedertelo di nuovo, ma è davvero importante.»

Mia figlia sembrava esasperata dalla richiesta, ma mi seguì lungo il sentiero per il lago. Sarei voluto andare anche più lontano, per essere sicuro che Tammy e Abigail non ci sentissero, ma Maggie mi assicurò che sarebbe bastato. «Siamo lontani anni luce da ogni altra forma di civiltà» disse. «Dunque, cos'è questa cosa così urgente e privata di cui dobbiamo discutere?»

«Non ti piacerà per niente quello che sto per dire, ma promettimi di ascoltare, d'accordo?»

Lei sospirò e poi sorrise, per dimostrare che avrebbe mantenuto la mente aperta. «Sì, papà, hai la mia completa attenzione. Che succede?»

«Sono andato in città oggi pomeriggio. Ho incontrato la famiglia di Dawn.»

Maggie aprì la bocca per rispondere, ma non ne venne fuori nulla. La notizia l'aveva lasciata senza parole.

«Volevo sentire la loro versione della storia. Mi avevi detto che sono pazzi, però io non credo che lo siano. Credo che dicano la verità.»

Lei si avvicinò al lago, mettendo più distanza fra noi. Sembrava pronta a saltare in acqua e fuggire via a nuoto. «Ti prego, papà, dimmi che stai scherzando. Ti prego, non dirmi che sei andato da loro *il giorno prima del mio matrimonio.*»

«Secondo me dovresti sentire la storia di Linda. Non era ubriaca e non è pazza. Qui è successo qualcosa di brutto.»

Pareva che ogni mia parola la ferisse. Agitava selvaggiamente le braccia, come se stesse cercando di proteggersi dalle mie assurdità. «Papà, se avessi saputo che l'avresti fatto, non ti avrei invitato. Mi stai facendo pentire di averti chiamato. Perché non puoi goderti il fine settimana e basta?»

Le riferii i punti fondamentali della storia di Linda Taggart: che usando il GPS del cellulare aveva seguito il percorso di sua figlia fino a Osprey Cove, dove era rimasta finché il pallino azzurro non era scomparso. «Come lo spieghi, Maggie?»

«La spiegazione è molto semplice: sta mentendo! Si è inventata tutto!»

«No, Maggie, penso che sia *tu* a mentire.» Mi guardò a bocca aperta, come se l'avessi schiaffeggiata, ma ormai non si poteva più tornare indietro. «Penso che tu sia molto innamorata di Aidan, penso che tu voglia proteggerlo e per questo hai mentito alla polizia dicendo che ha passato il weekend nel tuo appartamento. E forse tutti gli altri ti credono, ma io sono tuo padre e ti conosco. Non ho *mai* creduto a quella storia. Stai nascondendo qualcosa.»

«Mi fa piacere sentirlo, papà. Grazie di avermelo detto. Ma ora lascia che ti chieda una cosa: quale grande segreto pensi che io stia nascondendo? Che Aidan è un serial killer? Che sta uccidendo delle donne a Osprey Cove? Oddio, ha ucciso anche Gwendolyn? È questo che credi? Che mi sia innamorata di un novello Jeffrey Dahmer?»

«Non lo so, Maggie. Non so cosa pensare.»

A quel punto si mise a gridare. «Ero sarcastica! Aidan non è Jeffrey Dahmer! Sei impazzito?»

Mi sforzai di non alzare la voce, perché non volevo raggiungere il suo volume; non volevo urlare. «Maggie, devi ammettere che c'è qualcosa di molto strano in questo posto. Ieri notte è morta una donna e ora i tuoi colleghi stanno costruendo castelli di sabbia dove fino a poco fa c'era il suo cadavere.»

«La polizia ha trovato della droga nella sua valigia. Xilazina.»

«Sì, ho sentito. Ma dimmi un'altra cosa: hai per caso visto Catherine Gardner? È uscita dalla sua stanza?»

«Sta male! Quante volte devo ripetertelo?»

«E Aidan? Dov'è? Non lo vedo da ventiquattro ore.»

«Rieccoci...»

«Credo che dovresti fermarti un attimo a riflettere, Maggie. Per essere sicura di voler restare su questo treno.»

«Ci sono duecento persone al campo in questo momento. E altre cento arriveranno domani. Il treno è già partito.»

«No che non è partito. Parte domani. Hai ancora tempo. Pensa a tutte le domande senza risposta: Gwendolyn, la madre, la foto di Dawn Taggart...»

Poi, all'improvviso, Maggie si ricordò di qualcosa e tutta la tensione abbandonò il suo corpo. Si rilassò e si mise a ridere. E io fui così idiota da pensare che forse, *forse*, ero finalmente riuscito a farmi ascoltare.

«Cosa c'è da ridere?»

«Mi è appena venuta in mente una cosa» disse. «Sei stato via tutto il pomeriggio, quindi non sai della foto. Quella che hai ricevuto per posta. Vorrei averla qui.»

A dire il vero ne avevo una copia in tasca. Avevo chiesto a Linda Taggart di stamparmela prima di uscire di casa, e lei non se l'era fatto ripetere due volte. Estrassi il foglio di carta dalla tasca posteriore dei pantaloni e lo aprii.

«Gerry ha inviato una scansione al suo ufficio per farla analizzare dai suoi stagisti. Hanno un software che usano per calcolare la lunghezza delle ombre eccetera. Ma non ce n'è stato bisogno. Uno degli stagisti ha trovato subito l'errore.»

Maggie indicò la foto di Aidan, con sette chili in più e molto più allegro di quanto l'avessi mai visto. Non capivo cosa avrei dovuto notare.

«Le mani» disse Maggie. «Guarda le mani di Aidan.»

Il braccio sinistro era a posto. Pendeva lungo il fianco e la mano sinistra sembrava normale. Il braccio destro stringeva il fianco di Dawn e la mano era posata sul fianco di lei. Continuavo a non vedere il problema, quindi Maggie dovette indicarmelo. «Il pollice. Non vedi?»

Alla fine capii cosa intendeva.

Il pollice destro era dal lato sbagliato.

Nella fotografia che mi aveva mandato Linda Taggart, Aidan Gardner era un uomo con due mani sinistre.

8

Facemmo le prove generali della cerimonia al Globe, un vecchio teatro all'aperto già presente nel campo estivo originario. Era immerso nei boschi e nascosto fra alberi alti, un profondo cratere circondato da panchine di legno, con un palco al centro. Dava la sensazione di uno spazio sacro, una specie di santuario segreto nella foresta, e sarebbe stato tranquillo e pacifico se non fosse stato per le tante persone che ciondolavano in giro. Avevo dato per scontato che le prove sarebbero state un evento privato, per gli sposi e le famiglie, ma decine di altri invitati erano venuti a guardare, molti di loro con bicchieri di vino e piattini di cibo, come se fosse un altro punto del programma di intrattenimento del weekend. Constatai con delusione che nessuno aveva intenzione di mandarli via.

Ai piedi del palco si erano posizionate quattro donne vestite di nero con violini e viole; accordavano gli strumenti e ordinavano gli spartiti. Stavo ammirando i loro gesti esperti ed efficienti, quando un ragazzo con i capelli ricci e scompigliati si avvicinò e mi attirò in un abbraccio. «Ehi, papà, piacere di conoscerti! Sei pronto? Sono RJ, sarò il celebrante.»

Indossava dei pantaloni di cotone e una maglietta gialla con il logo della Kodak. «Il celebrante? Quindi sei un pastore?»

«A volte mi sembra di sì! Ma no, lavoro nelle risorse umane. Con Errol e Margaret.» Spiegò che si dilettava anche con la stand-up comedy e il sabato pomeriggio teneva dei corsi di improvvisazione teatrale, quindi era abituato a parlare in pubblico. Aveva pagato sessantacinque dollari su un sito per diventare ministro e poter celebrare il matrimonio di Margaret e Aidan.

«Ti chiedo un favore» disse. «Mi puoi indicare lo sposo? Vorrei salutarlo prima di cominciare.»

Aidan era seduto su una panchina con tre ragazzi (i suoi testimoni, avrei appreso in seguito, tutti colleghi del MassArt) e aveva l'aria malaticcia, quasi febbricitante. Il viso era pallido e sudato e gli era spuntata una specie di eruzione cutanea sulla fronte, una spruzzata di pallini rossi.

RJ si avvicinò dandogli il pugno. «Ecco qui il mio uomo!» esclamò. «Come te la passi, fratello?»

Errol Gardner arrivò con Gerry e Sierra e copiose scuse per l'assenza della moglie. Disse a tutti che Catherine non si sentiva ancora bene, ma sperava che sarebbe stata «pronta a scatenarsi» per la grande cerimonia di sabato pomeriggio. Nel frattempo ci aveva raggiunti anche Tammy, con Abigail impaziente di esercitarsi nel suo ruolo di damigella. Invece di sedersi con noi e aspettare in silenzio l'inizio delle prove, la bambina seguiva Maggie per tutto il teatro, presentandosi come «la cugina della sposa».

«Ma non è vero» protestai con Tammy. «Preferirei che non dicesse simili idiozie.»

«È adorabile, Frankie. Piace a tutti.»

«Saltella in giro come la pallina di un flipper. Quanto tè freddo le hai fatto bere?»

Tammy mi guardò accigliata. «Devi capire una cosa di Abigail: proviene da una famiglia disastrata. Tutti quelli che conosce provengono da famiglie disastrate. A parte nei film della Disney, credo non abbia mai visto un matrimonio felice. E qui finalmente può conoscere due persone che si amano davvero. Li vedrà prendersi un impegno importante, farsi la più grande promessa che si può fare a una persona. "Amarti e onorarti, finché morte non ci separi." Tu sei vecchio, stanco e amareggiato, quindi hai perso di vista il significato profondo della cosa, ma Abigail sta vedendo tutto per la prima volta, ed è naturale che sia emozionata. E se tirassi fuori la testa dalla sabbia e ti guardassi intorno, forse ti emozioneresti anche tu.»

Aspettai che terminasse la tirata, poi dissi: «Be', Aidan non mi sembra così emozionato. Ha più l'aria di uno che ha appena perso una cara amica mentre tutti fanno finta di niente».

«È solo nervoso. Ricordo ancora la *tua* cena di prova, anche tu eri uno sposo piuttosto ansioso.»

Poi, di nuovo stanca di parlare con me, si girò per presentarsi alla donna che aveva accanto.

Mi sforzai di darmi una calmata e rilassarmi. La foto falsificata dimostrava che la storia di Linda Taggart era una cazzata. Dawn non era mai stata a Osprey Cove. E forse Gwendolyn era davvero morta di overdose. La sera prima girava un sacco di droga, questo era certo. Forse Aidan era sinceramente addolorato per l'improvvisa morte della sua amica, ma amava troppo mia figlia per rimandare il matrimonio. Erano tutte spiegazioni razionali e plausibili. Quindi decisi di smettere di preoccuparmi e cominciare a divertirmi.

Alle quattro meno un quarto iniziarono le prove. RJ si posizionò al centro del palco con un grosso libro dalla copertina rigida che sembrava una Bibbia e ci spiegò come doveva svolgersi il corteo. Abigail sfilò per prima, fingendo di sparpagliare petali di fiori. Poi fu la volta delle tre damigelle e dei testimoni, seguiti da Aidan ed Errol Gardner. E infine arrivò il mio turno di esercitarmi ad accompagnare Maggie.

Era fredda con me dalla nostra ultima conversazione, quando mi aveva dimostrato senza ombra di dubbio che la foto era un falso. Mi aveva chiesto «quale padre» si sarebbe mai schierato con una perfetta sconosciuta contro sua figlia, e dovevo ammettere che mi sentivo in colpa per non essermi fidato del suo istinto. Le dissi che volevo prenderla sottobraccio, come avevo visto fare in altri matrimoni, ma lei rispose che potevamo rimandare il contatto fisico al giorno successivo. Poi si avviò con grande decisione lungo la navata, mezzo passo davanti a me, e sentii il pubblico ridacchiare mentre le arrancavo dietro.

Sul palco realizzai che la Bibbia di RJ era un oggetto di scena, un libro di Harry Potter a cui era stata cambiata la copertina. «Ora chiederò: "Chi presenta questa donna per il matrimonio?". È il segnale per te, Frank. A quel punto devi dire: "Si presenta da sola, con la benedizione del padre". Poi abbracci tua figlia, stringi la mano allo sposo, e hai finito. Vai a sederti, ti rilassi e ti godi il resto dello spettacolo.»

Raggiunsi Tammy e Abigail in prima fila e mia sorella mi diede una pacca sul ginocchio per congratularsi dell'ottimo lavoro. «Ricordati di sorridere domani» suggerì. «Avevi l'aria spaventata.»

RJ andò abbastanza veloce sul resto della cerimonia. Assicurò a Maggie e Aidan che non avrebbe esagerato con la «roba religiosa» e si chiese, ad alta voce, se aveva il permesso di fare qualche battuta a tema Capaciti. Tutti si voltarono verso Errol, che scrollò le spalle. «Non strafare, però: è un matrimonio, non un meeting degli azionisti.»

Molti dei partecipanti sembravano troppo nervosi o imbarazzati per provare sul serio la loro parte. L'unica eccezione fu mia sorella, a cui era stata assegnata una breve lettura dalla Bibbia. Chiese di poterla fare sul palco, per essere sicura che la sua voce si sentisse bene.

«Certo» rispose RJ, invitandola a farsi avanti con un ampio e teatrale gesto del braccio. «Il palco è suo, signora.»

Tammy aveva stampato qualcosa su un foglio, in un font abbastanza grande da poterlo leggere senza occhiali. «La lettura è tratta dalla prima lettera di san Paolo ai Corinzi» iniziò. «Mi sentite tutti? Devo alzare la voce?»

Le feci segno che andava tutto bene e lei declamò il passaggio per intero.

L'amore è paziente, è benigno; l'amore non invidia; l'amore non si vanta, non si gonfia, non si comporta in modo sconveniente, non cerca il proprio interesse, non s'inasprisce, non sospetta il male, non gode dell'ingiustizia, ma gioisce con la verità; soffre ogni cosa, crede ogni cosa, spera ogni cosa, sopporta ogni cosa. L'amore non verrà mai meno.

Tammy concluse con un sorriso e un piccolo sospiro di sollievo, e per un momento nel Globe regnò il più assoluto silenzio, come se il potere di quelle parole rendesse frivola qualsiasi altra affermazione.

Poi RJ guardò Maggie e vide nella sua espressione qualcosa che non gli piacque. «È troppo cringe? Vuoi che troviamo qualcosa, non so, di più moderno?»

Per un attimo temetti che Maggie potesse essere d'accordo con lui, ma poi si scrollò di dosso qualunque cosa la turbasse, prese entrambe le mani di Aidan e lo guardò intensamente negli occhi.

«No, no, non era per niente cringe. Era perfetto.»

9

Il tema della cena di prova era «Serata Aragoste», e ogni tavolo era apparecchiato con salviette umidificate per le mani, tovaglioli a quadri rossi e bianchi, una pinza per aragoste da portare a casa come souvenir e un bavaglio con una stampa personalizzata (MATRIMONIO DI MARGARET E AIDAN: UN GIORNO DA *CHELE*BRARE!).

I posti erano assegnati e fui grato di ritrovarmi a un tavolo con Tammy, Maggie, Aidan, Errol e Abigail. C'era anche una sedia in più riservata a Catherine, nel caso in cui si fosse sentita abbastanza in forma da potersi unire a noi, ma a quel punto avevo smesso di aspettarmi di incontrarla.

Aidan si sedette tra Maggie e Abigail, e dall'altra parte del tavolo gli gridai: «Mi dispiace per Gwendolyn».

«Grazie, Frank.»

«Qualcuno ha parlato con la sua famiglia?»

«L'ufficio di Gerry sta facendo delle ricerche. Gwen è stata cresciuta dalla nonna, ma lei non c'è più, quindi non sanno chi chiamare.»

Maggie si sporse in avanti sulla sedia. «Papà, siamo alla cena di prova, ricordi? Possiamo concentrarci su questo? Allora, mangiate tutti l'aragosta?»

Tammy alzò la mano. «Sì, grazie!»

Abigail era più reticente. «Mi fanno un po' paura.»

Aidan la incoraggiò a provarne una. «Il New England ha le più buone aragoste del mondo. Non avrai mai un'occasione migliore.»

E quando i camerieri ci servirono il pasto – un'aragosta intera a persona, crostacei giganteschi con enormi chele che penzolavano dai lati dei piatti – Aidan insegnò pazientemente ad Abigail come rompere il guscio e recuperare la carne tenera all'interno. Le parlava con un tono gentile che mi era del tutto sconosciuto. Lo sentii fare domande sul suo interesse per la geografia, su quali fossero le sue montagne, i fiumi e vulcani preferiti. Non avevo sentito Aidan parlare con nessuno per tutto il fine settimana, tranne che con Gwendolyn, forse. Sembrava felice di dedicare tutta la sua attenzione alla bambina e di ignorare il resto della tavolata e del ricevimento.

L'atmosfera della cena era country-casual. La musica era affidata a una jug band con banjo e washboard che suonava sciocche canzoni sulle rane e i raggi di sole e gli amori sotto la luna piena. I camerieri si aggiravano fra i tavoli con enormi boccali di birra, ma nessuno stava esagerando; pareva che la gente avesse imparato la lezione dalla tragedia della notte precedente. Ogni tanto qualche burlone faceva tintinnare la forchetta contro un bicchiere di vino, poi altri si univano, e il suono andava in crescendo finché Maggie e Aidan non si baciavano. Abigail si alzava e applaudiva ogni volta. Non riusciva a credere che fosse una vera tradizione; disse che il suo libro non ne parlava.

Era stato allestito un palco con un microfono per chi avesse voluto fare un brindisi agli sposi, ed Errol mi domandò se avevo intenzione di dire qualcosa. Gli spiegai che preferivo tenere il mio discorso per il matrimonio vero e proprio, e lui ne fece uno molto breve. Ringraziò tutti di essere venuti. Si scusò per l'assenza della moglie, facendo riferimento ai suoi continui problemi di salute, ma promise che l'avremmo vista l'indomani mattina. E poi alzò il calice per brindare agli sposi. «Margaret è una donna bella e intelligente, e sono davvero grato che lei e Aidan si siano trovati. Voglio molto bene a entrambi.» La conclusione fu accolta da una standing ovation e un fragoroso applauso, nemmeno avesse appena recitato un discorso all'altezza di *I Have a Dream*. Mia sorella prese un tovagliolo a scacchi per asciugarsi le lacrime. «Piango sempre ai matrimoni» disse a tutti.

Aidan applaudì educatamente e tirò fuori il telefono dalla tasca per leggere un messaggio. Guardò accigliato lo schermo e appoggiò il dispositivo a faccia in giù accanto al piatto. Poi si chinò verso Abigail e le chiese se era mai stata nel Grand Canyon e se sapeva che era abbastanza profondo da contenere quattro Empire State Building uno sopra l'altro.

Ci furono molti altri brindisi. Sulla scia del discorso di Errol, pareva che ogni dipendente di Capaciti non vedesse l'ora di salire sul palco e raccontare come Maggie era entrata nelle loro vite. E poi RJ si alzò e si lanciò in un'esibizione di dieci minuti, prendendo in giro bonariamente le coppie sposate presenti nel pubblico («Dio ci scampi dalle suocere, dico bene?»). Ma non riuscii a focalizzarmi sui discorsi. Continuavo a pensare alla misteriosa fotografia di Aidan con Dawn Taggart. Sapevo che Maggie aveva ragione: la foto era chiaramente ritoccata, un evidente falso. Ma avevo conosciuto Linda e Brody, e non potevo credere che fosse opera loro.

Restava Dawn Taggart. Aveva un costoso computer nella sua camera. Era possibile che fosse stata lei stessa a ritoccare l'immagine con Photoshop. Ma perché?

Perché inventarsi una relazione con Aidan?

Sul palco, intanto, Gerry e Sierra stavano brindando agli sposi e condividendo i segreti di un matrimonio di successo. Guardai il mio futuro genero, seduto in silenzio, con le mani torte in grembo. I suoi pensieri erano altrove, non stava ascoltando una sola parola di quel discorso.

E accanto a lui c'era una delle chiavi che avrebbe potuto dare risposta a tutte le mie domande.

10

Dopo il tramonto una cameriera passò ad accendere le candele a centrotavola. Avevamo tutti cambiato posto per parlare con altre persone. Errol era accanto ad Abigail e le spiegava il funzionamento della Miracle Battery, mentre Tammy parlava con Maggie e Aidan della loro luna di miele in Spagna; avrebbero trascorso due settimane nel nord del Paese, per evitare le torride temperature estive. Il cellulare di Aidan era ancora a faccia in giù sul tavolo, e io mi ero avvicinato abbastanza da coprirlo con il mio tovagliolo a scacchi. Mi guardai intorno per essere sicuro che nessuno mi stesse prestando attenzione, lo feci scivolare abilmente dal tavolo e me lo misi in grembo.

Mi scusai per andare in bagno e girai intorno a Osprey Lodge, fino a raggiungere l'ingresso principale. Nell'atrio c'era una lunga fila di donne in attesa di usare la toilette. Alcune di loro mi sorrisero, e io sorrisi di rimando prima di iniziare a salire le scale. Immagino pensassero che avessi tutto il diritto di essere lì, in quanto ospite dei miei futuri consuoceri. Salii al terzo piano e tornai nel corridoio dove avevo incontrato Gwendolyn. *Se non hai ancora incontrato Catherine Gardner,* mi aveva avvertito, *allora non sai niente.*

Andai alla porta della suite e bussai.

«Signora Gardner? È lì?»

Nessuna risposta. Avvicinai il cellulare di Aidan al pannello nero del sensore e la porta si sbloccò con un leggero *clic*. La aprii, ritrovandomi in un piccolo corridoio buio. In fondo intravidi dei lampi di luce blu e bianca e deboli suoni, come di un pubblico in studio che urlava e applaudiva. La porta sbatté alle mie spalle e sentii il rumore della serratura elettronica che si richiudeva.

Feci un passo avanti e il mio piede affondò in qualcosa di morbido. Era tessuto, una specie di camicetta. C'erano vestiti sparsi ovunque per terra: abiti e maglioni, gonne e pantaloni, abbastanza capi da vestire una decina di donne. Avanzai con cautela in quel disordine. «Buonasera? C'è qualcuno?»

Mentre proseguivo sentii uno strano odore; un sentore aspro e pungente, come il retro di un camion della spazzatura. Il corridoio finì e mi ritrovai in una camera da letto vuota. Era troppo buio per vedere qualcosa. Tutte le tende erano tirate e l'unica luce proveniva da un grande televisore a schermo piatto che trasmetteva un quiz. «Abbiamo chiesto a cento americani di fare il nome di un alimento che ricordasse loro il corpo umano.» Un concorrente esclamò «Banana!» e il pubblico impazzì, esultando, applaudendo e battendo i piedi, mentre il presentatore si fingeva sconcertato, come se non si fosse mai aspettato una risposta simile.

Gli abiti da donna erano ovunque, sparpagliati sul pavimento e sulla maggior parte dei mobili. E sembravano tutti nuovi, mai indossati; molti avevano ancora l'etichetta e alcuni erano sigillati in sacchetti di plastica. Gli abiti ammucchiati sul divano erano così tanti che quasi non mi accorsi della persona seduta in mezzo. Indossava lo stesso accappatoio bianco che si trovava nei cottage di tutti gli ospiti, ma il suo era macchiato, con chiazze marroni e gialle, e non era chiuso completamente.

Avevo visto le fotografie di Catherine Gardner in rete. Era una donna elegante e ben vestita, un membro del consiglio di amministrazione del Museum of Fine Arts di Boston, e la persona che avevo di fronte le somigliava a malapena. Era magra in modo preoccupante, quasi scheletrica, e il trucco sembrava applicato da un bambino. Le guance erano ricoperte da un impasto spesso di un colore che non c'entrava niente con quello delle orecchie e del collo. E gli occhi erano cerchiati da un'ombra rosa che sembrava un'infezione batterica. Guardava la televisione con aria assente, come se non capisse una parola.

Il presentatore del programma ripeté la domanda a una signora anziana: «Mi dica un alimento che le ricorda una parte del corpo umano».

«Melanzana!» esclamò la signora, deliziando il pubblico, mentre il presentatore annaspava scioccato, aggirandosi sul palco come se l'avessero appena preso a pugni in faccia. E Catherine Gardner non mostrava ancora alcuna reazione. Dovetti piazzarmi fra lei e lo schermo per farle registrare la mia presenza. E solo a quel punto, con un filo di voce, chiese: «Dov'è Aidan?».

La sentivo a stento, con tutto il fracasso del pubblico in studio. «È di sotto, signora Gardner.»

«Lei chi è? Cosa ci fa qui?»

«Mi chiamo Frank Szatowski.»

«Non dovrebbe essere qui. Chiamo mio figlio.»

Poi si mise a frugare tra le pile di vestiti in cerca del suo cellulare.

«Mia figlia sposerà Aidan domani» le dissi. «Sono il padre di Margaret.»

Lei smise di cercare il cellulare e accese una lampada per guardarmi meglio. «Ma certo. Ora vedo la somiglianza. Che fine hanno fatto le mie buone maniere?»

Provò a fare leva con le mani sul divano, in un goffo tentativo di alzarsi. Le falde dell'accappatoio si aprirono, esponendo del tutto il suo corpo nudo e fragile. Con un movimento del braccio buttò giù un mucchio di vestiti, liberandomi un posto.

«Vuoi sederti?»

Mi sforzai di guardarla negli occhi. «Hai bisogno di aiuto con l'accappatoio?»

Catherine abbassò lo sguardo e scoppiò a ridere alla vista, come se le avessi semplicemente fatto notare che aveva una scarpa slacciata. Si strinse addosso l'accappatoio e annodò la cintura con gesti maldestri. «Penserai che sono una pessima padrona di casa. Fammi abbassare il volume della televisione.» Prese il telecomando, ma non sembrò accorgersi che l'aveva impugnato al contrario. Mi offrii di aiutarla e portai il volume a zero. «Oh, che gentile, Frank. Ora per favore siediti, così posso offrirti qualcosa. Altrimenti mi sento in colpa.»

Mi appollaiai sul divano e lei portò due bicchieri da liquore e una bottiglia di Tanqueray. Con mani tremanti, versò il gin. Niente ghiaccio o lime, solo alcol puro e incolore fino all'orlo. Poi si sedette accanto a me e sollevò il bicchiere, rovesciandosene una buona parte sulla mano e sul polso. «A Margaret» disse. «Una splendida giovane donna.»

Il suo brindisi fu interrotto da uno squillo acuto. Il suono, realizzai, veniva dal cellulare di Aidan, una specie di sirena, il cui scopo era aiutare il proprietario a rintracciare il dispositivo.

Di sicuro si era accorto che non era più sul tavolo e lo stava cercando. Schiacciai tutti i tasti possibili sullo schermo finché il telefono non tornò silenzioso.

«Mi perdonerai il disordine, spero» continuò Catherine, indicando le pile di vestiti aggrovigliati ai nostri piedi. «È impossibile fare shopping qui in campagna, quindi compro tutto online. Ma le taglie sono un disastro. Non faccio che andare a tentativi. Il fatto è che voglio a tutti i costi essere bella per il grande giorno.»

Nel giro di un minuto si era riscossa dal torpore ed era diventata una padrona di casa allegra e vivace. Era seduta dall'altro lato del tavolino rispetto a me e mi prese entrambe le mani, come se temesse che potessi andarmene. «Mi dispiace di essere rimasta nascosta tutto il weekend. I dottori dicono che devo centellinare le forze. Ora che sei qui, comunque, c'è qualcosa che posso fare per te?»

«Mi piacerebbe farti qualche domanda su mio genero, se per te va bene. Il matrimonio è domani e ancora non lo conosco bene.»

A sentir nominare suo figlio, Catherine si illuminò.

«È il mio argomento preferito. Puoi chiedermi tutto quello che vuoi. Sono un libro aperto.»

«Vorrei sapere dei pettegolezzi. E di Dawn Taggart.»

Mi lasciò andare le mani e sprofondò contro lo schienale. «Sì, è del tutto comprensibile. Ho saputo cosa dice di lui la sua famiglia. Ma ti assicuro che non l'ha mai sfiorata. È un ragazzo dolce. Sensibile. Sarà un marito fedele e leale. Non hai nulla di cui preoccuparti.»

«Ho incontrato Linda Taggart oggi pomeriggio.»

«Quella donna è pazza.»

«Puoi avere ragione su Aidan, ma non penso che Linda Taggart sia pazza. Credo sia solo confusa.»

«In che senso?»

«Aveva l'abitudine di controllare la figlia. Ha seguito la posizione del suo cellulare, quindi sapeva che Dawn veniva qui a Osprey Cove. E questo è un fatto. Dawn Taggart veniva a trovare qualcuno qui al campo. E tornava a casa con un mucchio di gioielli e regali costosi, quindi doveva spiegare chi era a farglieli. Così ha detto alla madre che usciva con Aidan Gardner. Ha persino ritoccato una foto perché li mostrasse insieme. Ha inventato una relazione perché si vergognava troppo per dire la verità alla madre.»

«Quale verità?»

«Dawn aveva una relazione con un uomo sposato.»

Catherine sorrise e annuì, come un tutor che incoraggia uno studente che sta andando nella giusta direzione. «Molto bene, Frank» disse. «Devi essere una persona davvero arguta.»

«Ho bisogno di sapere la verità. Errol ha fatto qualcosa a Dawn Taggart?»

«Mio marito? Oh, no, Errol non farebbe mai del male a nessuno. Non con le sue mani, almeno. Ma ora, se non ti dispiace, vorrei un altro drink.»

Non mi ero nemmeno accorto che avesse finito il primo. Sempre con mani tremanti, sollevò la bottiglia e si riempì di nuovo il bicchiere, prima di continuare: «Mio marito ha idee molto antiquate sui rapporti fra uomini e donne. Le tiene per sé, ovviamente, perché di questi tempi bisogna stare attenti, con internet e tutto il resto. Ma se lo fai bere abbastanza ti espone le sue teorie senza remore. È convinto che gli uomini siano incapaci di essere monogami. Crede che gli uomini – soprattutto quelli ricchi e potenti – abbiano il dovere evolutivo di accoppiarsi con quante più donne possibile. Insiste che lo fanno tutti, qualsiasi titano dell'industria. Jeff Bezos, Bill Gates, i divi del cinema, gli sportivi di alto livello, e sì, persino i politici». Catherine si strinse nelle spalle. «Secondo te ha ragione, Frank?»

Le dissi di no. Ero sicuro che dovevano esserci un sacco di uomini ricchi e potenti che non tradivano le mogli, ma quando mi chiese di farle un esempio non me ne venne in mente neanche uno. Tom Hanks, forse? Jimmy Carter? Fred Rogers?

«Comunque, se mio marito avesse un briciolo di senno, userebbe un servizio di escort. È quello che fanno tutti i suoi amici. È così che il nostro avvocato Gerry ha conosciuto la mogliettina. Sono in grado di portarti delle donne bellissime in ogni angolo del globo, anche qui a Hopps Ferry. Ma a mio marito non piace pagare per possedere una donna. Gli piace il brivido della caccia. Deve essere una conquista, e più è illecita e proibita, meglio è. Ci sono state decine di donne, Frank. Forse persino centinaia. Non ne ho idea. Ho perso il conto delle volte che mi sono dovuta sottoporre ai test per le malattie veneree, che per inciso sono fra le procedure più umilianti che si possano immaginare.» Si allungò verso il bordo del tavolo per prendere una ciotola mezza vuota di cereali, un ammasso molliccio di fiocchi marroni in un centimetro di latte tiepido. «Scusa se mangio, ma mi hai colta a metà della cena. Che stavo dicendo?»

«Come ha conosciuto Dawn Taggart tuo marito?»

«Be', questa sì che è una storia interessante. Una sera della scorsa estate Dawn venne a Osprey Cove a cercare Aidan. Mio figlio l'aveva già portata a cena per ringraziarla dell'aiuto con la gomma dell'auto. Ma un appuntamento era stato più che sufficiente per Aidan. Non voleva avere niente a che fare con quel cervello di gallina. Mio marito, invece, fu ben felice di accogliere una bella ragazza e farle fare un tour della tenuta. All'epoca io e Aidan eravamo a Boston; non avevamo la minima idea di cosa stesse succedendo.» Trangugiò un'altra cucchiaiata di cereali, e io abbassai gli occhi per non guardarla mangiare. «Suppongo le piacesse averla intorno, perché lei veniva qui ogni volta che Errol era al campo da solo. Un caso da manuale: l'uomo attempato pieno di soldi con la spiantata cacciatrice di dote. Lei si presentava con la lingerie di pizzo e lui la rimandava a casa con computer e braccialetti Tiffany.»

Catherine sollevò un dito per farmi cenno di aspettare un attimo, e un fiotto di liquido marrone le sgorgò dalle labbra, rovesciandosi sul mento e finendo nella ciotola di latte. Durò solo un istante, dopo lei mi scrutò per capire se me ne ero accorto. Se non avessi reagito, credo che avrebbe semplicemente continuato il suo racconto. Ma l'odore di vomito mi fece trasalire e lei si scusò.

«Ti senti bene?» chiesi. «Posso fare qualcosa per te?»

«Sto bene. A volte succede.» Poi altra poltiglia marrone le uscì di bocca e si tenne la ciotola sotto il mento per raccoglierla. Fece un cenno per segnalare che era tutto a posto e aveva solo bisogno di un minuto. Dopo aver finito ed essersi schiarita la gola, spostò la tazza di latte e vomito in un angolo del tavolino, in modo che non stesse in mezzo a noi.

«Sicura di sentirti bene?»

«Non trattarmi come una malata, Frank. Ti ho già detto di sì. Ora, il problema è che a un certo punto mio marito si stancò di Dawn. Trovò una nuova favorita del mese e decise di congedare Cervello di gallina. E fu lì che lei gli fece una bella sorpresa: indovina chi aspettava un bambino? E indovina chi voleva sostegno per crescerlo? Probabilmente pensava di aver vinto alla lotteria. Chiamò Aidan e lo disse prima a lui. Sosteneva di voler parlare con me e non con mio marito. Pensava che un'altra madre potesse vedere la situazione più chiaramente e fare la cosa giusta.»

Errol era in viaggio d'affari a Singapore, quindi Aidan e Catherine non potevano contattarlo. Partirono da Boston la mattina del 3 novembre e arrivarono a Osprey Cove prima di mezzogiorno. Era un sabato di bassa stagione, quindi Hugo era l'unico presente nella proprietà, e sapevano di poter contare sulla sua discrezione.

«Odiavo l'idea di far entrare quella ragazza in casa mia, ma la portai nell'ufficio di Errol e mi mostrò il test di gravidanza. Poi elencò le sue richieste, come se fosse la letterina a Babbo Natale e potesse chiedere tutto quello che desiderava. Soldi per l'affitto, perché il bambino aveva bisogno di un posto in cui vivere. Soldi per le spese, per i vestiti, per il cibo. Benzina per la macchina. Un fondo di accumulo per il college. Poi fece qualche rapido calcolo e mi comunicò il totale: quarantacinquemila dollari all'anno. Per poco non mi venne un colpo! Quella ragazza non aveva idea del valore dei soldi o del nostro patrimonio. L'anno scorso ho donato un milione e quattrocentomila dollari a un acquario! Per una mostra sulle meduse! Quarantacinquemila dollari sono i contanti che tengo in borsa. Ma lei era così presuntuosa, così irrispettosa, che rifiutai per principio. Le dissi che non facevo beneficenza alle troie.» La sua voce tremava e ogni nuovo dettaglio sembrava ferirla, come se si stesse strappando dei pezzi di cuore.

«Immagino sia a quel punto che le cose mi sono sfuggite di mano.»

Ora il cellulare di Aidan stava squillando – lo sentivo vibrare in tasca –, ma chiesi a Catherine di continuare. «Dawn iniziò a elencare tutte le cose che a mio marito piaceva farle. Un sacco di cose volgari e disgustose, con mio figlio proprio lì accanto. Era terribilmente inappropriato, e le chiesi di smetterla, ma lei continuò a blaterare. Voleva ferirmi e ferirmi e ferirmi, finché non avessi accettato di pagare. E alla fine non ne potei più. Presi la prima cosa che mi capitò a tiro – quella specie di pila a combustibile che Errol tiene vicino alla scrivania, quella che somiglia a una bottiglia d'acqua – e la colpii in testa.»

«L'hai colpita alla testa?»

Catherine annuì. «Giusto un paio di colpetti, tanto per ricordarle con chi stava parlando.» Mimò il gesto, come se stesse martellando un chiodo. «Bum, bum, bum. Zitta, stupida, troia.»

In quel momento qualcuno bussò forte alla porta. Chiamavano il nome di Catherine, ma io insistetti perché finisse di raccontare la storia.

«Be', è più o meno la fine. Aidan mi tolse di mano la pila, mentre Cervello di gallina non aveva ancora capito cosa le era successo. Aveva del sangue nei capelli, e altro che le scorreva sul viso, quindi iniziò ad agitarsi. Aidan la seguì, cercò di calmarla, ma a quel punto era lui a tenere in mano la pila, quindi lei andò nel panico. Si lanciò giù per le scale, inciampò e ruzzolò per tutti i gradini.» Catherine scrollò le spalle, come se fossero cose che capitano di continuo. «Alla fine è stata vittima della sua goffaggine. Di certo non mi prendo la colpa.»

Non ero sicuro che un giudice sarebbe stato d'accordo con

lei, ma sentii la serratura aprirsi e qualcuno entrare nella stanza, e capii che mi restava tempo soltanto per un'altra domanda. «Mia figlia è al corrente di questa storia?»

Catherine scoppiò a ridere. «Oh, Frank! Ti è sfuggito il punto della storia, allora! O l'ho raccontata male? Mi sono dimenticata la parte sul ruolo di Margaret?»

«Sì! Qual è il ruolo di Margaret?»

Non lo scoprii. Hugo entrò di corsa nella stanza, seguito da Aidan e da una donna di mezza età in divisa da infermiera. «Signor Szatowski, non dovrebbe essere qui» disse. «Le abbiamo detto che la signora Gardner non sta bene.»

Lo ignorai e tenni gli occhi fissi su Catherine. «Ti prego, rispondimi. Qual è il ruolo di Margaret?»

«Tua figlia è una benedizione.» Ma l'infermiera aveva già arrotolato la manica di Catherine per farle un'iniezione, e nel giro di pochi secondi le sue palpebre cominciarono a chiudersi. Disse: «Saremmo persi senza di lei», poi svenne. L'infermiera iniziò a spostarla con gesti esperti, mentre Hugo mi portava fuori in corridoio e Aidan ci seguiva.

«La signora Gardner è molto malata» disse Hugo.

«Sì, credo che le emicranie l'abbiano debilitata. O forse ha avuto un completo tracollo mentale.»

«Tutte ottime ragioni per ignorare ciò che ha appena sentito» disse Hugo. «È molto fragile, i suoi ricordi non sono affidabili.»

«Ricorda che Dawn Taggart è caduta dalle scale e si è spaccata la testa. Quello era affidabile?»

Aidan fece per rispondere, ma Hugo lo interruppe: «Non abbiamo idea di cosa sia accaduto a Dawn Taggart. Abbiamo già condiviso i nostri video di sorveglianza con la polizia, e non c'è prova che abbia mai messo piede a Osprey Cove. La sua scomparsa è una terribile tragedia, i nostri pensieri e le nostre preghiere vanno alla famiglia e alla comunità. Ora devo sapere se questa spiegazione la convince, signor Szatowski. E quando risponde, cerchi di suonare convincente».

«La mia risposta dipende da Maggie.» Mi girai verso il suo futuro marito. «È ovvio che sta mentendo per proteggere te. Ma lei è al corrente della verità? Le hai detto cos'è successo davvero?»

Aidan annuì. «Margaret sa tutto. Avremmo dovuto essere più onesti con te, ma temeva che non avresti capito.»

E non capivo, infatti, perché questa nuova informazione mi faceva pensare che la loro relazione fosse una farsa. «Ha detto che vi siete conosciuti a Halloween. A una festa in maschera. E tre giorni dopo ha accettato di mentire alla polizia per te? Com'è possibile?»

«Basta domande» intervenne Hugo. «Andiamo a cercare il signor Gardner, così possiamo parlarne tutti insieme.»

«Vai *tu* a cercare il signor Gardner» replicò Aidan. «Io voglio mettere a posto le cose con Frank. Ci saremmo risparmiati un sacco di problemi se fossimo stati onesti con lui dall'inizio.»

11

Aidan non disse un'altra parola finché non fummo usciti da Osprey Lodge. Mi guidò oltre il viale, nel buio boschetto di pini dove avevo incontrato Gwendolyn la sera prima, e solo allora si decise a parlare: «Mi hai rubato il cellulare?».

Glielo restituii. «Mi dispiace, Aidan. Dovevo sapere la verità. Anche se credo di averne sentita soltanto una parte.»

«È più prudente che tu non sappia altro. Ho commesso questo errore con Gwendolyn – le ho detto tutto – e guarda cosa le hanno fatto.»

«Chi è stato?»

«Ti prego, smettila di fare domande. Ci sono un sacco di modi di avere un incidente qui a Osprey Cove, e Hugo ti ha già puntato.»

«Non ho paura di lui.»

«Dovresti.» Aidan si guardò intorno angosciato, per assicurarsi che non ci fosse nessuno appostato nelle vicinanze. «Dirigeva le miniere di cobalto in Congo, finché non è stato beccato da Amnesty International. Mio padre lo ha fatto uscire dal Paese su uno dei jet di Capaciti. C'erano capi d'accusa gravissimi contro di lui: traffico di esseri umani, sfruttamento del lavoro minorile, strani "incidenti" sul lavoro. Parlo di crimini contro l'umanità. Si nasconde qui da due anni e io non so nemmeno quale sia il suo vero nome. So soltanto che è molto pericoloso e incredibilmente leale nei confronti di mio padre. E ti sta tenendo d'occhio. Quindi il mio consiglio è: dimentica quello che hai sentito, torna alla festa e comportati come se nulla fosse.»

«Tua madre ha bisogno di aiuto, Aidan. E intendo un aiuto vero, un trattamento medico serio, in un ospedale, altrimenti tutto quell'alcol la ammazzerà.»

«È troppo tardi, Frank. Si è sempre rifugiata nell'alcol. Era l'unica, con mio padre che saltava da un letto all'altro. Ma la visita di Dawn Taggart le ha dato il colpo di grazia. Ha avuto un grave esaurimento nervoso. Non è il genere di cosa di cui può parlare con un terapeuta. A meno che non voglia andare in prigione.»

«Ha detto che Maggie è coinvolta.»

«Posso assicurarti una cosa, Frank: tua figlia è al sicuro e sta ottenendo esattamente ciò che vuole. Ma non ti dirà mai la verità su questo matrimonio, perché non pensa che la sopporteresti.»

«Che significa? Cosa può esserci di peggio dell'omicidio di Dawn e di Gwendolyn?»

Per un attimo sembrò che volesse dirmelo, poi però si infilò tra gli alberi e uscì sul viale principale, in piena vista degli invitati. Un terzetto di giovani donne lo riconobbe e gli corse incontro. «È l'ora del karaoke!» esclamarono a gran voce, girandogli intorno entusiaste per riportarlo alla festa.

«Andiamo, Frank» mi chiamò. «È l'ora del karaoke, ci stanno aspettando.»

Non feci un passo, e le sue accompagnatrici non mostrarono il minimo interesse nel convincermi. Aidan le seguì oltre l'angolo della casa con l'espressione rassegnata di un uomo diretto al patibolo. Sapevo che la mia unica opzione era mettere Maggie di fronte a quello che avevo scoperto e pretendere che mi dicesse la verità. Ma era una conversazione che non poteva svolgersi sul prato principale, di fronte a Errol, Gerry e tutti gli altri.

Per fortuna avevo ancora la mappa di Osprey Cove in tasca, e mi ricordavo che mia figlia dormiva in un cottage chiamato Colibrì, *dalla parte opposta del campo*, quindi lontano dal clima di festa di Osprey Lodge e dal prato. Decisi di andare lì ad aspettarla. Non me ne sarei andato finché non avessi saputo l'intera storia.

Seguii un sentiero nel bosco e inciampai subito in una radice. A quell'ora la foresta era a malapena illuminata dalla luna. Presi il cellulare, accesi la torcia e la usai per orientarmi. Il sentiero scendeva in una valle e passava davanti a due cottage chiamati Gracola e Gru. Erano entrambi bui, probabilmente gli occupanti erano ancora alla festa.

Poi camminai a lungo senza vedere nulla. Stando alla mappa, il cottage Colibrì doveva essere vicino, invece non ce n'era traccia: ennesima riprova che la mappa non era in scala.

In qualche modo, il silenzio e l'oscurità quasi totale restringevano il campo della mia concentrazione: non avevo altro a cui pensare se non il passo successivo, ed ero iperattento a ciò che mi circondava. La cara vecchia consapevolezza situazionale acuì la sgradevole sensazione che stessi per cadere in una trappola, che qualcosa di terribile fosse in agguato dietro l'angolo.

O forse qualcosa di terribile stava strisciando alle mie spalle. Un ramo si spezzò e mi voltai di scatto, puntando la debole torcia del telefono nell'oscurità. Non vidi nessuno, però notai un'infinità di posti in cui una persona avrebbe potuto nascondersi.

«Aidan?» chiamai. «Mi hai seguito?»

Nessuna risposta. Mi voltai e ripresi a camminare. Alla fine vidi tre quadrati luminosi all'orizzonte: le finestre di un cottage, illuminate dall'interno. Finalmente ero arrivato al Colibrì. Salii i gradini del portico e provai ad aprire la porta. Era chiusa a chiave, ma quando avvicinai il cellulare al sensore la serratura scattò e la porta si aprì verso l'interno.

Il cottage era molto più piccolo del mio. C'era appena lo spazio sufficiente per un divano, un piccolo tavolo da pranzo e un minuscolo angolo cottura. La porta della stanza in fondo era leggermente socchiusa e sentii dei movimenti dall'altra parte. Presi una bottiglia di vino vuota nel lavello della cucina; la afferrai dal collo, brandendola come una mazza, e aprii.

Maggie era sul letto, distesa sulle lenzuola di flanella con la schiena leggermente inarcata e il vestito tirato su fino alla vita. Teneva il viso rivolto al soffitto e gli occhi chiusi, e si mordeva il labbro inferiore, respirando affannosamente e aggrappandosi al bordo del materasso. Accovacciato davanti a lei c'era un mostro pallido e carnoso con la faccia tra le sue cosce. Non mi accorsi di aver lasciato cadere la bottiglia finché non colpì il pavimento e andò in frantumi. Errol Gardner si voltò verso di me con gli occhi sgranati e le labbra umide e io mi slanciai in avanti, facendolo cadere dal letto, sul pavimento. Prima che potesse divincolarsi mi misi a cavalcioni del suo torso nudo e peloso. Maggie urlò ed Errol cercò di spostarmi, ma non aveva speranze. Era bloccato sotto il mio corpo. Lo colpii e gli strinsi le mani intorno al collo, spingendogli i pollici in gola.

Maggie continuava a urlare, ma per me era solo rumore. Mi prese per le spalle e tirò, sentii una fitta nella parte bassa della schiena – una distrazione appena sufficiente perché Errol riuscisse a liberarsi – e poi una specie di tuono che mi assordò l'orecchio sinistro. Qualcosa mi aveva colpito con violenza da quel lato. Le mie braccia si afflosciarono. Alzai lo sguardo verso la finestra della camera e vidi il riflesso della porta aperta. Hugo si era precipitato nella stanza con un bastone nero sollevato sopra la testa.

E un attimo prima che tutto diventasse buio, mi resi conto che mia figlia aveva smesso di urlare. Era rivolta verso la porta – aveva visto Hugo entrare – e non aveva nemmeno provato ad avvertirmi.

Parte quarta

Le nozze

1

La luce del mattino filtrava dalla mia finestra. Strizzai gli occhi e mi girai per dare le spalle al sole, tirandomi il lenzuolo sulla testa. Un ragno gambalunga zampettò sul cuscino, a pochi centimetri dal mio viso, e lo spazzai via. Un altro mi osservava dalla testiera, ma quello lo lasciai in pace; me ne sarei occupato più tardi. Ora volevo solo dormire.

Ma poi mi tornò in mente tutto.

Mi tirai a sedere e slanciai le gambe fuori dal letto, un dolore lancinante e improvviso mi attraversò la base del cranio. Santa madre di Dio. Mi sentivo il cervello pieno di spilli. Chiusi gli occhi, strinsi i denti e cercai di orientarmi. Ero nel mio cottage. Nella stanza dei bambini con il suo angolo dei libri di fiabe e la carta da parati con i pesci dai colori vivaci. Nel letto a castello, anche se non sapevo come ci ero arrivato.

L'ultima cosa che ricordavo era la lotta con un Errol Gardner nudo e sudato sul pavimento. Ricordavo di averlo immobilizzato e picchiato.

Un sogno, mi dissi.

Un incubo orribile, alimentato dall'ansia.

Però avevo le nocche spaccate. La schiena mi faceva male. E indossavo gli stessi vestiti della sera prima.

Mi tastai il cuoio capelluto e sentii un bernoccolo morbido e pulsante. Avevo i capelli incrostati di sangue secco. E prima ancora di capire cosa mi stesse succedendo, mi venne la nausea. Riuscii ad arrivare in bagno, ma non al gabinetto, quindi vomitai nel lavandino.

Mi aggrappai al portasciugamani per sorreggermi e cercai di raccogliere le idee. *L'amore è paziente, è benigno. È il principe delle fottute tenebre. Ecco che piegano di nuovo la realtà al loro volere. Dawn Taggart è l'ultima delle tue preoccupazioni. Tua figlia sta ottenendo esattamente ciò che vuole.* Il dolore alla testa era straziante. Mi sentivo come se mi avessero tagliato via un pezzo di cervello e lasciato la ferita aperta.

Accesi la luce e scacciai i ragni dallo specchio per guardare il mio riflesso. La camicia era sporca di terra e sangue. E mancavano due bottoni. Sembravo la comparsa di un film di zombie, uno di quegli uomini d'affari che vanno in ufficio e vengono infettati da un virus. Aprii il rubinetto, mi spruzzai dell'acqua fredda sul viso e mi sciacquai la bocca. Avevo un paio di articoli da toeletta sul bancone – uno spazzolino, un deodorante, una bottiglia di acqua di colonia – ma non mi disturbai a prenderli. Mi importava soltanto di due cose: prendere Maggie e allontanarmi da Osprey Cove.

Il display del mio Timex indicava le 11:53, ma era il fuso orario Gardner, ovviamente. Armeggiai con i pulsanti e riportai indietro l'orologio alle 11:38, fuso standard della costa orientale. Era ora di farla finita con le stronzate. Poi andai all'armadio a recuperare la valigia. Non appena i sensori di movimento si attivarono, dozzine di altri ragni presero a sgambettare sui muri, terrorizzati per via della mia improvvisa apparizione. Mi limitai a prendere la borsa e chiudere le ante.

Ormai non mi importava più niente di loro. Di lì a cinque minuti sarei partito.

Pescai il cellulare dalla tasca e scoprii che la batteria era all'otto per cento. E c'era una nuova notifica: un messaggio vocale di Vicky, lasciato alle 10:52. Schiacciai play e lo ascoltai.

«Non ti sei più fatto vivo ieri sera, quindi spero che vada tutto bene. Volevo dirti che alla fine ho chiamato mio figlio Todd, quello che lavora al giornale. Non preoccuparti, Frank, non gli ho detto niente. Gli ho solo chiesto se avesse sentito qualcosa di strano sui Gardner. Sai, un sacco di volte i giornalisti hanno delle dritte sulle storie, ma non abbastanza da poterle pubblicare. E credo proprio che questa sia una situazione del genere. Perché Todd è diventato molto silenzioso e mi ha risposto che non poteva dire niente. Che è un modo per dire che c'è qualcosa. E quindi dovresti stare attento. Chiamami appena ascolti il messaggio, ti spiego meglio a voce.»

Ma non avevo bisogno che mi spiegasse meglio. Non avevo bisogno dei consigli di Vicky, né di nessun altro. Posai la valigia sul letto di sotto e stavo aprendo la cerniera quando Tammy si presentò alla porta. Bussò frettolosamente e aprì.

«Ehi, Frankie, sono passata a controllarti per assicurarmi che... Oddio, la tua faccia! E la camicia!»

«Prepara i bagagli. Ce ne andiamo.»

Mi sorrise, a disagio, come se si aspettasse di sentirmi completare l'annuncio con una battuta finale. «Di cosa stai parlando? Che succede?»

«Non lo so, Tammy. Non ho idea di cosa sta succedendo, ma so che questo matrimonio è una farsa. Maggie ha commesso un terribile errore e dobbiamo portarla via di qui.»

«Frankie, Frankie, calmati.» Tammy si avvicinò e mi posò

una mano sul braccio. «Maggie sta bene, okay? L'ho vista poco fa. Abbiamo fatto colazione insieme. Io, lei e Abigail, abbiamo mangiato i pancake con le fragole, e Maggie sta benissimo. Oggi si sposa, ricordi? Sposa Aidan Gardner.»

«So che giorno è, perché mi parli come se avessi due anni?»

«Perché mi sembri confuso. Ero qui ieri sera quando ti hanno portato a casa. Maggie ha detto che avevi bevuto troppo. Ha detto che sei caduto e hai battuto la testa.»

«E tu le hai creduto?»

«Certo!»

«Pensi che mi sia ubriacato e abbia perso i sensi? Alla cena di prova del matrimonio di mia figlia? Ti sembra una cosa che potrei *mai* fare nella vita?»

«Be', no, Frankie, ma a essere sincera non mi sei sembrato molto in te negli ultimi giorni. Credo sia colpa dello stress. Secondo *te* cos'è successo ieri sera?»

Non volevo dirglielo. Una parte di me sperava che, se avessi taciuto le mie scoperte, sarebbero sparite. Ma non sarei andato lontano senza l'aiuto di mia sorella. Mi sedetti sul letto e la invitai a raggiungermi, perché la storia era lunga. «Ieri sera, durante la cena, sono entrato a Osprey Lodge e ho conosciuto Catherine Gardner. Non è malata, Tammy. Non soffre di emicranie. Ha avuto una specie di esaurimento nervoso. È costantemente ubriaca, ed è per questo che non si è unita a noi. Ed è stata *lei* a uccidere Dawn Taggart.»

Tammy si allontanò da me, come se fossi contagioso. «Va bene, ora smettila.»

«Le ha fracassato il cranio con la batteria di una macchina. E Aidan era lì quando è successo. Ha visto tutto.»

«Smettila-smettila-smettila. Non voglio saperlo.»

«Tammy, forse non hai sentito bene. Ti sto dicendo che Catherine Gardner ha ucciso una donna incinta. Proprio qui al campo. E che Aidan l'ha aiutata a coprire la cosa.»

«Ti ho sentito *benissimo*. Ma non mi interessa lavare i panni sporchi altrui. Ogni famiglia ha i suoi segreti. Facciamoci i fatti nostri.»

Fissai mia sorella sconcertato. Era una donna che aveva dedicato tutta la sua vita ad aiutare il prossimo: decine di bambini in affido e di anziani in difficoltà. Era sempre stata in prima linea contro ogni ingiustizia, ma ora mi sembrava di parlare con un'altra persona. E non le avevo ancora detto la parte peggiore: «Dopo aver parlato con Catherine, sono andato al cottage di Maggie. In mezzo ai boschi. E l'ho trovata a letto con Errol Gardner». Scrutai il viso di mia sorella, in cerca di una reazione, ma la sua espressione non cambiò. «Hai capito quello che ti ho detto? Stava facendo sesso con il suo futuro suocero. La notte prima del matrimonio. L'ho buttato a terra e ho iniziato a picchiarlo, ma poi Hugo mi ha dato una bastonata in testa e non ricordo altro.»

Per un lungo istante, mia sorella non disse niente. Immaginavo che fosse sopraffatta dal racconto e stesse cercando di dare un senso alle mie parole. Ma, quando alla fine parlò, mi sorprese.

«Sì, capisco che tu sia turbato.»

Sbattei le palpebre. «*Capisci* che io sia turbato?»

«Ti credo. E mi è chiaro perché la cosa ti disturba. Dà fastidio anche a me, avrei voluto che tua figlia prendesse decisioni diverse. Ma stiamo parlando di Maggie. Non puoi dire di essere sorpreso.»

«E invece sì, sono sorpreso.»

«Dai, Frankie. Ti ho aiutato a crescerla. Voglio bene a quella ragazza come a una figlia, ma sii onesto con te stesso. Ha dei precedenti.»

«Quali precedenti?»

«Non è la prima volta che manipola le persone e le usa per ottenere quello che vuole. Pensa a quella faccenda con le ragazze della confraternita. E a Dottor Cell Phone. Pensa al motivo per cui Maggie ha smesso di parlarti.»

«Ha smesso di parlarmi perché l'ho delusa. Mi aveva chiesto aiuto e io le ho voltato le spalle.»

«No, Frankie, non è andata così. Ti ha manipolato perché la vedessi in quel modo, perché, ripeto, è molto brava a farlo. Soprattutto con te. Se ricordo bene, tu stavi soltanto cercando di fare la cosa giusta.»

Non riuscivo a dare un senso alle sue parole. Le cose si stavano muovendo troppo in fretta, volevo solo che tutto si fermasse. «Dobbiamo aiutarla.»

«Non ha bisogno di aiuto. Non siamo in *Io vi troverò* e tu non sei Liam Neeson. Non devi salvare Maggie. Sa esattamente cosa sta facendo. Non capisco la scelta che ha fatto, ma è chiaramente di questo che si tratta, una *sua* scelta. È una cosa che *vuole*. Penso che staremmo molto meglio se lo accettassimo e basta.»

«Dawn Taggart è stata *uccisa*. E Gwendolyn l'ha scoperto ed è morta anche lei. Hugo l'ha drogata e l'ha annegata e poi ha buttato via il cadavere come se fosse spazzatura.»

«Però Maggie non ha fatto niente a nessuna delle due. E sai bene che i Gardner la faranno franca. Questa gente la fa sempre franca. Hanno i loro avvocati, sanno come sfruttare il sistema a proprio vantaggio.»

«Quindi vuoi fingere che non sia successo niente? Pensi di potercela fare?»

«Non lo penso, Frankie, ne sono sicura. Perché sono stanca, okay?» Si accorse che ero confuso, quindi provò a spiegarsi: «Le nostre vite sono piuttosto diverse, fratellino. Fra tre anni tu andrai in pensione con un bell'assegno mensile e un'assicurazione sanitaria e la libertà di fare quello che vuoi. Ma io? Non ho diritto a nessuna pensione. Se questo matrimonio va a monte, se Errol si riprende le sue mille azioni, mi restano quarantamila dollari su un conto previdenziale più i pochi spiccioli che riuscirò a ottenere dalla previdenza sociale. Il che significa che non smetterò mai di lavorare. Continuerò ad attaccare cateteri e medicare piaghe da decubito finché non avrò novant'anni. Ed è una vita che non voglio più fare». Indicò il campo fuori dalla finestra. «Soprattutto dopo aver visto questo. È così bello qui.»

«Ma potrei prendermi cura di te, Tammy. Non ti lascerei mai in mezzo a una strada.»

«Non voglio i tuoi soldi. Non voglio doverti chiedere aiuto ogni volta che devo cambiare le gomme alla macchina. Voglio tenermi le mie azioni e godermi una tranquilla vecchiaia.»

Sentii arrivare un'altra ondata di dolore, digrignai i denti e strinsi il bordo del materasso, preparandomi al peggio. Mia sorella era sempre stata dalla mia parte, mi aveva sempre sostenuto, ma adesso era un'azionista di Capaciti e non la riconoscevo più. Aprì la tasca del marsupio che teneva in vita, e ne estrasse un flacone di ibuprofene. Fece uscire due compresse marroni e me le mise sul palmo.

«Ora ti dico cosa ho intenzione di fare. Vado a cercare Maggie e le chiedo di venire qui, così potete parlare. Ma prima che

arrivi, devi farti una doccia. Hai un aspetto orribile e puzzi da fare schifo. Vai a darti una ripulita. E nel frattempo, voglio che ripensi al motivo per cui tu e Maggie avete smesso di parlarvi. Sii onesto con te stesso. Perché tutta questa situazione mi sembra molto familiare, Frankie. Mi ricorda molto tre anni fa. E non voglio vederti commettere gli stessi errori. Puoi accettare che Maggie sia pronta a fare scelte da adulta, assumendosene le conseguenze, e avere una vera relazione con lei. Oppure puoi continuare a remarle contro, a minare le sue decisioni e distruggere ogni possibilità di un futuro insieme. E da persona che ti vuole bene, ti suggerisco di scegliere la prima opzione.»
Mi diede una pacca sul ginocchio, poi guardò il suo orologio e scoprì che era passato mezzogiorno. «E faresti meglio ad andare, perché hai solo tre ore.»

2

Feci una lunga doccia calda e mi lavai il sangue dai capelli mentre riflettevo sul consiglio di mia sorella. Provai a capire come avevo fatto a incasinare tutto in quel modo, come avevo potuto crescere una persona capace di prendere decisioni così disastrose. Non mi piaceva l'idea di soffermarmi sul passato recente, ma Tammy pareva convinta che ne avrei tratto una lezione importante, e forse aveva ragione.

Avevo sperato che alla fine del college Maggie tornasse a casa e si cercasse un lavoro ad Allentown o a Reading. Ma secondo lei a Boston avrebbe avuto migliori opportunità di carriera. Aveva bisogno di un posto in cui vivere, quindi feci da garante per il contratto di affitto del monolocale nel seminterrato e mi impegnai a coprire l'affitto per il primo anno, finché non si fosse sistemata. Sapevo che era solo questione di tempo prima che qualcuno riconoscesse il suo valore e le pagasse uno stipendio decente.

Nel frattempo lavorava trenta ore a settimana da Dottor Cell Phone, uno di quei negozietti che riparano gli schermi rotti degli apparecchi elettronici. Ci avevo messo piede una sola volta, e la mia prima impressione non era stata per niente positiva. Era una stanzetta ingombra, con l'aria viziata e una pessima luce artificiale. La moquette era logora, la vetrina lercia. E sotto molti punti di vista si poteva dire che l'attività fosse un riflesso del suo titolare. Oliver Dingham aveva quarantasei anni, la pelle pallida e piena di macchie, e un orrendo riporto. Indossava quasi sempre delle tute di nylon, anche se era difficile immaginarlo correre o fare un qualunque tipo di sport. Aveva ereditato l'attività dal padre, ma non mostrava il minimo interesse nel farla crescere. A parte il lavoro, si definiva un AFOL, acronimo che sta per Adult Fan Of Lego, e aveva riempito il suo appartamento di complicate ricostruzioni da tremila mattoncini del castello di Hogwarts e del Millennium Falcon. E se sembro troppo critico nei confronti del poverino, è perché si era chiaramente preso una cotta per la sua nuova dipendente di ventun anni.

«Non è vero» disse Maggie quando le riferii i miei timori. Le risposi che le stava sfuggendo il quadro della situazione. Oliver era uno scapolo di mezza età senza capelli che non usciva con una donna da anni. Maggie era una ragazza bella e intelligente. E passavano trenta ore a settimana insieme in un cubicolo dove non entrava quasi mai nessuno. Era come se fossero abbandonati su un'isola deserta. La pregai di lasciare quel posto e trovarsi un altro lavoro. In un ristorante, una sala bowling o dovunque potesse stare in mezzo a persone della sua età. «Non dovresti stare tutta la settimana tappata lì dentro con quel tizio. Stai sprecando gli anni migliori della tua vita.»

Maggie non mi ascoltò. Disse che un *qualsiasi* lavoro in ambito tecnologico sarebbe stato meglio sul curriculum. E mi fece notare che Oliver la pagava ventidue dollari all'ora, ben più del salario minimo, dettaglio che per me era un altro campanello d'allarme. Mi rassicurò dicendo che Oliver non le aveva mai fatto nessuna avance, ma io sapevo che era questione di tempo. Iniziai a guardare i siti delle agenzie di collocamento al posto suo, in cerca di un lavoro che potesse allontanarla da Dottor Cell Phone. Le mandai una quantità di link, ma lei non ne aprì nessuno, e immagino sia stato lì che il nostro rapporto ha iniziato a deteriorarsi. Mi accusò di essere ficcanaso e ipercritico. E io la accusai di essere pigra e poco concentrata sulla ricerca del lavoro. Alla luce di tutto ciò, non c'è da sorprendersi che abbia gradualmente smesso di chiamarmi. Per non parlare di quando mi comunicò che sarebbe rimasta in Massachusetts per il Ringraziamento e per Natale. Fu un duro colpo.

Poi, un sabato di febbraio, mi svegliò il rumore di una macchina che entrava nel vialetto. Era ancora buio, dovevano essere passate da poco le cinque e mezzo. Il veicolo risalì il vialetto e si fermò sul retro, dopodiché sentii una portiera aprirsi e richiudersi piano. Come se chi guidava stesse cercando di non disturbare.

Saltai giù dal letto e scesi in cucina, dove arrivai giusto in tempo per vedere mia figlia aprire la porta sul retro.

«Sorpresa!» disse. «Spero di non averti svegliato.»

Indossava un paio di jeans strappati, una felpa sporca e delle Nike logore, e sembrava esausta. La accolsi con un abbraccio e mi sembrò di sentire puzza di fumo di sigaretta tra i suoi capelli, ma decisi di lasciar correre. Mi disse che le era venuto un attacco di nostalgia e aveva guidato tutta la notte per venire da me, ma ora aveva un disperato bisogno di farsi una doccia e di dormire. Le preparai delle uova strapazzate mentre lei si lavava e si metteva dei vestiti puliti. Poi, mentre dormiva, diedi un'occhiata anche alla macchina, rabboccando i liquidi, controllando la pressione degli pneumatici e aspirando le briciole dai tappetini.

Più tardi cominciò a nevicare, quindi restammo in casa tutto il giorno. Tammy venne da noi con due dei suoi ragazzi in affido e ci preparammo una zuppa di pollo e pagnotte di pane. Una volta che il cortile fu imbiancato, Maggie portò i bambini fuori a fare gli angeli di neve e costruire un igloo, Tammy e io li guardavamo dalle finestre smerigliate, con in mano due tazze di cioccolata calda. Dopo cena mettemmo su alcuni cd di Billy Joel e insegnammo ai bambini a giocare a scala quaranta e a Uno. Fu praticamente una giornata perfetta, dall'inizio alla fine.

La domenica mattina, però, Maggie sembrava diversa. Era uscita dalla sua camera con aria scossa. L'avevo sentita parlare al telefono, una conversazione tesa, ma avevo resistito alla tentazione di origliare. Le chiesi se era tutto okay e lei rispose che stava bene. Andammo da Waffle House per il brunch e le cameriere la accolsero come una regina al suo ritorno a casa. Ordinai la mia solita omelette del contadino e Maggie prese i pancake alle fragole, ma quasi non toccò cibo. Sembrava ansiosa di tornare a Boston. Provai a fare quattro chiacchiere, chiedendole come andava la ricerca del lavoro, ma non insistetti troppo. Aveva l'aria di essere frustrata dalla mancanza di progressi e non volevo farla sentire peggio.

Tornammo a casa alle undici e Maggie raccolse le sue cose per andarsene. Ricordo che la accompagnai alla macchina, rimasta parcheggiata nel mio cortile per tutto il fine settimana. «Ah, senti» disse, mentre apriva la portiera del guidatore, «posso chiederti un favore?»

«Certo, piccola. Spara.»

«Se qualcuno ti chiede quando sono arrivata, puoi dire che non ne sei sicuro?»

Scivolò nella sua Honda e abbassò il finestrino per sentire la mia risposta. Come se mi avesse appena chiesto di annaffiarle le piante o prestarle venti dollari.

«Sei arrivata sabato mattina.»

«Sì, ma ti sto chiedendo di essere leggermente meno preciso. Puoi dire che sei andato a letto venerdì sera e non mi hai sentita entrare perché ho le mie chiavi. E quando ti sei svegliato sabato mattina, ero già addormentata nel mio letto.»

«Ma non stavi dormendo nel tuo letto. Eri sveglia in cortile.»

Rispose con un lungo sospiro esasperato, come se non avessi colto il punto. «Non devi mentire. Devi solo fingere di non avermi sentita entrare.»

«Questo *è* mentire. Non è quello che è successo.»

«È *quasi* quello che è successo. Se non ti fossi svegliato così presto, penseresti che è la verità. Perché mi avresti trovata a letto e ti avrei detto di essere stata lì tutta la notte.»

Il mio polso accelerò. C'era sotto qualcosa, qualcosa di brutto. «Maggie, scendi dalla macchina, per favore. Andiamo dentro e parliamone.»

Ma lei avviò il motore. «Devo andare.»

«Ti aiuterò, ma devi rispondere ad alcune domande.»

«Da quando? Cos'è successo al Signor Niente Domande?»

Era sempre stata la mia regola al liceo, quando Maggie aveva iniziato ad andare alle feste e a stare fuori fino a tardi. Le avevo detto che se mai avesse avuto bisogno di un passaggio a casa o di assistenza di altro tipo, poteva chiamarmi e sarei corso da lei. Niente domande, erano i patti.

«È di lui che ho bisogno ora» incalzò. «Del Signor Niente Domande. Non renderla più complicata del dovuto, okay?»

Stava già uscendo dal vialetto. Andava un po' troppo veloce, infatti rovesciò il bidone dell'immondizia prima di immettersi in strada e sfrecciare fuori dalla mia vista.

Tornai in casa e cominciai a provare la mia storia. Non capivo cosa stesse succedendo, ma sapevo che sarebbe arrivata una telefonata e volevo essere pronto. *Sono andato a dormire presto venerdì sera, e non ho sentito Maggie entrare. Quando mi sono svegliato, sabato mattina, era nel suo letto.*

A cena mangiai la zuppa di pollo avanzata. In genere riscaldata era più buona, ma non quella volta. Dopo aver finito di lavare i piatti, svuotai il secchio della cucina e portai fuori la spazzatura. Quando sollevai il coperchio del bidone, notai che dentro c'era un'altra busta. Era grande, ma quasi vuota, ed ero sicuro di non avercela messa io. La tirai fuori e la portai in cortile, dove nessuno poteva vedermi, quindi mi dedicai pazientemente a sciogliere il nodo. Conteneva i jeans strappati e la felpa sporca di Maggie. E i suoi calzini, le scarpe da ginnastica, il reggiseno e la biancheria intima. Più un paio di guanti da giardino e un berretto da baseball blu scuro. Rimisi tutto dentro, ributtai la busta nel bidone e lo trascinai in fondo al marciapiedi, in modo che venisse ritirato la mattina dopo. Seguì un'attesa lunga e per lo più insonne fino all'alba, quando sentii il ronzio del camion della spazzatura che svoltava nella mia strada. Portò via tutte le prove, ma non le mie preoccupazioni.

Passarono i giorni, poi le settimane e infine un mese intero, e quasi iniziai a rilassarmi. Forse Maggie aveva ragione: andava tutto bene. Nessuno mi chiamò per fare domande e mi convinsi di aver visto dei problemi dove non ce n'erano. Inviai un paio di messaggi a mia figlia per chiederle come stava, le sue risposte furono brevi ma amichevoli. Mi disse che aveva smesso di lavorare da Dottor Cell Phone e aveva trovato un nuovo lavoro come barista. Nel frattempo inviava curriculum nella speranza di un impiego migliore. Tutti segnali positivi per il futuro.

E poi arrivò l'offerta da Capaciti. Mi chiamò per condividere la buona notizia e festeggiammo per quasi un'ora. Era il suo primo lavoro vero in un ufficio nuovo di zecca nel centro di Cambridge, con un modesto stipendio iniziale più bonus, assicurazione sanitaria e benefit aziendali. I dipendenti di Capaciti avevano libero accesso al Museum of Fine Arts e al New England Aquarium. Avevano diritto a uno sconto del dieci per cento su tutti gli acquisti da Hertz, Avis, Southwest Airlines e un centinaio di altre aziende, lesse da un elenco che continuava all'infinito. Ricordo di essermi sentito molto orgoglioso di lei. Sapevo che era difficile entrare in quel mondo senza conoscenze, e Maggie era stata all'altezza della sfida. La strada fino a quel punto era stata un po' accidentata, ma alla fine ce l'aveva fatta. Ora aveva un futuro radioso davanti, e le inviai un enorme mazzo di fiori con tanto di biglietto: CONGRATULAZIONI! CE L'HAI FATTA!

Circa tre settimane dopo, tornai a casa dal lavoro e trovai una Chevy Impala bianca parcheggiata lì davanti. Al mio arrivo, il guidatore aprì la portiera e mi salutò. Era un uomo nero in camicia e cravatta, e qualcosa nel suo modo di comportarsi mi ricordava mio padre. Non tanto l'età (avrà avuto una decina d'anni più di me), ma il suo atteggiamento. Aveva il tipo di andatura rilassata che si vede spesso nelle persone in là con gli anni che hanno scelto di lavorare oltre l'età pensionabile. La pensione ormai è al sicuro, quindi la pressione si allenta, ma si divertono troppo per smettere.

«Signor Szatowski?» Stava risalendo il mio vialetto. «Sono Leonard Summers. Lavoro con i vigili del fuoco del Massachusetts. Posso farle qualche domanda?»

«C'è stato un incendio?»

«Sì, signore, e anche piuttosto grave. Margaret non gliene ha parlato?»

«Lei sta bene?»

L'uomo annuì per assicurarmi che mia figlia era al sicuro, poi ripeté la domanda. «Non le ha accennato a un incendio?»

«Non ci sentiamo da qualche tempo. Ha appena iniziato un nuovo lavoro.»

«Giusto, l'ho saputo.» Affondò una mano nella tasca e ne estrasse un taccuino. «Un posto di nome Capaciti, giusto? Si scrive con due i?»

Fino a quel momento avevo sperato che Leonard Summers si fosse confuso, che fosse venuto nella casa sbagliata, per la Margaret Szatowski sbagliata. Ma evidentemente no. Quell'uomo parlava come se avessimo tutto il tempo del mondo, mentre io mi limitai a sorridere gentilmente senza mai smettere di chiedermi perché fosse venuto a parlarmi.

A quel punto la vicina aprì la porta e finse di uscire a prendere la posta, nel chiaro tentativo di origliare. Leonard Summers la salutò, le augurò buon pomeriggio e suggerì di continuare la conversazione all'interno.

Andammo in cucina e gli offrii un caffè. Lui disse che non beveva mai caffè dopo pranzo, perché la caffeina lo teneva sveglio di notte, ma avrebbe accettato volentieri un bicchiere d'acqua. Così riempii due bicchieri e lo raggiunsi al tavolo.

«Vorrei farle qualche domanda sul precedente lavoro di Margaret» spiegò Summers. «La settimana scorsa ho arrestato un uomo di nome Oliver Dingham. Lei lo ha mai incontrato?»

«Una volta.»

«Quando?»

«Un paio di mesi fa. Sono andato a Boston a trovare mia figlia e lei mi ha fatto vedere dove lavorava.»

«Quindi è stato al negozio? Da Dottor Cell Phone?»

«Non è stata una lunga visita, ma sì, ci sono stato.»

«Bene, bene. Questo mi farà risparmiare un po' di tempo. Circa due mesi fa, la notte del 7 febbraio, Oliver Dingham ha appiccato un incendio che ha distrutto l'intero edificio.» Estrasse un computer portatile dalla borsa e aprì lo schermo per mostrarmi alcune foto del disastro. Il palazzo era ridotto a un cumulo di macerie fumanti e metallo contorto. «Ora, faccio questo lavoro da molto tempo e ho incontrato un sacco di pessimi piromani, ma credo che il signor Dingham si candidi a essere il peggiore in assoluto. Quel povero idiota ha commesso quasi tutti gli errori classici. Per esempio, la maggior parte degli incendi accidentali possono essere ricondotti a un singolo punto di origine, una stufa, o un mozzicone di sigaretta. Invece l'incendio da Dottor Cell Phone aveva tre inneschi distinti. Tre giganteschi campanelli d'allarme che gridavano: "Non è un incidente". Mi segue? Inoltre abbiamo trovato tracce di acetone su tutte le superfici interne, altra cosa che non ha senso. Se fosse stato un centro per la manicure, certo, ci saremmo aspettati di trovare acetone, toluene, formaldeide, un mucchio di sostanze altamente infiammabili. Ma non in un posto dove si riparano cellulari. Non c'era ragione perché fosse lì. Altro campanello d'allarme.»

Si fermò per bere un sorso d'acqua, e forse lasciarmi la possibilità di parlare, ma io mi limitai ad asciugarmi i palmi sudati sui pantaloni e ad aspettare che continuasse.

«Quindi sono andato a casa del signor Dingham a chiedergli perché mai tenesse così tanto acetone in negozio, ed è stato l'interrogatorio più rapido della mia carriera. Si è aperto come un uovo nel giro di cinque minuti. Si è messo a piangere e a scusarsi e ha confessato. Così lo abbiamo arrestato per incendio doloso e omicidio colposo.»

«Omicidio?»

«Questa è la parte peggiore della storia. Uno dei primi soccorritori ad arrivare sul posto è stato un pompiere di nome DeShawn Wilson. Ventinove anni. Il pavimento ha ceduto e DeShawn è caduto nel seminterrato. È rimasto sepolto dal crollo dell'edificio.» Si interruppe per farmi vedere una fotografia dell'eroe caduto. Posava con l'uniforme da pompiere, con una ragazza e un bambino piccolo. «Questi sono la vedova, Kim, e il figlio, DeShawn Junior. Sicuro che sua figlia non le abbia detto *niente*?»

«È stata tanto impegnata con il nuovo lavoro. Non le resta molto tempo per le telefonate.»

Lui annuì e prese un appunto sul taccuino. «Bene, sono sicuro che anche lei sia impegnato, quindi vengo al punto. La sentenza del signor Dingham è prevista per venerdì e sto dando una mano all'accusa. Vogliamo che il giudice abbia tutte le informazioni rilevanti. E più conosco il signor Dingham, meno capisco la sua motivazione. Perché dare alle fiamme il negozio? Dice di averlo fatto per i soldi. Ma quando gli ho chiesto perché li volesse, cosa pensasse di farci, non mi ha saputo rispondere. Non ne aveva idea. Non è strano?»

Mi portai il bicchiere alle labbra, buttai giù un sorso d'acqua e cercai di assumere un'aria pensierosa. «Magari aveva problemi economici.»

«Ho pensato la stessa cosa! Ma sono andato a controllare, signor Szatowski, e sa cosa ho scoperto? Che l'attività andava bene. Se chiedi sessanta dollari per cambiare un vetrino, i margini di guadagno sono di tutto rispetto. E poi quell'uomo non aveva debiti. Nessun parente malato, quasi nessun parente, a dire il vero. E nessuna ambizione, il che è stato una vera sorpresa. Gli incendi dolosi sono una fatica. Uno sforzo enorme. E il signor Dingham mi ha dato l'impressione di non aver mai lavorato duro in vita sua. Sembrava più che felice di tirare avanti con il negozio, costruire i suoi assurdi Lego e guardare un sacco di materiale pornografico in rete. E tutto ciò mi ha portato a chiedermi se *magari* il signor Dingham non abbia avuto un complice.» Si fermò per bere un altro sorso d'acqua, poi chiese: «Sapeva che pagava Margaret ventidue dollari all'ora?».

«Credo che la stimasse molto.»

«Oh, sono d'accordo. La stimava tantissimo. Ho letto un paio di centinaia dei messaggi che si sono scambiati, ed è chiaro che fossero molto legati.»

Non mi piaceva per niente quello che stava insinuando. «Quel tizio ha quarantasei anni. Se anche nutriva dei sentimenti per mia figlia, sono sicuro che non fossero ricambiati.»

«Ho delle immagini che suggeriscono il contrario. Le ho trovate sul cellulare di lui. "Fotografie boudoir", credo si chiamino così. Non il genere di foto che condivideresti con il tuo capo.» Provò a ruotare lo schermo del computer per mostrarmele, ma io alzai una mano per fargli capire che non volevo vederle. «In ogni caso, sono andato da sua figlia all'inizio di questa settimana. Le ho chiesto dell'incendio e lei mi ha detto che era a casa quel fine settimana. Era venuta a trovare lei e...» Controllò i suoi appunti. «Zia Tammy. Le suona familiare?»

«Molto familiare. Quel sabato ha nevicato e mia sorella Tammy è venuta qui con i bambini che aveva in affido. Maggie ha giocato con loro nel cortile sul retro.»

Sorrise sentendomi chiamare mia figlia con quel nomignolo e scarabocchiò qualcosa sul taccuino. Poi mise un piccolo calendario di carta sul tavolo e indicò il primo fine settimana di febbraio. «È questo il sabato di cui parla? Il 7 febbraio?»

«Penso di sì.»

«Sarebbe meglio se fosse sicuro. Può dire con assoluta certezza che Maggie era qui in questa casa sabato 7 febbraio?»

«Sì, ne sono assolutamente certo.»

«E a che ora è arrivata?»

Ripetei parola per parola la sua domanda: «E a che ora è *arrivata*?».

Leonard Summers si concesse un piccolo sorriso. Suppongo che in quel momento pensasse di avermi colto in fallo. «Esatto, signor Szatowski. Ha detto che sabato ha nevicato e che sua sorella Tammy è venuta qui con i figli in affido. Ora le sto solo chiedendo di andare un po' più indietro. A che ora è arrivata Maggie?»

«Non ricordo.»

«Ma è molto importante. È il motivo per cui ho fatto tutta questa strada per parlare con lei.» Si appoggiò allo schienale della sedia, bevve un altro sorso d'acqua e lasciò vagare lo sguardo per la cucina. «Si prenda il tempo di cui ha bisogno.»

«Mi dispiace» gli dissi. «Ma ho un vuoto. Non ne ho idea.»

Lui annuì, come se fosse esattamente la risposta che si aspettava. «So che la sto mettendo in difficoltà. Stiamo parlando di sua figlia. La sua unica figlia, ho ragione? Dunque, ecco cosa farò. Prima di ripetere la domanda, come dimostrazione di buona fede, da padre a padre, scoprirò le mie carte. Penso che l'idea dell'incendio sia stata di Maggie. Penso che lei abbia letto da qualche parte che dell'ottanta per cento degli incendi dolosi non viene mai trovato il colpevole e abbia deciso che valesse la pena tentare. Così ha convinto Oliver ad appiccare il fuoco e a dividersi i soldi dell'assicurazione.»

«È questo che ha detto lui?»

Lui scosse la testa. «No, signore.»

«E allora che prove ha?»

«Non molte, a essere del tutto onesto. Ma abbiamo trovato due serie di impronte nel parcheggio alle spalle dell'edificio. Un quarantatré da uomo e un trentotto da donna. Entrambe con tracce di acetone. Sa che numero di scarpe porta sua figlia, signor Szatowski?»

«Non le compro un paio di scarpe da un sacco di tempo.»

«Porta il trentotto.»

«Come molte donne.»

«È vero, ma Oliver Dingham non conosce molte donne, anzi, non ne conosce nessuna. Ho controllato il suo telefono, ho guardato tutti i contatti e le foto. Conduceva un'esistenza a dir poco solitaria prima di incontrare Margaret. E di sicuro non aveva nessuno che gli inviasse fotografie boudoir.»

Una parte di me sapeva che quell'uomo stava dicendo la verità, ma non riuscivo ad ammetterlo. «Non so niente di queste foto. Ma mia figlia non è una criminale.»

«Oh, secondo me siamo tutti dei criminali, in un modo o nell'altro. Lo spettro dei comportamenti immorali e illegali è piuttosto ampio.» Disegnò un arco in aria, per illustrare meglio la metafora. «A un estremo c'è gente del calibro di Jeffrey Dahmer e Ted Bundy. All'altro i milioni di cittadini dalla morale ineccepibile che superano tranquilli i limiti di velocità perché sanno che non prenderanno mai una multa. Ci troviamo tutti a diversi livelli dello spettro, non è d'accordo? Scommetto che la sua Maggie è da qualche parte nel mezzo.»

«Non si è mai cacciata nei guai!»

«Be', non è proprio vero. Non è stata scoperta a rubare in un negozio? Da piccola?»

«Da piccoli lo fanno tutti.»

«Ma è stata anche coinvolta in diverse risse. Quello è un po' raro per le bambine.»

Scossi la testa. «No, nessuna rissa.»

«Forse non ne è al corrente, ma ci sono dei video su internet, se va abbastanza indietro nel tempo. Ai ragazzini piace pubblicare certa roba. Mettono una rissa su YouTube e dieci anni dopo se ne dimenticano, ma internet non dimentica *mai*. Maggie aveva un bel caratterino ai tempi del liceo, esplosivo, direi, no?»

«Aveva perso la madre. Sono stati anni difficili.»

«Non ne dubito, signor Szatowski. E mi dispiace per sua moglie. Ma anche il college è stato duro per Maggie, o sbaglio? Tutta quella storia della confraternita. La vendita delle risposte agli esami.»

«Lei non c'entrava nulla.»

«Sì, è vero, la colpa è ricaduta sull'altra ragazza. Quella che poi ha lasciato gli studi, Jessica Sweeney. L'ho chiamata l'altro giorno, volevo sentire la sua versione dei fatti. Ora vive in Arizona. È tornata dai genitori, sta cercando di rimettere insieme i pezzi della sua vita. Mi ha detto che Margaret era una "narcisista sociopatica". Non conoscevo il termine, quindi l'ho cercato quando sono tornato a casa. È una persona che non prova nessuna empatia o senso di colpa. Nessun amico stretto, solo conoscenze superficiali. Persone che può manipolare per ottenere quello che vuole.»

Gli feci notare che Maggie era stata scagionata da tutte le accuse, quindi che senso aveva dare ascolto a una schizzata come Jessica Sweeney?

«Perché la sua storia è coerente con il mio quadro della situazione, signor Szatowski. E temo che questo schema si stia aggravando, stia accelerando. Se non la fermiamo subito, se non diamo a Maggie l'aiuto di cui ha bisogno, cosa farà la prossima volta?»

Gli ricordai che mia figlia aveva trovato un nuovo lavoro che le avrebbe dato grandi soddisfazioni.

«Forse ha ragione» concesse Leonard Summers. «Oppure prenderà altre decisioni sbagliate. Credo che il rischio sia molto concreto. Una volta un medico mi ha detto che il cervello umano non è del tutto sviluppato fino ai venticinque anni, il che significa che c'è ancora tempo, se la aiutiamo. Altrimenti, se continua lungo questa strada, non so che fine farà.»

«È sulla strada giusta» dissi. «Avrà un brillante futuro.»

Lui sospirò, come se fosse giunto alla conclusione che non sarebbe mai riuscito a convincermi. «Non sono venuto qui per discutere del futuro di Maggie» disse, e picchiettò di nuovo sul calendario che aveva posato sul tavolo. «Le chiedo solo a che ora è arrivata a casa sua sabato 7 febbraio. E la esorto a rispondere con molta attenzione.»

Quando se ne andò, mi versai qualcosa da bere nella speranza che mi aiutasse a calmare il tremito delle mani. Poi accesi il computer per cercare informazioni su DeShawn Wilson. Su YouTube c'era un servizio di WCVB, una tv locale di Boston, intitolato: *Pompiere e padre di Watertown muore in un incendio. Tragica scomparsa*. La moglie Kim era corsa sul luogo dell'incidente, e il giornalista la stava intervistando di fronte al cumulo di detriti fumanti. Era avvolta in una coperta termica, cullava il bambino e piangeva. Le sentii dire solo: «È terribile, terribile», poi dovetti spegnere. Non riuscivo a guardare.

Chiamai mia figlia per dirle della visita di Summers. «È finita, Maggie. Sa tutto.»

«Di cosa stai parlando?»

«L'incendio. Dottor Cell Phone.»

«Papà, non c'entro niente con quell'incendio. Ero a casa tua quel fine settimana, ricordi?»

Parlava come se ci fosse una terza persona ad ascoltare la nostra conversazione, e chissà, forse c'era davvero.

«Devi dire la verità, Maggie.»

«L'ho già fatto.»

«Ti aiuterò. Assumerò un altro avvocato.»

«Non ho bisogno di un avvocato, non ho fatto niente.»

«Maggie, ascoltami. Mi ha chiesto del 7 febbraio. Voleva sapere a che ora sei arrivata a casa mia.»

«E allora?»

Inspirai a fondo, come per immergermi sott'acqua. «Ho detto che sei arrivata qui sabato mattina, poco prima dell'alba. Verso le cinque e mezzo.»

«Hai mentito?»

«No.»

«Sono arrivata *venerdì*, papà. Verso mezzanotte.»

«No, Maggie.»

«Stavi già dormendo. Sono entrata dalla porta sul retro e sono andata a letto.»

«Basta, Maggie. È ora di tornare a casa.»

«Vaffanculo.»

«Maggie!»

«Perché mai dovrei venire a casa? Perché?»

«Così posso aiutarti.»

«Non mi stai aiutando. Ti avevo chiesto *una* cosa. Una sola cosa!»

«Sistemeremo tutto...»

«No. Mai. Non voglio vederti mai più.»

«Maggie, ti prego...»

«Stai fuori dalla mia vita, hai capito?»

Quando riattaccò, andai dritto a casa di Tammy e le raccontai cos'era successo. Mia sorella provò a contattare Maggie, ma lei non rispose. Ci rassegnammo al fatto che sarebbe stata arrestata e processata per incendio doloso e omicidio. Invece, volò con i suoi colleghi a una conferenza a Cabo San Lucas, dove trascorse cinque notti in un resort di lusso. Non ebbi mai nessuna spiegazione ufficiale, ma ho dedotto, basandomi sulle trascrizioni del processo, che Oliver Dingham si sia rifiutato di accusare Maggie di essere stata sua complice. Insistette di aver agito da solo e dichiarò che lei non era mai stata presente sulla scena del crimine, rendendo indiziarie le prove dell'accusa. E visto che Oliver era l'unico beneficiario del rimborso assicurativo, la corte fu più che soddisfatta di processare lui e chiudere la questione. Fu condannato a dieci anni di carcere, ma morì sei mesi dopo in uno «scontro fra detenuti».

E con il passare degli anni sono riuscito a vedere la situazione dal punto di vista di Maggie. Da genitori, diciamo sempre che faremmo qualunque cosa per i nostri figli, ma è proprio così? Sulla CNN ho visto un servizio su una madre di quarant'anni che si è tuffata dal ponte di una nave da crociera per cercare di salvare la figlia. Io non dovevo fare altro che raccontare una bugia innocente, invece l'ho quasi mandata in prigione.

E man mano che Maggie riprendeva le redini della sua vita – e dimostrava che era capace di guadagnarsi da vivere in modo onesto, con un vero lavoro, in una vera azienda –, mi sentivo sempre peggio per quello che avevo fatto. Sarei voluto tornare indietro nel tempo per dare a Leonard Summers una risposta diversa. Sarebbe stato così facile fare lo gnorri, dire che ero andato a letto presto e non avevo sentito Maggie entrare in casa.

Ora mi ritrovavo davanti alla stessa scelta.

Ero capace di stare accanto a mia figlia mentre si preparava a commettere il più grande errore della sua vita? O avrei scelto di andarmene, sapendo che non l'avrei più rivista?

3

Dopo la doccia, mi misi addosso qualcosa di pulito e scesi in salotto. Abigail era in piedi su una sedia, con un vestito di pizzo color avorio e le braccia in aria, mentre Tammy e Maggie le sistemavano l'orlo e le maniche.

«Posso abbassarle?» chiese.

«Altri cinque secondi» disse Tammy. «Ci siamo quasi.»

«Sono stanca!»

«Lo so, tesoro, resisti...»

«Fatto!» esclamò Maggie. «Ora puoi rilassarti.»

Abigail abbassò le braccia e quando arrivai in fondo alle scale stava sospirando di sollievo.

«Eccoti, giusto in tempo» mi accolse mia sorella. «Che ne pensi della nostra damigella? Non è deliziosa?»

Devo ammettere che la visione di Abigail mi fece fermare di colpo. Quasi non la riconoscevo. Indossava una corona di margherite bianche che nascondeva i contorni troppo affilati del suo taglio militare, e il vestito era pieno di brillantini che scintillavano quando si muoveva. «È bellissimo» dissi. «Sembri una principessa.»

Lei arrossì. «Oh, signor Frank, non dire così!»

Maggie posò il cestino da cucito e corse da me. «Come ti

senti, papà? La testa?» Mi limitai a fissarla. A quanto pareva aveva intenzione di comportarsi come se la sera prima non fosse successo niente di particolare. Mia figlia trasformava in realtà qualunque cosa desiderava che lo fosse. «Vuoi un caffè? C'è ancora un sacco di roba per la colazione, in cucina. Croissant, macedonia, delle quiche...»

«Maggie, vorrei soltanto parlare con te. Va bene?»

«Ma certo che va bene!» intervenne Tammy. «È un grande giorno per entrambi, un giorno pieno di emozioni.» Ci spinse attraverso la stanza e fuori dalla porta principale. «Andate a parlare mentre io qui finisco con Abby. E poi lei aiuterà me a infilare il *mio* vestito. Diciamocelo, mi ci vorrà molto più tempo!»

Seguii mia figlia fuori dal cottage e nei boschi. Percorremmo un sentiero per diversi minuti senza dire una parola. Mi sembrava di essere tornato alla nostra telefonata di maggio, quando mi aveva chiamato dal nulla per darmi la grande notizia. Era chiaro che avevamo bisogno di parlare, ma nessuno dei due sapeva da dove cominciare.

«Risponderò alle tue domande» disse lei alla fine. «E prometto di dirti la verità. Ma *tu* devi promettere di ascoltare. Fino alla fine.»

«Ti sta ricattando?»

«Chi? Errol? No! Certo che no. Quello che hai visto ieri sera era consensuale.»

Sembrava impossibile. Forse consensuale non significava più quello che pensavo io?

«Stiamo insieme da un po', ormai.»

«Da quanto?»

«Quasi un anno.»

«Non capisco. Come fai a stare "insieme" a un uomo sposato di cinquantasette anni? Che significa? Com'è possibile...»

«Papà, voglio spiegarti tutto, ma devi ascoltare. Non giudicare, non criticare, non farmi la morale. Ascolta e basta. Ce la puoi fare?»

Strinsi i denti e annuii, così lei cominciò a raccontarmi la storia. Mi disse che, durante il suo primo anno da Capaciti, Errol Gardner le aveva a malapena rivolto la parola. Era uno di quei capi che non prestano la minima attenzione ai giovani dipendenti che lavorano fino a notte fonda per loro. O almeno, così aveva creduto.

Un giorno, aveva ricevuto un invito a pranzo. Errol l'aveva descritto come una nuova iniziativa aziendale: un tentativo di promuovere il rapporto tra dirigenti senior e junior. Maggie disse che era l'avance meno convincente che avesse mai sentito, ma era lusingata che lui si fosse interessato a lei. Gli fece notare che c'erano almeno altre dieci donne che avrebbe potuto invitare, e tutte avrebbero accettato in un batter d'occhio.

Ne seguirono, secondo mia figlia, una serie di incontri sempre più intimi, tutti con il pretesto dell'avanzamento di carriera. Sessioni di brainstorming, cene dopo il lavoro, drink serali ai convegni. Una settimana a Chicago al Salone dell'auto. Viaggi a Monaco, Singapore, Sydney sul jet privato di Capaciti. «La discrezione era fondamentale» spiegò Maggie. «Non siamo mai stati insieme a Boston o Cambridge. Solo fuori dallo Stato, anzi idealmente fuori dagli Stati Uniti. Lo so che queste storie sembrano sempre squallide e volgari, ma ti giuro che non è una situazione alla Harvey Weinstein. È una vera relazione basata sul rispetto. Andiamo per musei, leggiamo gli stessi libri, ci appassionano gli stessi TED Talk...»

E lì fui costretto a fermarla. «Sai di non essere l'unica, vero? Catherine dice che la tradisce da anni. Decine di donne. Sei solo l'ultima della lista. La nuova Dawn Taggart!»

«Arrivo anche a lei» disse. «Avevi promesso di ascoltare, ricordi?»

Avevamo raggiunto la radura con il Big Ben, l'albero con le due altalene di legno. Non c'era nessun altro in giro, quindi mia figlia salì sulla prima e io la imitai. Poi Maggie continuò il suo racconto: «Quando stavamo insieme da un paio di mesi, Errol mi invitò ad andare a trovarlo a Osprey Cove. Questo posto è molto importante per lui. È qui che ha avuto le sue idee migliori. Tutte le sue più grandi intuizioni sono nate sulle rive del lago. Era il primo weekend di novembre, e mi aveva promesso che il foliage sarebbe stato straordinario. Partimmo da Boston il sabato mattina, e quando arrivammo nel New Hampshire mi mostrò tutte le stradine secondarie che gli piaceva usare per non attraversare Hopps Ferry e non attirare l'attenzione».

All'arrivo al campo, però, Errol si accorse che qualcosa non andava. Il primo segnale fu il gabbiotto di guardia vuoto. Hugo, il custode della proprietà, aveva lasciato il suo posto. Errol continuò a guidare e, quando arrivarono a Osprey Lodge, trovarono altre due macchine parcheggiate nel vialetto. La BMW nera di sua moglie e una Toyota Corolla argentata, di proprietà di Dawn Taggart.

«Quando vidi le macchine, capii che era successo qualcosa. Errol era bianco come un lenzuolo. Girò intorno alla rotonda e iniziò a inventare scuse e a dire che saremmo dovuti tornare un'altra volta. Ma era troppo tardi. Catherine aveva sentito la macchina ed era uscita. Era lì con Aidan, e sembravano entrambi sconvolti. Pensai che fosse per colpa mia, che ci avessero colti in flagrante. Ma poi guardai alle loro spalle e vidi una terza persona. Riversa ai piedi delle scale, con il collo spezzato. Se fossimo arrivati dieci minuti prima avremmo potuto impedirlo.»

Hugo era già all'opera all'interno, per valutare la situazione e capire come fosse meglio agire. Maggie mi spiegò che si era occupato di cose del genere in Congo. Disse ai Gardner che sarebbe andato tutto bene, che poteva far sparire la ragazza e la sua macchina. Ma Errol sapeva che Linda Taggart avrebbe denunciato la scomparsa della figlia e avrebbe indicato Aidan alla polizia come principale sospettato. Suo figlio aveva bisogno di un alibi garantito da una terza persona. Qualcuno di esterno alla famiglia, pronto a testimoniare che Aidan non si era mai avvicinato a Osprey Cove quel giorno. E Maggie aveva alzato la mano e si era offerta volontaria.

«Eravamo di nuovo nel mio appartamento alle quattro di quel pomeriggio, e abbiamo passato metà nottata a parlare. Aidan si sentiva malissimo per quello che era successo. Era convinto che saremmo andati tutti in prigione. Ma Hugo assicurò che la polizia locale non avrebbe indagato a fondo, e aveva ragione. Questa città ha troppo da perdere da un declino di Osprey Lodge. Scommetto che Errol potrebbe andare a Hopps Ferry e sparare a una persona in pieno giorno, e tutti si limiterebbero a guardare da un'altra parte.»

Mentre Maggie e Aidan erano rinchiusi nel monolocale seminterrato, Errol e Catherine si trovavano al Museum of Fine Arts di Boston; diversi amici nel consiglio ricordavano di aver passato l'intero pomeriggio con loro. Nel frattempo, Hugo stava ripulendo il campo e trasferendo il corpo in un posto a loro sconosciuto. «Aspettò che facesse buio e spostò la macchina di Dawn nel parcheggio della foresta demaniale. Poi lasciò alcuni dei suoi vestiti lungo un sentiero, per confondere la polizia.» Maggie rise. «È abbastanza facile insabbiare certe cose, se hai le risorse adeguate. Per questo le prigioni sono piene di gente povera.»

Non mi capacitavo della leggerezza del suo tono. Suonava quasi tronfia, orgogliosa del ruolo che aveva avuto nell'occultamento. «Ci è voluto un certo talento da attrice, ma credo di essere diventata molto brava.» E trasformò la sua espressione, sgranando gli occhi come se fosse Cenerentola che incontra la fata madrina. Poi, con voce cantilenante, ripeté parola per parola quello che mi aveva detto mesi prima: «A volte, quando parliamo, ho l'impressione che Aidan mi legga nel pensiero. Tipo telepatia. Era così anche per te e la mamma?».

La fissai come se mi avesse schiaffeggiato, e lei scoppiò a ridere.

«Dai, papà! Avevo mai parlato così di qualcuno?»

«Pensavo che ti fossi innamorata! Ero felice per te.»

«Non ho mai detto di amarlo. Hai dato per scontato che fosse così perché sono eccitata per la festa. Il matrimonio in sé è una transazione. Faremo delle apparizioni pubbliche come marito e moglie, ma in privato non c'è nessun legame. Aidan può andare a letto con chi vuole. Non con Gwendolyn, purtroppo, ed è un peccato. Credo che abbia sempre avuto una cotta per lei. Ma è bello e ricco, troverà qualcun altro.»

Sembrava insensibile alla crudeltà e al cinismo delle sue parole. «Gwendolyn è stata *assassinata*» le ricordai. «E tu sei complice del suo omicidio.»

Maggie scosse la testa. «Quanto te o zia Tammy. O chiunque

altro fosse qui al campo. Non so cosa le abbiano fatto. Non ho visto nessuno sfiorarla con un dito.»

«E se Aidan cambiasse idea?» la incalzai. «È stato depresso per tutto il fine settimana. E se va alla polizia e confessa?»

«Non succederà. Vuole troppo bene alla madre, non vuole che finisca in prigione. Questa è la sua unica opzione.»

«E tu invece? Cosa ci guadagni?»

«Be', non sono Dawn Taggart, questo è certo. Quarantacinquemila dollari non basteranno. Ho insistito per avere un contratto prematrimoniale a prova di bomba. Fra un minimo di sei mesi e un massimo di dodici, Aidan e io annunceremo la nostra separazione e chiederemo il divorzio. Ci divideremo tutto a metà, compreso l'attico a Boston e le sue ottantamila azioni di Capaciti. E a quel punto ti prometto che non dovrai più lavorare un solo giorno in tutta la tua vita. Potrai mandare al diavolo UPS.»

«A me piace il mio lavoro, Maggie. Il mio lavoro ci ha dato da mangiare per ventisei anni.»

«Va bene, papà, come ti pare. Continua fino alla pensione, se ti rende felice. Sto solo dicendo che potrai scegliere.»

«E nel frattempo tu continuerai ad andare a letto con Errol Gardner? Mentre sei sposata con suo figlio?»

«Non sto chiedendo la tua approvazione» mi ricordò. «Ti chiedo solo di rispettare le mie decisioni.»

Dalla nostra postazione sulle altalene si godeva di una vista parziale sul lago Wyndham, con decine di barche a vela dai colori brillanti che ondeggiavano indolenti sull'acqua. Tutte quelle famiglie felici che passavano la mattina insieme: genitori, nonni, zie e zii. Non riuscivo a conciliare la bellezza di quello scenario con l'oscenità delle confessioni di mia figlia.

«Maggie, dobbiamo andarcene.»

«Io non vado da nessuna parte.»

«Davvero, non puoi portare avanti questa storia. È una perversione. L'opposto di tutto ciò in cui credevamo io e tua madre. Noi ti *proibiamo* questo matrimonio.»

Maggie scoppiò in un'orrenda risata, una specie di latrato. «Ah sì, me lo proibisci? Pensi di essere in un romanzo di Jane Austen?»

«Andiamo via da qui. Lascia il lavoro da Capaciti e vieni a casa. Puoi stare con me finché non ti rimetti in sesto, e ti giuro che non farò parola di questo con nessuno. Ma se non lo fai, se decidi di andare fino in fondo con questa storia e sposare Aidan Gardner, ti giuro che vado dritto dalla polizia – quella vera, non quelli che sono venuti qui a far niente – e spiattello tutto quello che è successo.»

Maggie si guardò intorno per controllare che non ci fosse nessuno, poi abbassò la voce. «Papà, ti prego, non fare minacce del genere. So che non dici sul serio, ma qualcuno potrebbe sentirti e saltare alle conclusioni sbagliate.»

«Sono molto serio. Non posso starmene qui con le mani in mano mentre fai una follia.»

«Non hai scelta. Hanno la tua Jeep. Hanno le tue chiavi. E Hugo sa cos'è successo ieri sera. Non lascerai mai il campo senza il suo permesso. E anche se ci riuscissi, dove andresti? Non hai prove. Errol e Catherine hanno donato milioni di dollari ad associazioni di beneficenza, e tu sei un dipendente di UPS. Non ti crederà mai nessuno.»

Le feci notare che Linda e Brody Taggart avrebbero supportato la mia versione.

«Certo, un'insegnante elementare e un ubriacone. Perfetto.

E nel frattempo Gerry e il suo team si metteranno all'opera e ti distruggeranno. Perderai il lavoro, la casa, la reputazione. Li ho visti farlo ad altre persone, papà. È brutale.»

«È un rischio che dobbiamo correre. Non puoi fidarti di queste persone. E se ti stessero prendendo in giro? Se fosse tutto un piano per scaricare le responsabilità su di te?»

Maggie era sicura che non sarebbe successo. «Abbiamo passato mesi a pianificare il matrimonio, ho registrato ore di conversazioni fra me, Errol, Catherine, Aidan, persino Gerry. Se provassero a fare qualcosa, li trascinerei nel baratro con me.»

Questa sì che era una buona notizia. «Maggie, se hai registrato delle conversazioni, hai tutto il potere del mondo. Puoi denunciarli all'FBI, puoi essere la testimone chiave del processo.»

Mi guardò come se non avessi colto il punto. «Se vado all'FBI, non ottengo nulla. Ho dedicato un anno della mia vita a questa famiglia. Sono a due ore dall'essere finanziariamente indipendente per il resto della mia esistenza. Davvero vuoi chiedermi di rinunciare a tutto?»

«Ti sto *implorando* di rinunciare.»

«Papà, ora ti dico una cosa, e so che ti farà male, ma devi saperlo: non tornerò mai a casa a Stroudsburg. È troppo piccola. Troppo provinciale. La gente è triste. Non avete idea di quello che vi perdete. Il mondo in cui viviamo è molto più grande e straordinario di quanto immaginate. È... come posso spiegartelo? Non sapete niente di niente.» Scosse la testa. «Non tornerò mai. Piuttosto mi pianto un proiettile nel cranio.»

Sentii dei passi e ci girammo: Sierra Levinson avanzava su per il sentiero, con un grosso cappello di paglia e un vestito a fiori. «Scusate se interrompo il vostro momento padre-figlia, ma volevo avvertire Margaret che è arrivata la parrucchiera.

Può iniziare da qualcun altro, ma pensavamo che volesse essere lei la prima.»

«Grazie, Sierra» disse Maggie. «Arrivo fra cinque minuti. Dille di aspettarmi, d'accordo?»

«Certo, non c'è fretta» rispose, dandomi una pacca sulla spalla. «Non sia nervoso, Frank! Andrà alla grande.»

Maggie aspettò che Sierra fosse in fondo al sentiero prima di parlare di nuovo. «Lo so che non sei contento, ma se mi vuoi bene come dici, devi rispettare la mia decisione. Mettiti lo smoking, accompagnami all'altare e di' qualcosa di carino durante la cerimonia. Non chiedo altro. Hai passato gli ultimi tre anni a ripetere che faresti qualunque cosa per me. Ecco, ho bisogno che tu faccia questo. Oggi. Ora. Sei dalla mia parte o no?»

Messa in questi termini, non avevo molta scelta.

4

Tornai in camera e scoprii che la mia valigia era stata spostata. Doveva essere venuta una domestica a sistemare il disastro che avevo combinato. Il vomito in bagno era sparito e il letto a castello era stato rifatto con lenzuola e coperte pulite. I miei vestiti erano stati piegati e riposti nella cassettiera. E qualcuno doveva aver dato la caccia ai ragni gambalunga, perché non ne vedevo più nemmeno uno. Persino l'armadio era stato disinfestato.

Aprii il porta abiti e tirai fuori i pezzi dello smoking. Era un bel completo sartoriale italiano, con la giacca grigio perla e il gilet abbinato. La camicia bianca era stirata alla perfezione e fresca al tatto. Feci passare con cautela i bottoncini neri attraverso i fori. Il pacchetto deluxe di accessori comprendeva un cravattino a clip, ma nelle settimane che avevano preceduto il matrimonio mi ero esercitato per ore a fare il nodo davanti allo specchio del bagno. Ora sapevo farne uno perfetto in novanta secondi netti. Non ero sicuro che qualcuno avrebbe notato la differenza, ma mi sentivo meglio a sapere che era fatto come si deve.

Mi stavo mettendo i gemelli quando il mio cellulare vibrò per una chiamata in arrivo. Il numero di Supercuts.

«Ehi, Vicky.»

«Frank, va tutto bene?»

«Sì, sì, scusa. Tutto bene.»

«Ero preoccupata per te, pensavo mi avresti chiamata ieri sera. Cos'è successo alla ragazza?»

«Hanno trovato della droga nel suo cottage. Una sostanza chiamata xilazina.» Le parole mi si incollavano alla gola, ma riuscii a farle uscire. «Sembrava una persona problematica, in effetti.»

«E Dawn Taggart? Hai scoperto qualcosa?»

«È stato tutto un grosso malinteso, Vicky.» Mi odiavo per il fatto di mentirle, ma non potevo confessare la verità. «Forse è solo che non sono abituato a gente come loro. Stroudsburg è una piccola città, in fondo. Temo di aver interpretato male molte cose. Ora va meglio, però, è tutto chiarito.»

Ma Vicky doveva aver sentito qualcosa nella mia voce che non le piaceva. «Sei sicuro? Mio figlio sembrava abbastanza preoccupato per te, Frank. Non è sceso nei dettagli per un qualche codice etico dei giornalisti o che so io, ma era piuttosto a disagio.»

Le assicurai che Todd si sbagliava, che andava tutto bene, e aggiunsi che la cerimonia sarebbe iniziata da lì a un'ora. «Quindi devo finire di vestirmi.»

«Okay, ti lascio andare» disse, ma non riattaccò. «Sei *sicuro* che vada tutto bene?»

«Sto bene. Ti chiamo quando torno.»

«Va bene. E buona fortuna con il discorso.»

Giusto, il discorso.

Dopo aver chiuso la telefonata, aprii il cassetto della scrivania ed estrassi il foglio giallo a righe che conteneva la mia ultima versione. *So che tua madre ci sta guardando dal cielo e sono sicuro che è felice di quello che vede.* Alla fine realizzai perché avevo faticato tanto a scrivere quelle parole, perché mi erano sempre sembrate false e forzate. Immagino che nel profondo non ci avessi mai creduto.

5

Alle due in punto gli invitati si radunarono sulla spiaggia del lago Wyndham per una sessione fotografica. Pensavo che avrebbe coinvolto pochi intimi, ma, come per le prove generali, decine di altri ospiti ciondolavano in giro per godersi lo spettacolo. C'era persino un barista che serviva cocktail vicino a Osprey Lodge. Era il tizio del ristorante Mom and Dad's, lo stesso che sosteneva che i Gardner meritavano più credito per tutto il bene che avevano fatto alla comunità. Si era già formata una fila di persone in attesa di un drink.

Nel frattempo, Maggie e le sue damigelle erano sul molo, a posare di fronte al lago per i fotografi e il videomaker che faceva le riprese panoramiche. Una donna con gli occhiali e un blocco per gli appunti gridava istruzioni: «Voglio vedervi timide! Ora pudiche! Okay, ora civettuole! E ora sexy! Su, ragazze, metteteci un po' di convinzione».

Dicono che non ci sia niente come vedere tua figlia con l'abito da sposa nel suo grande giorno. È l'ultimo importante traguardo della paternità, un momento di grande emozione. Eppure, guardando Maggie in quel momento, non provai niente. Avevo sentito che il suo abito di pizzo era costato quindicimila dollari ed era firmato da un famoso stilista di Parigi, ma a me sembrava sottile e inconsistente, come i costumi di Halloween in vendita in un qualsiasi negozietto.

Trascinai una sedia all'ombra degli alberi e mi sedetti a guardare il servizio fotografico. Intanto il prato si stava riempiendo. Gli uomini indossavano abiti estivi in tonalità neutre come il blu o il grigio chiaro, mentre le donne erano un po' più appariscenti, con abiti dai colori vivaci. Mi chiesi se qualcuno dei dipendenti di Capaciti conoscesse il segreto di mia figlia. Qualche voce doveva pur girare. Quando una giovane donna appena uscita dal college inizia a viaggiare all'estero con il capo, non possono non nascere pettegolezzi e illazioni. Eppure tutti quelli con cui avevo parlato sembravano convinti che Maggie fosse una ragazza dal talento raro e straordinario che si era guadagnata un posto da dirigente. Suppongo sia facile far credere qualcosa alle persone, quando ne va del loro stipendio.

Tre persone si staccarono dalla folla per avvicinarsi a me. Errol Gardner spingeva la moglie in sedia a rotelle, e i coniugi erano accompagnati da un uomo che mi sembrava stranamente familiare.

Errol indossava uno smoking nero e occhiali da sole scuri che nascondevano il livido che gli avevo lasciato sul viso. Catherine non somigliava quasi per niente alla donna che avevo incontrato la sera prima. Il suo trucco era leggero e ben fatto; i capelli puliti e pettinati con cura. Indossava un elegante abito di paillettes con orecchini di perle e una scintillante collana di diamanti. Ma, soprattutto, sembrava imbottita di farmaci. Teneva le mani in grembo e fissava il prato con sguardo vacuo. Pareva sopraffatta dalla quantità di persone e rumori.

Errol si comportò come se fosse la prima volta che incontravo sua moglie. «Catherine, questo è Frank. Il padre di Margaret. È molto felice di conoscerti.»

Per un attimo mi parve di cogliere un lampo nei suoi occhi, una conferma del fatto che ricordava la nostra conversazione della sera prima, poi si scusò di non essersi fatta vedere prima. «Le mie medicine non funzionano bene» disse, la voce ridotta a un sussurro. «Purtroppo mi indeboliscono molto.»

«I medici le hanno ordinato di restare a riposo» spiegò Errol. «Ma non ha voluto sentire ragioni. Ha detto che non si sarebbe persa la cerimonia per nulla al mondo.»

Ero a un passo dal rispondergli di smetterla di dire stronzate quando la terza persona parlò, e anche la sua voce mi suonò subito familiare. «Sono felice che tu abbia deciso così, Catherine. Nessuna madre dovrebbe perdersi il matrimonio di suo figlio.»

L'uomo aveva la mia età, era calvo e sapevo di aver visto la sua faccia da qualche parte. Ma lì, fuori contesto, non riuscivo a inquadrarlo.

«Frank, ti presento un mio buon amico» disse Errol. «Armando Castado. Credo che voi due lavoriate insieme.»

Buon Dio. All'improvviso mi ritrovai a stringere la mano all'amministratore delegato della United Parcel Service. «È un vero piacere conoscerti, Frank. Congratulazioni.»

«Grazie, signor Castado.»

«Chiamami Armando, ti prego.»

«D'accordo, certo. Armando.» Ero così sconvolto che riuscii a dimenticare gli eventi delle ultime settantadue ore e a concentrarmi sul presente. «Cosa ci fai qui?»

«Mi hanno invitato i Gardner. E Margaret, ovviamente. Abbiamo lavorato insieme negli ultimi mesi, quindi mi ha fatto piacere ricevere la partecipazione. E quando ho saputo che il padre della sposa era un collega non ho avuto più dubbi. Circle of Honor, dico bene?»

«Sì! Ventisei anni di servizio.»

Armando si fermò un attimo a spiegare a Errol e Catherine cosa fosse il Circle of Honor. Disse che una minima percentuale di corrieri riusciva a entrarci, perché guidare per venticinque anni senza mai fare nemmeno un graffio a un furgone era quasi impossibile. «Ci vogliono abilità, disciplina e intelligenza straordinarie, giorno dopo giorno, chilometro dopo chilometro. La maggior parte delle persone semplicemente non è in grado.»

«Io di sicuro non potrei» intervenne Errol. «Giusto la settimana scorsa ho graffiato tutto il paraurti all'aeroporto.»

Catherine sorrise, a disagio, e si guardò le mani. Non mi sembrava in grado di seguire la conversazione. Un cameriere si avvicinò con un vassoio di bicchieri di champagne e ci propose un piccolo brindisi prima della cerimonia. Armando prese i flûte per tutti e li fece girare. «Brindiamo al padre della sposa» disse. «E ricorda, Frank: non stai perdendo una figlia, ma guadagnando un figlio. Congratulazioni.»

«Ben detto» approvò Errol.

Poi avvicinò il bicchiere alle labbra della moglie. Lo champagne le colò nella scollatura e in grembo, ma facemmo tutti finta di non accorgercene. A quel punto dovevo essermi completamente rassegnato alla situazione. Pensai che, se non fosse stato per quello che avevo scoperto nelle ultime ore, quel matrimonio sarebbe stato tutto ciò che avevo sempre sognato. Il cielo era limpido, il sole splendeva, mia figlia e le sue damigelle erano bellissime. I suoceri di Maggie avevano gentilmente accolto me e Tammy nella loro famiglia, e ora l'amministratore delegato della mia azienda mi stava sommergendo di elogi. Non dovevo fare altro che rilassarmi, godermi lo champagne e sorbirmi i soliti cliché: «Non avremmo potuto sperare in una giornata migliore»; «Il matrimonio è impegnativo, ma ne vale la pena»; «Invecchiamo insieme, il meglio deve ancora venire».

Un fotografo venne a interrompere la conversazione: «Ci servono tutti i membri della famiglia sul molo, per favore. La mamma ed entrambi i papà. E preparatevi a sorridere!».

«Ci rivediamo a cena» promise Armando. «E in bocca al lupo per la cerimonia, Frank. Andrà alla grande.»

Seguii i miei consuoceri fino alla spiaggia, dove ci aspettavano i testimoni dello sposo, le damigelle e Maggie. Aidan era in ritardo, quindi i fotografi si concentrarono sugli scatti che non richiedevano la sua presenza: io e Maggie; io, Maggie e Tammy; e ovviamente io ed Errol Gardner, con Maggie in mezzo. «Sorridi, Frank!» gridò il fotografo, facendo ripetutamente *clic* sull'otturatore. «Fai una faccia felice! Ecco, perfetto. Magnifico!» Appena finito, chiamai il cameriere per un secondo bicchiere di champagne. Per sopravvivere a quella cerimonia mi serviva decisamente un aiutino.

Alle due e mezzo Errol andò dai testimoni dello sposo a chiedere perché mai Aidan ci stesse mettendo tanto a prepararsi. Nessuno aveva una risposta soddisfacente. Non lo vedevano da più di un'ora. Gli avevano mandato vari messaggi, a cui si era limitato a rispondere che stava arrivando.

La donna con il blocchetto per gli appunti ci assicurò che non era un problema, si potevano scattare le fotografie rimanenti anche *dopo* la cerimonia. «È normale che gli sposi siano in confusione» disse. «Scommetto che Aidan è andato direttamente al Globe e ora si sta chiedendo dove siamo.»

A me pareva alquanto improbabile, ma il tempo stringeva, ed erano tutti d'accordo che fosse ora di spostarsi verso il luogo della cerimonia. Seguii la folla attraverso il prato e osservai la sfilata di Abigail davanti alla sposa. Tammy si avvicinò. «Stai molto bene, fratellino. Sono felice che tu stia finalmente entrando nello spirito della giornata.»

«Ho la sensazione che lo sposo non verrà.»

«Ma certo che verrà, Frank. Non scherzare.»

«Se n'è andato, Tammy.» Mi sentivo già il cuore più leggero, come se mi avessero tolto un peso dal petto. «Penso che sia tornato in sé e se la sia data a gambe.»

«E sarebbe uscito dal cancello principale? Con Hugo e tutta la sua squadra schierati? Non ci scommetterei, Frankie.» Uno dei fotografi ci camminava accanto scattando foto, quindi il sorriso di mia sorella non vacillò. «Ci starà aspettando al Globe.»

Aveva torto. Quando arrivammo al teatro all'aperto non c'era traccia di Aidan, e la cerimonia doveva iniziare nel giro di venti minuti. Ora tutti mandavano messaggi allo sposo, ma nessuno riceveva risposta. Errol spedì Gerry a controllare a Osprey Lodge e Hugo ordinò alla sua squadra una perlustrazione completa della proprietà. Mi sorprese che nessuno proponesse di andare a cercarlo nel suo studio, il luogo che Aidan usava sempre per sfuggire al caos di Osprey Cove. *Hai scoperto il mio piccolo segreto*, mi aveva detto. *Quasi nessuno sa della sua esistenza.*

Senza dire una parola agli altri, mi inoltrai nel bosco per andarci di persona. Ricordavo ancora il percorso che avevo fatto due giorni prima, quando avevo seguito Aidan e Gwendolyn fino al margine più estremo del campo. Dopo diversi minuti di cammino, controllai l'ora e accelerai il passo. Erano quasi le tre meno un quarto. Se la mia intuizione si fosse rivelata sbagliata, se Aidan non fosse stato dove pensavo, non sarei riuscito a tornare al Globe in tempo. E avrei perso l'occasione di accompagnare mia figlia all'altare.

Ma quando arrivai al capanno la porta era aperta. Entrai. Non c'era traccia di Aidan, però non mi sentivo solo. I visi in bianco e nero mi fissavano con la loro strana espressione tormentata. Mi fermai in cima alla scala a chiocciola e sbirciai dal buco nel pavimento. Dal fondo proveniva un barlume di luce fioca.

«Aidan? Sei tu?»

«Non scendere, Frank.»

«Ti stanno cercando tutti. Gerry, Hugo, i fotografi...»

«Che vadano al diavolo.»

Non sapevo come rispondere. Girai in cerchio, guardandomi intorno e osservando i dipinti ancora incompleti. Riconobbi uno dei soggetti: era Gwendolyn, con gli occhi bassi e un sorriso timido e vagamente civettuolo.

«Ora scendo, Aidan.»

«Ti prego, non farlo.» La sua voce tremava. Sembrava impegnato in un qualche intenso sforzo fisico. «Vattene. E non dire a nessuno che sono qui.»

«Aidan, voglio solo dirti una cosa, okay? Non devi andare fino in fondo con questo matrimonio. So che hai mentito alla polizia per proteggere tua madre. È una cosa che ti fa onore. Tutti capirebbero perché lo hai fatto. Ma anche Maggie ha mentito. Ci siete dentro entrambi. Quindi, se annulli il matrimonio, non può farti niente. Non ha nessun potere.»

«Se è questo che pensi, allora non la conosci bene.»

«Credimi, la conosco meglio di chiunque altro. Ma per un sacco di tempo non ho voluto vedere la verità.»

Una delle regole più ovvie della consapevolezza situazionale è che non si dovrebbe mai entrare volontariamente in un seminterrato buio con un'unica via d'uscita. Ma non avrei potuto convincere Aidan se non avessimo parlato faccia a faccia, quindi ignorai il mio istinto e scesi la scala. I gradini erano corti e stretti, e dovetti aggrapparmi al corrimano di ferro e piegarmi in una posizione innaturale per arrivare in fondo. Mi ritrovai in una specie di piccola anticamera ingombra di oggetti con una porta di metallo rotonda, come l'ingresso del caveau di una banca.

Alle spalle della porta si apriva un tunnel tappezzato di scaffali pieni di provviste che erano lì da chissà quanti anni: lattine di pomodoro arrugginite, crema di mais, maiale e fagioli, tonno e macedonie Del Monte. E poi scatole di cartone con la scritta BISCOTTI, SOPRAVVIVENZA, OGGETTI VARI, enormi barili contrassegnati come ACQUA POTABILE e un mucchio di prodotti per la casa: carta igienica Scottex, detergente Ajax, sapone Lux, dentifricio Durban's. Più una piccola collezione di romanzi tascabili, manuali e un'enciclopedia. L'intero rifugio aveva il profumo gradevole di una libreria dell'usato.

In fondo al tunnel il passaggio si apriva in una specie di zona soggiorno con un divano, un tavolo da pranzo con le sedie, e quattro coppie di letti a castello in stile militare. Aidan era seduto a capotavola, con indosso il suo completo da cerimonia, come se mi stesse accogliendo a una cena formale. Sul tavolo davanti a lui c'era una scatola di metallo con un revolver nero. Un rifugio antiatomico, in effetti, doveva anche essere difeso dalle minacce esterne e chi l'aveva costruito si era preparato per il peggior scenario possibile.

«Non avvicinarti, Frank. Saresti dovuto restare di sopra.»

«Parlami, Aidan. Cosa vuoi fare?»

Lui non mi guardò. Lanciai un'occhiata alla pistola, ma non si capiva se era carica. Dopo sessant'anni in un seminterrato umido e pieno di muffa, non sapevo se sparasse ancora bene o se i proiettili fossero funzionanti. E non volevo minimamente scoprirlo.

«Sei l'unica persona di cui mi fido in questo campo» gli dissi. «Se ti succede qualcosa, non credo che sarei al sicuro.»

«Starai bene, Frank. Sono passato al tuo cottage poco fa, ti ho lasciato un regalino in valigia.»

«Che regalo?»

«Vedrai. Basterà a proteggerti, non temere.»

Notai una certa rassegnata tristezza nella sua voce, come se non avesse intenzione di uscire da quel sotterraneo.

«Aidan, ascoltami: un amico di un'amica lavora per il *Wall Street Journal*. Sembra che stiano già indagando sulla tua famiglia. E scommetto che conoscono persone che potrebbero aiutarti.»

«Frank, se parli con il *Wall Street Journal* tua figlia finirà in un mare di guai.»

«Non sono preoccupato per lei. Al momento sono preoccupato per te e quella pistola sul tavolo. Puoi chiudere la scatola, per favore?»

Lui scosse la testa, sempre rifiutandosi di guardarmi negli occhi. Era rosso in volto. Era ovvio che avesse pianto.

«Ho un'idea, Aidan. Ti stanno aspettando tutti al Globe. Perché non ne approfittiamo per andarcene di qui?»

«In che senso?»

«Andiamo via da Osprey Cove. E non torniamo più.»

Lui ridacchiò. «Sì, certo, come se fosse possibile. Sono sicuro che Hugo sarà in massima allerta. Scommetto che non riusciremo mai a superarlo.»

«E la recinzione? Non ci sono parti danneggiate, dei punti in cui potremmo passare?»

«Non che io sappia. Potremmo andare a controllare, ma il perimetro è sotto costante sorveglianza.»

«E il lago?»

«Vuoi nuotare?»

«Possiamo prendere la barca di tuo padre. Non potranno fermarci una volta che saremo in acqua. Ci sono troppi testimoni, tutte quelle barche a vela. Attraversiamo il lago, troviamo una città e chiamiamo i Taggart.»

«Mi odiano. Non ci aiuterebbero mai.»

«Invece sì, se inizi a dire la verità. I tuoi genitori hanno rovinato la loro vita. Meritano di sapere cos'è successo.»

Sapevo che era d'accordo con me, ma era terrorizzato.

«Senti, Aidan, se non vuoi farlo per te stesso e nemmeno per i Taggart, fallo almeno per Gwendolyn. Le piacevi. Teneva a te. Voleva che riprendessi in mano la tua vita, e guarda cosa le hanno fatto. Devi sentirti malissimo.»

Continuò a non guardarmi, ma fece sì con la testa, e capii che avevo toccato il tasto giusto.

«Se fosse ancora viva, vorrebbe che mettessi via la pistola e venissi su con me.»

«Hai ragione, è così.»

«Ma ora dobbiamo andare. La gente sta cominciando a lasciare il Globe.» Erano già le tre e dieci; avremmo dovuto correre, se volevamo avere una speranza. Ed eravamo a dir poco riconoscibili con gli smoking e le scarpe eleganti, ma forse con il giusto vantaggio potevamo farcela. «Sei pronto?»

Aidan rifletté per un momento prima di rispondere. «Ho detto a Gwen che il matrimonio era una farsa. Le ho spiegato che sarebbe durato soltanto un anno, e nel frattempo ero libero di vedere altre persone. Ma non ha voluto stare al gioco. Per lei era una questione di principio. Mi ha detto che non voleva avere niente a che fare con me, a meno che non avessi scelto di voltare le spalle a tutti i miei soldi e dire la verità.»

Poi Aidan si alzò e si sistemò la giacca, come se avesse deciso di fare proprio quello che aveva appena detto. Abbassò il coperchio della scatola, la chiuse e la rimise su uno scaffale.

«Conosco una scorciatoia» disse. «Un sentiero fra i boschi che ci porterà alla rimessa per le barche.»

«Sbrighiamoci.»

Seguii Aidan su per la scala a chiocciola e attraverso lo studio, ma quando ci avvicinammo alla porta sentii dei passi sul portico e capii che avevo fatto male i conti.

Erano le tre e dieci, in effetti, ma nel mondo dei Gardner erano già le tre e venticinque, quindi avevano avuto tutto il tempo per iniziare a cercarci. Aidan aprì la porta e si trovò davanti suo padre e Gerry Levinson. E anche Hugo.

«Aidan! Che ci fai qui?» Errol era furioso. «Ci sono trecento persone che ti aspettano!»

Suo figlio girò sui tacchi e corse giù per le scale. Mi slanciai per fermarlo, ma non fui abbastanza veloce. Lo chiamai, ma lui continuò a scendere.

Errol rivolse la sua rabbia contro di me. «E tu che stai facendo? Perché non sei al Globe?»

Lo ignorai. Corsi verso la scala a chiocciola a urlai: «Aidan, ti prego, aspetta».

E poi lo sentimmo – un singolo scoppio assordante, amplificato dalle pareti di cemento del seminterrato – e capii che il matrimonio era saltato.

6

Nel giro di un'ora il personale del catering stava impilando le sedie e sparecchiando i tavoli. Ripiegarono con cura tutti i trecento tovaglioli di lino; raccolsero le posate e divisero le stoviglie in vassoi di plastica. Piatti da portata, piattini da insalata e cestini per il pane furono caricati sui carrelli; le tovaglie gettate nei contenitori e spedite a essere lavate e stirate. Gli ospiti furono incoraggiati a portarsi a casa un centrotavola, in modo che i fiori non andassero sprecati, e il sottinteso era chiaro: per favore, andate via il prima possibile, così la nostra famiglia potrà piangere in privato.

«Un terribile incidente» fu la definizione usata dagli ospiti che si avvicinarono a me per darmi le condoglianze. Suppongo fosse pura cortesia: fingiamo tutti che Aidan sia entrato in un rifugio antiatomico per pulire una pistola vintage proprio mentre avrebbe dovuto pronunciare le promesse nuziali. Appena mi voltavano le spalle, comunque, li vedevo riunirsi e riprendere a confabulare. Sapevano tutti che Aidan era in terapia da anni, ed era sempre stato distaccato e un po' solitario. Aveva un «temperamento da artista». I soggetti dei suoi dipinti sembravano sempre così tormentati. E aveva appena perso una cara amica a causa di un'overdose. Era ovvio che aveva sofferto e interiorizzato una grande quantità di dolore. Ed era stato facile ignorare i tanti segnali di avvertimento...

Dei lussuosi autobus riaccompagnarono in città gli ospiti degli alberghi e alle quattro e mezzo i cottage si stavano svuotando. Ancora con il mio smoking, mi sedetti su una panchina in Main Street e guardai gli invitati trascinare le borse verso le macchine. Quando potevano, evitavano il contatto visivo. Nessuno sapeva cosa dire. Era una di quelle situazioni terribili in cui le parole sono sempre e comunque inadeguate.

Una delle poche persone che provò a parlare con me fu Armando Castado. Si sedette accanto a me sulla panchina, mi consegnò un biglietto da visita con il suo numero di telefono personale e insistette perché non mi facessi problemi a usarlo. «Se hai bisogno di qualcuno che ti ascolti, chiamami. Mi raccomando, Frank, aspetto la tua chiamata.»

Non avevo la minima intenzione di parlare di quell'incidente con nessuno, meno che mai con Armando Castado, ma apprezzai il gesto. «Grazie.»

«Margaret ce la farà» promise. «Con il tuo affetto e il tuo sostegno, tua figlia starà bene.»

Non ci avrei scommesso. Non vedevo Maggie da quando avevo piantato tutti in asso al Globe. Avevo saputo che era da qualche parte al Lodge, a piangere in privato con i genitori di Aidan, ma non avevo cuore di unirmi a loro.

Subito dopo lo sparo, Hugo ci aveva chiesto di restare di sopra mentre lui scendeva la scala a chiocciola per vedere cosa fosse successo. Ci aveva detto che era più sicuro se andava da solo. Errol e Gerry erano stati ben felici di ubbidire, io invece lo avevo seguito. E ancora oggi mi pento di averlo fatto, perché non potrò mai cancellare dalla memoria quello che vidi. Aidan era disteso sul pavimento e brandelli della sua testa gocciolavano sul muro. Eppure, non so come, il resto del corpo era ancora vivo. Si muoveva. Presi il cellulare per chiamare il 911, ma Hugo mi colpì la mano, facendolo cadere. «Non faccia lo stupido.»

Provai a recuperare il telefono, ma lui mi spinse contro la parete, schiacciando la parte bassa della schiena. Fu come se avessi preso una scossa. Sarei svenuto se Hugo non fosse stato dietro di me, a torcermi il braccio e inchiodarmi al muro costringendomi ad assistere agli orribili ultimi rantoli di Aidan. Mi sussurrò che mancava un minuto appena, e mi sembrò il più lungo della mia vita. Ancora oggi, quando sento uno sconosciuto schiarirsi la gola in un bar o in un ristorante, mi sembra di tornare in quel rifugio sotterraneo, con la faccia contro il freddo cemento, immobilizzato e incapace di aiutare.

Quando finalmente Aidan smise di respirare, Hugo mi lasciò andare e caddi a terra. Poi annunciò che Errol e Gerry potevano scendere, ma nessuno dei due si mosse con troppa fretta. Suppongo sapessero già cosa avrebbero trovato e si siano fermati a metà del tunnel, risparmiandosi il peggio. Errol non mostrò la minima traccia di rimorso. Sembrava solo un uomo alle prese con un problema da risolvere, neanche fosse arrivato lì e avesse scoperto il seminterrato allagato. Si rivolse al suo avvocato e chiese: «E ora?».

Gerry ci pensò su un attimo, poi cominciò a delineare un piano: «Hugo deve chiamare il 911, così ci sarà una registrazione ufficiale della telefonata. E dopo l'episodio di ieri, penso che la polizia sarà sorpresa di risentirci così presto. Ma stavolta, per fortuna, la storia è molto più semplice: Aidan era in ritardo al matrimonio, noi quattro siamo venuti a cercarlo, e lo abbiamo trovato così. Non abbiamo idea del motivo. Siamo ancora sotto shock». Gerry spostò lo sguardo da Errol, a Hugo, a me. «Siamo tutti d'accordo che è quello che è successo?»

Errol annuì e Hugo disse: «Certo».

Io chiesi: «Qual è l'alternativa?».

«Non ti seguo, Frank.»

«Vorrei sapere che succede se non sono d'accordo. La polizia troverà il mio corpo accanto a quello di Aidan? O semplicemente sparirò come Dawn Taggart? Quando finirà tutto questo?»

Gerry ignorò le mie domande, come se le considerasse inutili. «Ci sono trecento persone che ci aspettano al Globe. Ora vado lì a spiegare che c'è stato un terribile incidente. Darò la notizia a Margaret e Catherine, sempre che sia abbastanza lucida per capirmi. Dopo che Hugo avrà chiamato la polizia, chiederemo agli ospiti di andarsene. Nel frattempo voi due dovete raggiungere un accordo. Avete dieci minuti.»

Li seguimmo fuori dal rifugio. Hugo e Gerry stavano già andando via, ma io mi fermai a guardare i dipinti di Aidan, ed Errol rimase con me. Non so perché, ma in quel momento non mi veniva un modo migliore per onorare la vita di Aidan che ammirare le sue opere. I volti in bianco e nero di persone comuni, infermieri, insegnanti, cuochi e conducenti di autobus, con le loro rughe, macchie e imperfezioni, non somigliavano per niente agli invitati al matrimonio di Osprey Cove, e mi chiesi se fosse proprio quello il punto.

«Non so come fai a guardarti allo specchio» dissi a Errol. «Tuo figlio era una brava persona, un artista di talento. E ora è morto. Per colpa tua.»

Lui scrollò le spalle, chiarendo che le mie parole non l'avevano nemmeno sfiorato. «La verità è un po' più complicata, Frank. Ti interessa saperla, oppure vuoi continuare a giudicarmi senza essere al corrente dei fatti?»

Non riuscivo a credere che avrebbe provato a difendere le sue azioni, eppure è esattamente ciò che successe: «Circa quindici anni fa, ho avuto la possibilità di investire in una piccola startup chiamata Atavus Genetics. Il progetto non è andato bene; l'azienda è stata surclassata dalla 23andMe, che aveva sviluppato la stessa idea: sputavi in una tazza, spedivi il campione in un laboratorio e loro ti rimandavano indietro tutti i segreti del tuo DNA. L'amministratore delegato mi diede un sacco di kit da condividere con i miei amici e, per capriccio, decisi di far fare il test anche a mio figlio. Allora aveva dieci anni, ero curioso di vedere cosa aveva ereditato da me. E venne fuori che la risposta era: niente. Sarebbe stata una sorpresa per molti uomini, ma non per me. La verità è che l'avevo sempre sospettato. Non mi assomigliava affatto. E anche le nostre personalità erano totalmente diverse. Aidan era sempre così timido, cauto, spaventato. È stato un sollievo sapere che non era mio figlio. Così ho deciso di lasciarlo a Catherine e concentrarmi sul mio lavoro».

«Qualcuno ha mai detto la verità a Aidan?»

«Non lo so. Io di sicuro no.»

«Quindi lo hai rifiutato ma non gli hai mai spiegato il perché? Ti sembra giusto nei suoi confronti?»

«Non ho mai smesso di sostenerlo finanziariamente. Credimi, la sua arte non bastava a pagare l'affitto di quell'attico.»

«Gli dovevi qualcosa in più. Avresti dovuto comportarti da padre, dirgli la verità. Invece di lasciarlo a chiedersi perché lo odiavi.»

Errol aveva già smesso di ascoltare. «Non ti permetto di provare a farmi sentire in colpa, Frank. Non sono stato io a causare questo pasticcio. Non ho spaccato il cranio di Dawn Taggart. Ma tua figlia è molto coinvolta, quindi, se ci tieni a lei, ti suggerisco di seguire il consiglio del mio avvocato. Gerry è bravo nel suo lavoro e, se glielo permetti, lavorerà anche per la tua famiglia.»

Sapevo che aveva ragione; sapevo che sarei dovuto restare sul fuso orario dei Gardner ancora per un po' e concordare con la loro versione ufficiale. Ma sapevo anche che i legami di Maggie con la famiglia erano stati recisi. Il matrimonio era annullato e lei era una donna libera. Poteva andare ovunque volesse, fare qualsiasi cosa, lasciare Osprey Cove e non tornare mai più.

Ed era esattamente quello che volevo facesse.

7

Due agenti di polizia ascoltarono il mio racconto e misero a verbale le mie dichiarazioni, ma nessuno dei due mi fece troppe domande. Sembravano impazienti di confermare che i miei ricordi erano coerenti con le affermazioni di Errol e Gerry, dopodiché mi congedarono. La conversazione durò meno di un quarto d'ora.

Mentre tornavo al cottage, il prato era vuoto; gli addetti al catering avevano rimosso ogni traccia del ricevimento. Era tutto finito, come se i festeggiamenti del weekend non ci fossero mai stati. La porta del Merlo era chiusa, quindi dovetti usare il cellulare per entrare. Chiamai Tammy e Abigail, ma, con mia grande sorpresa, il cottage era vuoto.

Andai di sopra in camera mia, mi tolsi lo smoking e lo riposi con cura nel porta abiti. Poi indossai i pantaloni, una maglietta e una felpa leggera di pile, perché sapevo che avrei guidato tutta la notte e volevo stare comodo.

La mia valigia era ancora sul letto di sotto, e aprii la cerniera. Nella tasca principale c'era una vecchia busta arancione con dieci banconote da cento dollari. Immaginai fosse il regalo di cui aveva parlato Aidan, ma non ne capivo il senso. Aveva detto che sarebbe bastato a proteggermi, ma che protezione avrei mai potuto comprare con mille dollari?

Esaminai la busta alla ricerca di messaggi segreti o qualche altro indizio, ma non trovai nulla. I soldi puzzavano di muffa, come un libro usato, e le banconote erano state tutte stampate prima del 1953, quindi sospettavo venissero da un nascondiglio segreto nel rifugio sotterraneo. Forse Aidan era così ingenuo da pensare che mille dollari avrebbero fatto la differenza per uno straccione della classe operaia come me. Il pensiero mi irritò al punto che fui tentato di lasciare la busta nel cottage. Ma all'ultimo secondo la rimisi nella borsa e la coprii con i vestiti sporchi.

Alle quattro e mezzo portai la mia valigia a Osprey Lodge. Entrai dalla cucina, dove alcuni agenti di polizia erano riuniti intorno a un buffet di contorni e insalate preparati per il ricevimento e lasciati lì dagli addetti del catering. Gerry li stava esortando a portarsi qualcosa a casa, per amici e familiari, in modo che il cibo non andasse sprecato. Al mio arrivo, però, improvvisamente smisero di parlare e distolsero lo sguardo, come se si vergognassero di approfittare dalla mia sventura.

Trovai Maggie e Tammy in soggiorno, con le porte chiuse e le tende tirate. Proprio come i poliziotti, smisero di parlare appena arrivai. Maggie occupava quasi tutto il divano con il suo fluttuante abito di pizzo bianco. Aveva dei fazzoletti in mano e una scatola di Kleenex accanto, ma il trucco era intatto. Le guance non erano bagnate.

«La polizia ha detto che siamo liberi di andare» spiegai. «Voi due potete salutarvi se volete, io aspetto fuori.»

«Vuoi andartene?» chiese Tammy.

«È finita. Se ne sono andati tutti.»

«Se ne sono andati gli ospiti. Noi siamo della famiglia. È una di quelle occasioni in cui bisogna stare uniti e sostenersi.»

«Ma io non sostengo niente di tutto questo, Tammy. Tre persone sono morte, e se sto zitto lo faccio soltanto per lei.» Indicai Maggie, perché non riuscivo a chiamarla per nome. «Aspetto venti minuti, così puoi fare le valigie. Poi me ne vado, che tu sia pronta o meno.»

Tammy capì che ero serio e si alzò. Maggie non si mosse.

«Qui non c'è più niente per te» le dissi. «È finita. Niente matrimonio significa niente contratto prematrimoniale. Non avrai niente.»

L'espressione di Maggie suggeriva che la cosa fosse ancora da vedere. «È un cambio di programma, questo sì» disse, «ma ho ancora molte cose di cui discutere con Errol. Tu e Tammy andate pure, ma io resto.»

Temevo che, se avessi lasciato Maggie a Osprey Cove, non sarebbe mai riuscita a scappare, sarebbe rimasta legata per sempre alla famiglia Gardner. Ma ero troppo stanco per lottare. Non potevo continuare a ripetere gli stessi argomenti all'infinito. Non avevo mangiato nulla tutto il giorno e la schiena mi stava uccidendo. Volevo soltanto sdraiarmi, chiudere gli occhi e dormire.

E invece dovevo guidare per sei ore verso il mondo piccolo, triste e disperato che un tempo mia figlia aveva chiamato casa.

Maggie ci abbracciò entrambi e promise di chiamarci il giorno dopo per aggiornarci. Poi annunciò che sarebbe andata di sopra a cambiarsi. «Ho fatto modificare il vestito tre volte, ma non mi è mai andato bene.» Sollevò lo strascico e uscì nell'atrio, la guardammo salire le scale finché non se ne fu andata.

«Bene» disse Tammy a bassa voce. «Vado a prendere le mie cose.»

«Non dimenticare le tue azioni.»

Lei sussultò come se le avessi dato uno schiaffo, e avrei voluto rimangiarmi tutto. «Sai che mi sento già malissimo» disse. «Non è il caso di rigirare il coltello nella piaga.»

«Mi dispiace, Tammy. Non avrei dovuto dirlo.»

Ero arrabbiato con lei perché si era presa le azioni e aveva suggerito che tutti ci girassimo dall'altra parte? Sì. Ma avrei fatto la stessa cosa se le nostre situazioni finanziarie fossero state invertite? Quasi sicuramente sì. Tammy aveva passato la vita a sistemare i pasticci degli altri; era sempre stata sottovalutata, poco apprezzata e sottopagata. Cinque anni di stipendio erano soldi che potevano cambiarle la vita, e non avevo intenzione di giudicarla per averli accettati.

«Pensavo che Aidan fosse d'accordo» disse. «Pensavo fosse una sua idea! Se avessi avuto il minimo sentore che potesse...»

La abbracciai, in modo che non si sentisse obbligata a completare la frase. «Nessuno ce l'ha con te, Tammy. Questo posto ci ha confuso tutti. I soldi fanno dire e credere alla gente cose assurde. Dobbiamo andarcene e basta. Dov'è Abigail?»

«Al nostro cottage.»

Le spiegai che ci ero appena stato. «Non era lì. Quando l'hai vista l'ultima volta?»

«Al Globe, quando abbiamo ricevuto la notizia. Le ho detto di andare al cottage e sono venuta qui con Maggie.»

«E quanto tempo è passato?»

«Non lo so, ho perso la cognizione del tempo. Ero stravolta.»

«Vai a fare i bagagli» dissi. «La troverò.»

Cercai in tutto il campo. Controllai la spiaggia, il molo e la rimessa per le barche. Poi salii fino al Big Ben, l'albero da cui Abigail mi era saltata sulle spalle, facendomi male alla schiena.

Alla fine, in un impeto di disperazione, andai nell'ultimo posto in cui l'avevo vista, il Globe, dove ci eravamo riuniti per la cerimonia. Il palco era stato sgombrato e il quartetto d'archi era sparito. Le decorazioni floreali erano state portate via e tutte le panchine erano vuote, a parte una nell'ultima fila. L'unica invitata rimasta era una bambina con una coroncina di margherite che le pendeva storta sulla testa. Teneva in grembo una piccola cesta di petali. Era seduta di fronte al palco, in attesa. Come se nutrisse ancora una minima speranza che la cerimonia potesse cominciare.

Mi sedetti accanto a lei. «Ehi, Abby.»

«Ciao.» La sua voce era triste, e notai che stava piangendo. Ma certo. Le avevano promesso un matrimonio da sogno. Era stata invitata ad assistere alla più grande promessa che possano farsi due persone, una straordinaria dichiarazione di amore, fiducia e impegno. E adesso Aidan era morto e tutti erano andati via, e lunedì Abigail avrebbe lasciato casa di Tammy per andare a vivere con una qualche misteriosa famiglia affidataria che forse si sarebbe presa cura di lei o forse no.

Sapevo che non avremmo dovuto portarla.

«È ora di partire» dissi. Abigail si strofinò gli occhi e annuì. «Quindi dobbiamo alzarci.»

La notizia la fece piangere ancora di più. Imbarazzata, si coprì il viso con entrambe le mani e si girò dall'altra parte. «Mi dispiace tanto, signor Frank, è che...»

Aveva la faccia piena di lacrime e moccio e non riuscii a sentire nient'altro. Mi tolsi la felpa e la usai per asciugarle le guance. Lei si chinò in avanti, si soffiò il naso nella stoffa e si scusò di nuovo. Le dissi che non importava. «Tira fuori tutto» aggiunsi, e la bambina si soffiò il naso, fece un profondo respiro e alla fine si calmò.

«Tammy ti ha detto cos'è successo?»

«Ha detto che c'è stato un incidente.»

Annuii. Era tutto quello che doveva sapere. «Mi dispiace che sia andata così, Abigail.»

«Mi sento male.» Si contorse come se avesse i crampi allo stomaco e strinse i denti. «Voglio dire, fa tanto male.»

Tutti gli altri invitati al matrimonio stavano già andando avanti con le loro vite. Tornavano a casa, alla realtà, e lì c'era l'unica persona di Osprey Cove che condivideva il mio dolore e la mia sofferenza, anzi, forse si sentiva persino peggio di me.

«Fa male anche a me» dissi. «Mi dispiace averti fatto passare tutto questo, Abigail.»

Le misi una mano sul ginocchio e lei si rannicchiò contro di me, e restammo in quella posizione per un po'. Di tanto in tanto sentivo vibrare il cellulare, messaggi di mia sorella, che ci stava cercando in lungo e in largo, ma non mi presi la briga di leggerli. Avevo la sensazione che Abigail si meritasse la completa attenzione di qualcuno, e in quel momento non potevo che essere io a dargliela.

Non ricordo quanto restammo lì, ma a un certo punto mi accorsi che il sole stava calando. Presto sarebbe arrivato il crepuscolo. Pensai che Abigail si fosse addormentata, ma quando mi schiarii la gola la sentii muoversi. «Dobbiamo andare. Ci sentiremo meglio quando saremo partiti.»

«Lo pensi davvero?»

«Ne sono sicuro. Starai un pochino meglio domani mattina. E ancora un altro pochino dopodomani. Per ora dobbiamo resistere.»

Abigail annuì e mi spinse la felpa in grembo. Era striata di caccole e moccio, quindi la girai al contrario e me la annodai in vita. Poi mi alzai, ma lei rifiutava di muoversi.

«Su» le dissi. «Dobbiamo andare.»

Alzò le braccia, chiedendomi di prenderla. Non credevo che la mia schiena me lo avrebbe permesso, ma decisi di fare un tentativo. Le tenni la mano mentre saliva sulla panchina, poi la presi dalla vita e me la posai sul fianco. Scoprii che non pesava molto. Con la mano libera afferrai il cestino con i petali e ci avviammo lungo il sentiero che portava a Osprey Lodge. Abigail mi mise un braccio intorno alla spalla e usò la mano libera per grattarsi un lato della testa.

«Ti prude ancora?»

Lei annuì.

«Pensavo che Maggie avesse chiamato il dottore.»

«Ha detto che l'avrebbe fatto.»

«Ma non è venuto nessuno?»

Abigail scosse la testa. Si grattò ancora una volta e poi si appoggiò sulla mia spalla. Tornammo al campo insieme.

Parte quinta

Regali d'addio

1

Il pomeriggio seguente andai al Men's Wearhouse di Strodsburg per restituire il mio smoking. Alla cassa c'era il ragazzino con i capelli rosa e i piercing alle sopracciglia, lo stesso che mi aveva venduto il costosissimo pacchetto di accessori. «Bentornato! Com'è andata?»

Mormorai qualche parola cortese e me ne andai subito. La risposta alla sua domanda era che ancora non ne avevo idea. Avevo passato la sera prima a guidare dal New Hampshire con Tammy e Abigail. Le avevo lasciate a casa di lei intorno a mezzanotte e mi ero infilato nel mio letto a mezzanotte e mezzo, esausto ma troppo agitato per dormire. Mi aspettavo che Maggie chiamasse da un momento all'altro per darmi qualche notizia. Nonostante le sue rassicurazioni, ero preoccupato. A un certo punto dovevo aver preso sonno, ma poi mi ero svegliato prestissimo e avevo subito allungato la mano per controllare il cellulare. Nessun messaggio.

Cercai di tenermi occupato. Andai nella cameretta di Maggie, tolsi le lenzuola dal letto e le buttai in lavatrice. Aveva detto che non sarebbe tornata a casa mai più, ma volevo farmi trovare pronto in caso cambiasse idea. Dopo aver restituito lo smoking, andai a fare la spesa e riempii il carrello con tutte le sue cose preferite, tenendo sempre il cellulare sottomano per assicurarmi di non perdermi eventuali telefonate. Ma non ne ricevetti nessuna fino al tardo pomeriggio, e il mio stomaco fece una capriola quando vidi il nome sullo schermo: era Vicky, chiamava dal salone. Non volevo rispondere, ma sapevo che quella conversazione era inevitabile.

«Mi dispiace disturbarti, Frank, spero di non interrompere niente.»

Disse che aveva sentito cos'era successo e mi chiamava per farmi le condoglianze. A quanto pareva la storia era su tutti i giornali, e lei l'aveva letto su Facebook. Immagino che quando il figlio di un magnate della tecnologia muore in un incidente con un'arma da fuoco, pochi minuti prima del suo matrimonio, l'algoritmo faccia i salti di gioia.

«Come sta Maggie?»

Non sapevo cosa rispondere. Non volevo mentire a Vicky, ma non potevo nemmeno dirle la verità. «È molto confusa.»

«Certo, sarà sotto shock.»

«Vorrei poterla aiutare, non so che fare.»

Vicky mi chiese quando sarei tornato in Pennsylvania, e spiegai che ero già a casa dalla sera prima.

«Oh, Frank, perché non me l'hai detto? Vuoi che ci vediamo stasera? Possiamo parlarne a cena.»

«Non credo.»

«Puoi venire da me. Ho del cibo in casa, posso preparare qualcosa.»

Dio, quanto mi sarebbe piaciuto. Avrei davvero voluto raccontarle cos'era successo, ma non potevo dire la verità a nessuno. Men che meno a lei.

«Non sono molto di compagnia, purtroppo.»

«Capisco se non vuoi parlarne, Frank, e lo rispetto. Hai vissuto un'esperienza traumatica, ma potrebbe farti bene un po' di supporto emotivo.»

Se non avessi riattaccato subito, ero certo che avrei accettato; sarei corso a casa sua e le avrei confessato tutto. Quindi le feci notare che non era una terapeuta.

«E questo cosa c'entra?»

«Non credo che dovresti darmi consigli. Non è il tuo lavoro. Sei solo la persona che mi taglia i capelli.»

Sapevo che l'avrebbe ferita. E la sua reazione – o meglio la sua mancanza di reazione – e il lungo silenzio che seguirono me lo confermarono.

«Non sono solo la persona che ti taglia i capelli, Frank. Sarei venuta al matrimonio con te, se me lo avessi chiesto prima, se non avessi aspettato l'ultimo minuto. Non è colpa mia se dovevo lavorare.»

«Devo andare, Vicky. Mi dispiace.»

Chiusi la telefonata e andai al frigorifero, dove avevo attaccato tutti i suoi biglietti da visita con i magneti. Li staccai e li gettai nel cestino, così non sarei stato tentato di richiamarla. Mancava un mese al prossimo taglio di capelli, e a quel punto potevo andare in un altro salone Supercuts, a due città di distanza, a Mount Pocono.

2

Circa un'ora dopo, il mio capo di UPS mi chiamò per farmi le condoglianze. Ne approfittò per ricordarmi che avevo un'enorme quantità di giorni di malattia retribuiti ancora da utilizzare e mi incoraggiò a farlo, in modo da poter stare vicino a mia figlia. Gli assicurai che Maggie era circondata da amici e che la cosa migliore per me era tornare al lavoro. Confermai la mia presenza già l'indomani mattina, avrei fatto il mio solito giro del lunedì.

Ora, se avessi prestato attenzione al resto del mondo, avrei saputo dell'ondata di caldo anomalo prevista per il giorno dopo. I sindaci di New York e Philadelphia avevano già dichiarato lo stato di emergenza e chiesto ai cittadini di rimanere in casa, idratarsi e prendersi cura dei vicini anziani. In genere mi preparo per questi eventi riempiendo una borsa termica di ghiaccio, un paio di fette anguria e delle arance, ma il lunedì mattina uscii di casa con il mio solito panino al prosciutto e formaggio, una mela e una borraccia d'acqua.

Ebbi il primo sentore che non fosse una giornata normale quando arrivai al centro di smistamento dei pacchi e trovai i magazzinieri che distribuivano cappellini e bottiglie d'acqua. La maggior parte dei veicoli UPS non è dotata di aria condizionata, quindi ci fu chiesto di non esagerare con i ritmi e di fare pause frequenti. Il tizio che caricava il mio furgone, un ragazzo coreano di nome Jun, mi avvertì di stare attento. «Hai un sacco di cibo per cani oggi, Frank.» «Cibo per cani» è il gergo dei magazzinieri per riferirsi a qualsiasi oggetto pesante o dalla forma irregolare che la gente acquista online: materassi, pacchi di carta per stampanti, mobili da montare e (sorpresa!) sacchi giganti di cibo per cani. Ringraziai Jun e gli diedi una mancia, perché anche per lui caricare tutta quella roba era un duro lavoro.

Lasciai il centro di smistamento alle otto e mezzo, e alle nove ero fradicio di sudore. Fuori dal furgone l'umidità era soffocante e, nel retro di quella scatola di metallo senza finestrini che diventava sempre più rovente sotto il sole, era insopportabile. Ogni volta che entravo a prendere un pacco il mio battito saliva alle stelle e il sudore mi colava lungo la fronte, facendomi pizzicare gli occhi. E Jun aveva ragione: le mie consegne comprendevano una tonnellata di cibo per cani. Nove clienti avevano comprato dei condizionatori per far fronte all'ondata di caldo, e dovetti trasportare le enormi scatole lungo i loro vialetti. La schiena reggeva, ma dopo il terzo o quarto condizionatore iniziai a sentire i crampi alle mani e alle braccia, chiaro sintomo di un colpo di calore. Così mi fermai in un McDonald's, mi riposai nella sala climatizzata e bevvi un succo d'arancia ghiacciato, una pausa veloce per riequilibrare la temperatura corporea. Non erano ancora nemmeno le undici e avevo altri centotrentanove pacchi da consegnare.

Avevo sperato che il lavoro mi impedisse di pensare a Maggie, ma non riuscivo a smettere di preoccuparmi. Era ancora a Osprey Cove? E dove avrebbe vissuto, ora che Aidan se n'era andato? Catherine Gardner non si era fatta problemi a raccontarmi la verità, ma cosa sarebbe successo se avesse confessato i suoi sordidi segreti a qualcuno al di fuori della famiglia? Tammy sosteneva che i criminali facoltosi se la cavavano sempre, eppure si potevano citare almeno un paio di esempi recenti a smentire la tesi. Jeffrey Epstein. Harvey Weinstein. Bill Cosby. I Gardner potevano sembrare invincibili, ma non ci avrei messo la mano sul fuoco. Superai un incrocio a quattro strade e il navigatore emise un segnale acustico per segnalarmi l'errore, avvertendomi che avevo mancato la svolta e indicandomi un percorso alternativo. Una piccola svista che aggiunse sei minuti alla mia giornata lavorativa.

Verso mezzogiorno e mezzo avevo di nuovo i crampi alle braccia e il cuore mi batteva come impazzito. Sapevo di dovermi fermare per rinfrescarmi, ma non c'era un posto dove accostare. Ero su una statale a due corsie in una foresta demaniale, con due strapiombi poco profondi su entrambi i lati della strada. L'avevo percorsa migliaia di volte, ma quel giorno la foresta mi sembrava strana e sconosciuta. Come se il mio parabrezza saturasse i colori. Sul momento non diedi troppo peso alla cosa, ma è probabile che fu lì che iniziai a perdere conoscenza.

E poi, in lontananza, vidi un'auto parcheggiata sul ciglio della strada, con le luci di emergenza accese. Una Honda Civic rossa. Non c'era molto spazio, quindi la maggior parte del veicolo era nella mia corsia. Una donna era inginocchiata sul retro dell'auto e stava azionando un cric per sollevare la ruota posteriore sinistra dal marciapiedi. Un uomo aspettava lì vicino con una ruota di scorta, e il mio cervello ormai fuso riconobbe quelle due persone come Dawn Taggart e Aidan Gardner.

(Non era proprio così che si erano incontrati? Cambiando una gomma a bordo strada?) Rallentai e mi spostai nella corsia opposta per aggirarli. Allungai il collo per guardarli meglio, e il furgone andò fuori strada.

La mia ruota anteriore sinistra uscì dall'asfalto e finì nell'erba, dove la terra soffice cedette subito. Il volante mi sfuggì di mano e il furgone si ribaltò. Fu come se il mondo intero si stesse capovolgendo. Poi il vetro del parabrezza esplose e alzai le mani per proteggermi il viso. La cintura di sicurezza mi tagliò lo sterno, inchiodandomi al sedile. Strinsi i pugni e mi preparai all'impatto mentre i pacchi cadevano dagli scaffali e schizzavano in tutte le direzioni, come calzini nell'asciugatrice.

3

Mi svegliai in un letto d'ospedale, con il braccio e il naso rotti, tre costole fratturate e i sintomi di un moderato colpo di calore, ma per fortuna ero l'unico a essermi fatto male. Le sole vittime erano il furgone e il mio record di ventisei anni senza incidenti. Venne a trovarmi un rappresentante sindacale, garantendomi che non correvo il rischio di perdere il lavoro. La visita di un manager dell'azienda, invece, fu meno rassicurante: quando gli chiesi del mio futuro, si limitò a rispondere che l'indagine era in corso.

Quello stesso giorno si presentò anche una giornalista del quotidiano locale di Scranton che stava lavorando a un articolo sulle pessime condizioni di lavoro dei corrieri. La sua teoria era che la direzione di UPS fosse in qualche modo responsabile del mio incidente, che la mancanza di aria condizionata nel furgone mi avesse quasi ucciso, ma le dissi che si sbagliava. Sottolineai che ero stato adeguatamente addestrato per lavorare a temperature estreme, che l'incidente era stato una conseguenza della mia disattenzione e che non intendevo incolpare gli altri per i miei errori.

I medici mi trattennero in ospedale per tre notti, e vennero a trovarmi tantissime persone. Corrieri, magazzinieri e altri colleghi, ma anche Tammy (che mi portò un telefono e un caricabatterie) e persino due dei miei clienti preferiti, che avevano sentito dell'incidente al telegiornale. Ma passarono quarantotto ore prima che sentissi qualcosa da Maggie. Pensavo che sarebbe corsa a casa per vedermi, invece mi chiamò da Boston, dove stava aiutando i Gardner a organizzare una commemorazione funebre per Aidan. Disse che sarebbe stato un evento intimo, per i parenti stretti, e non era necessario che io o Tammy andassimo. E forse erano gli antidolorifici a parlare, ma le dissi che stavo bene. «Ho solo un paio di graffi. Nulla di cui preoccuparsi.»

L'indomani tornai a casa con il braccio destro fasciato e ingessato, e per la prima volta in ventisei anni mi ritrovai senza niente da fare. Provai a guardare la televisione ma, Dio mio, che fine avevano fatto i programmi pomeridiani? Quando ero piccolo c'erano un sacco di sitcom stupide e *Okay, il prezzo è giusto*. Ora mandavano in onda maratone infinite di *Dr. Pimple Popper, la dottoressa schiacciabrufoli* e *FBoy Island*. I notiziari erano anche peggio, con i patrioti che odiavano la California e i progressisti che odiavano la Florida e tutti che odiavano il Congresso. Mi facevano salire il sangue al cervello, così spensi la tv, convinto che il mondo stesse andando in malora.

Non avevo più sentito Armando Castado, ma sospetto che il suo zampino abbia fatto pendere l'ago della bilancia dalla mia parte nell'indagine sull'incidente. Dopo una revisione completa dei sensori, dei computer e delle telecamere di bordo del mio furgone, il comitato votò per mettermi in «congedo retribuito fino alla pensione». Il che significava che avrei continuato a riscuotere lo stipendio per i prossimi tre anni, finché non avessi maturato i requisiti per andare in pensione, ma non avrei più fatto il corriere. Quando mi diedero la notizia scoppiai quasi a piangere. Avevo passato gli ultimi ventisei anni a fantasticare sul mio ultimo giorno di lavoro, e non avrei mai immaginato che sarebbe stato così: in una sala conferenze senza finestre, al secondo piano, con una mezza dozzina di avvocati, dirigenti e rappresentanti sindacali seduti su poltrone dallo schienale rigido, mentre firmavo una montagna di rinunce e liberatorie.

E da quel momento non avevo più un motivo per alzarmi dal letto la mattina. Non avevo un motivo per fare quasi niente, a dire il vero, e sprofondai in un periodo piuttosto buio. Smisi di rispondere a messaggi e chiamate. Smisi di occuparmi della casa e iniziai a passare troppo tempo a guardare il mio stupido telefono. Trascorrevo interi pomeriggi a ossessionarmi sull'incidente, rivivendolo istante dopo istante e cercando di individuare il momento esatto in cui avevo perso il controllo. Ricordavo di aver pensato che l'uomo sul ciglio della strada era identico a Aidan Gardner, tanto che avrei voluto fermarmi e fargli delle domande: sapeva se mia figlia stava bene? E perché diavolo mi aveva lasciato mille dollari? Avevo ancora la busta di banconote nascosta nel comò, perché mi sentivo troppo in colpa a depositarle sul mio conto in banca.

Era fine agosto, le nove e mezzo di un martedì mattina, quando mia sorella mi svegliò dal sonno con una telefonata inaspettata. Le avevano chiesto di occuparsi di un malato di Alzheimer a Pocono Pines e aveva bisogno che badassi ad Abigail per un paio di giorni.

«Un paio di giorni?»

«Solo fino all'inizio della scuola. Mi pagano cinquanta dollari all'ora, non posso rifiutare una cifra del genere.»

Non vedevo Abigail da quando avevamo lasciato Osprey Cove, e a quanto ne sapevo era tornata a vivere con la madre biologica. Ma doveva esserci stato qualche problema, perché, una settimana dopo, la piccola si era trasferita in un frutteto a Kutztown, una di quelle aziende agricole a conduzione familiare dove sei o otto bambini in affido dormono insieme e aiutano con le faccende domestiche dopo la scuola. Nemmeno quello doveva aver funzionato, perché ora Abigail era tornata da mia sorella.

«Non posso, Tammy.»

«Perché no? Che devi fare oggi?»

La risposta era niente, ma ero troppo intontito per inventare una scusa decente. «Ho ancora il gesso. Come faccio a fare il babysitter con un braccio rotto?»

«Non devi prenderla in braccio. Non è una neonata.»

«Non posso, mi dispiace.»

Tammy riattaccò, quindi pensai che la questione fosse risolta e tornai a dormire. Venti minuti dopo, però, sentii mia sorella aprire la porta d'ingresso e, quando arrivai barcollando in salotto, vidi Abigail, con un astuccio pieno di matite e una rivista per i sudoku, in pantaloncini, scarpe da ginnastica e zainetto, come se fosse appena arrivata a un campo estivo.

«Ehi, signor Frank.»

«Dov'è Tammy?»

«Se n'è andata. Ha detto che torna per le sette e mezzo.»

«Le sette e mezzo di *stasera*?»

«Credo di sì, scusa.»

Abigail era diversa da come la ricordavo. I pidocchi erano spariti e le stavano crescendo i capelli, che ora avevano raggiunto una strana lunghezza a metà fra un taglio a spazzola e un caschetto. Si tolse lo zaino, ma si fermò prima di posarlo sul pavimento. Come se non fosse sicura di dove metterlo. O dove mettersi.

«Puoi stare sul divano» dissi. «Io mi piazzo in poltrona.»

Si mosse per andare a sedersi e inciampò su un'asse di legno, parte del tavolino che non avevo ancora finito di montare. Mi scusai per il disordine e aprii le tende per far entrare più luce, ma questo non fece che peggiorare le cose. Avendo trascurato le faccende domestiche, i mobili erano sporchi di caffè o di residui di cibo cinese. Consegnai il telecomando ad Abigail e le dissi che potevamo guardare quello che preferiva. «Oppure puoi andare a giocare fuori, ma stai lontana dai binari del treno.»

Uscì a fare una passeggiata per esplorare il quartiere e tornò dopo venti minuti, sostenendo che non c'era nessuno. Una volta si vedevano un sacco di ragazzini per l'isolato, in bicicletta o a ciondolare in giro, ma ora immagino siano tutti chiusi in casa a navigare su internet. Abigail accese la televisione e passammo la giornata a guardare documentari sugli squali su Discovery Channel: ore di interviste esclusive con biologi marini e sopravvissuti agli attacchi. Ogni tanto lei si metteva a fare sudoku e quando si annoiò le diedi un rotolo di carta assorbente su cui disegnare. Quando le venne fame, la mandai alla vicina stazione di servizio con i soldi per un hot dog e un brezel, perché non avevo voglia di cucinare.

Il giorno successivo andò più o meno nello stesso modo, ma a un certo punto del pomeriggio mi addormentai in poltrona e, quando aprii gli occhi, scoprii che Abigail non c'era più. In televisione uno squalo si aggirava silenzioso nell'acqua rossa e torbida, in cerca del suo prossimo pasto. Mi chiesi se potesse essere uscita a prendersi un altro hot dog, ma la trovai nella camera da letto di Maggie, che frugava nel comò di mia figlia e ispezionava tutte le sue cose. La osservai dalla soglia mentre sfiorava i vecchi trofei sportivi e frugava in un cassetto di maglioni piegati. Poi si inginocchiò accanto a un cesto di vimini pieno di animali di peluche e tirò fuori l'orsacchiotto che Maggie aveva personalizzato quindici anni prima in un centro commerciale vicino a Philadelphia.

«Puoi prenderlo, se vuoi» dissi.

Non si era accorta che la stavo guardando. Si spaventò così tanto che l'orsetto le cadde di mano. «Davvero?»

«Puoi prendere tutto quello che c'è nel cesto. Non importa, tanto Maggie non tornerà.»

Non l'avevo realizzato fino in fondo finché non lo dissi ad alta voce. Nel mese trascorso dal matrimonio, il lavoro di mia figlia l'aveva portata in ogni angolo del globo – Singapore, Londra, Los Angeles –, ma a quanto pareva niente la invogliava a tornare a Stroudsburg, nemmeno l'incidente che mi aveva fratturato le costole e mandato in ospedale.

Aprii l'armadio e indicai i vestiti colorati appesi alle grucce. «Anche tutto questo è tuo. Prendi quello che vuoi.»

Abigail non mostrò il minimo interesse per i vestiti, ma trascinò la cesta di vimini in soggiorno e cominciò a fare l'inventario del contenuto: SpongeBob, la scimmietta di *Curioso come George* e una quantità infinita di animaletti con gli occhi sgranati. La televisione continuava a trasmettere documentari sugli squali, ma la spensi e mi misi a guardare Abigail che giocava. Non la vedevo così eccitata da Osprey Cove. E all'improvviso avvertii un bisogno travolgente di fuggire da casa mia e lasciarmi tutto alle spalle. Mi alzai e presi le chiavi della Jeep.

«Andiamo» le dissi.

«Dove?»

«Non lo so. Da qualche parte.»

Quel primo pomeriggio girammo per il quartiere. Le feci vedere il tratto di strada dove avevo avuto l'incidente con il furgone UPS e le spiegai come ero uscito di strada. E poi passammo davanti alla chiesa dove Colleen e io ci eravamo sposati e al ristorante italiano dove avevamo festeggiato le nozze, Silvio's. Non mi aspettavo che Abigail fosse interessata, invece aveva decine di domande: quanti ospiti avevamo invitato? Qual era la canzone del nostro primo ballo? E cos'era il cibo *italiano*? L'ultima domanda mi lasciò sconvolto. Come si fa ad arrivare a dieci anni senza aver mai mangiato italiano? Così entrammo e spiegai la situazione alla cameriera, che fu ben felice di portarci piccoli assaggi di tutte le specialità della casa: gnocchi, bruschette, risotto, lasagne, parmigiana, cime di rapa. Mangiammo fino a saziarci e poi Abigail disse che non aveva mai assaggiato il tiramisù e nemmeno il gelato, quindi dovevamo ordinare anche quelli. Ero contento di vederla così felice. A essere del tutto onesto, mi sembrava la sola cosa sensata che avevo fatto dall'inizio dell'estate.

E il giorno dopo provai a ripetere l'esperienza. Stilammo un lungo elenco di cose che Abigail non aveva mai fatto, e passammo l'estate a spuntarle una dopo l'altra. Andammo a Crystal Cave e alla fabbrica di cioccolato Hershey. Cenammo allo Shady Maple, il buffet più grande d'America, e allo Shogun Palace, uno di quei posti giapponesi dove cucinano tutto davanti ai tuoi occhi. Andammo persino a Philadelphia, per assistere alla sua prima partita di baseball della Major League. Guidai tanto, ma era bello essere di nuovo in viaggio, con i finestrini abbassati e la musica alta.

Per l'ultimo giorno delle vacanze estive volevo fare qualcosa di veramente speciale, quindi portai Abigail al Delaware Water Gap. Non ci andavo da quando Maggie era piccola, ma era proprio come lo ricordavo. C'era un posto dove affittavano canoe, fornivano il trasporto lungo il fiume, e vendevano persino pranzi al sacco con panini, mele e succhi di frutta. Nel giro di un'ora Abigail e io viaggiavamo su un grande scuolabus giallo pieno di ragazzini turbolenti. Avevo il braccio ancora ingessato, e tutti mi guardavano come se fossi pazzo. L'autista mi chiese come pensavo di remare, ma spiegai che avrebbe fatto tutto Abigail.

Il fiume Delaware è lungo e largo e per gran parte dell'anno scorre lentamente; se sei in cerca di azione e di rapide, è una grande delusione. Ma se hai dieci anni e sei agli inizi, è il posto perfetto per imparare. Dopo mezz'ora di spiegazioni Abigail remava con sicurezza, aggirando rocce e piloni di ponti. Per pranzo trovammo un isolotto pieno di famiglie e ci fermammo a mangiare i nostri panini. Trovai un bel posto all'ombra di un salice piangente mentre Abigail sguazzava nell'acqua con alcuni bambini. E con mia grande sorpresa, mi ritrovai a desiderare che l'estate non finisse mai.

4

Ma l'estate finì, e Tammy mi disse che i miei servizi di babysitter non erano più richiesti. Continuai comunque a dare una mano, per alleggerire il carico a mia sorella. Se Abigail aveva il club di matematica dopo la scuola, mi assicuravo che arrivasse in orario. La portai da un pediatra per il richiamo dei vaccini. Trovai un bravo dentista per farle sistemare i denti, e lui ci indirizzò da uno specialista in ortodonzia che le guardò la bocca con meraviglia, come se gli avessimo appena presentato la più grande sfida della sua carriera. «Le serviranno un mucchio di apparecchi» annunciò. Dopodiché mi attaccai al telefono con gli operatori del servizio sanitario per convincerli a coprire i costi. Provarono a farmi accettare uno specialista meno costoso, ma volevo che il lavoro fosse fatto bene, quindi finii per pagare io quasi tutte le fatture. Non volevo che un idiota le rovinasse i denti.

A ottobre noi tre avevamo trovato una perfetta routine giornaliera. Un pomeriggio mia sorella fu trattenuta al lavoro e mi chiese di passare a prendere Abigail a scuola e portarla a casa sua. Preparai i tacos per cena mentre la bambina faceva i compiti sdraiata sul pavimento del salotto. Dopo aver lavato i piatti guardammo insieme uno di quei programmi di cucina in cui un gruppo di perfetti idioti prova a preparare delle torte con risultati disastrosi, e alla fine la mandai di sopra a letto. Le lasciai mezz'ora per leggere, poi andai in camera sua e dissi: «Ora di dormire».

«Altri cinque minuti?» mi chiese. «Per favore?» Stava leggendo un romanzo fantasy e giurava che le mancavano dieci pagine alla fine.

«E va bene, cinque minuti» accettai. «Ma ti conviene farti trovare addormentata quando torna Tammy, altrimenti chi la sente!»

Abigail alzò un pollice e tornò al suo libro. Mi girai per andarmene, ma notai una mappa sulla parete, proprio sopra la cassettiera.

Ultimamente si era lanciata a decorare la stanza, tappezzando le pareti di labirinti, cruciverba, sudoku, poster di film Disney e pubblicità ritagliate da riviste, e la mappa era quasi nascosta in mezzo al caos. Era un piccolo disegno topografico del lago Wyndham, in particolare del lato che fronteggiava Osprey Cove, con linee di contorno ondulate e numeri che descrivevano l'elevazione del terreno e la profondità dell'acqua.

«Abigail, che cos'è?»

«Il campo estivo.»

«Dove l'hai presa?»

«Me l'ha data Aidan.»

«Quando?»

Lei scrollò le spalle. «Quando siamo tornati dal New Hampshire l'ho trovata nella valigia, nella tasca laterale. Penso che me l'abbia lasciata perché sapeva che mi piace la geografia.»

Guardai più attentamente la mappa. Sembrava la fotocopia di una cartina molto più grande, come uno strumento di navigazione usato da marinai e pescatori. Qualcuno aveva aggiunto dei dettagli a matita: la rimessa per le barche, il molo a forma di L, e Osprey Lodge. Ma l'aggiunta più evidente era una grande X rosso intenso disegnata nel punto più profondo dell'acqua, un cratere dalla forma irregolare con una profondità di cinquantadue metri.

«Come fai a sapere che è un regalo di Aidan?»

«C'è un messaggio scritto dietro» spiegò Abigail. «Puoi staccarla dalla parete, se vuoi leggerlo.»

Staccai con cautela il foglio e lo girai per leggere il messaggio: *Potrebbe essere d'aiuto un giorno. Non aver paura di usarla. Aidan.*

Abigail si accorse della mia confusione e mi espose la sua teoria. «Credo che sia una mappa del tesoro.»

«Tu dici?»

«Un giorno tornerò a Osprey Cove e andrò a cercare quella X con una muta da sub. Dovresti venire con me.»

«L'hai fatta vedere a qualcuno? A Tammy?»

Abigail scosse la testa. «Dice che non dobbiamo parlare di Osprey Cove. E che, se i servizi sociali scoprono cos'è successo laggiù, è un problema per tutti.»

Mi veniva da vomitare. Sapevo di dover scegliere con molta attenzione le mie prossime parole. «Abigail, ascoltami. Credo che tu abbia ricevuto la mappa per errore. Non penso che Aidan volesse darla a te.» La sua espressione diventò sospettosa, quindi mi affrettai ad aggiungere: «Credo che volesse darti dei soldi. Mille dollari, per la precisione».

Pensò che la stessi prendendo in giro. «Molto divertente, signor Frank.»

«No, dico sul serio.» Spiegai a grandi linee la mia teoria. Le dissi che Aidan aveva lasciato mille dollari nella *mia* valigia perché non sapeva che io e lei avevamo fatto cambio di stanza. «Tu eri nella suite principale e io nella camera dei bambini. Quindi ha messo i soldi nella mia valigia e la mappa nella tua.»

«È una follia! Stai scherzando? *Mille dollari?*» A quel punto Abigail gettò via il libro e si alzò in piedi sul materasso. «Ce li hai ancora?»

«Sì. Non ho speso nemmeno un centesimo.»

«E farai a cambio con me?»

Non credo che si aspettasse una risposta positiva, ma le dissi che era la cosa giusta. Avevo ottantaquattro dollari nel portafogli, e glieli consegnai tutti, con la promessa di mettere il resto in un conto di risparmio. Le dissi che le avrei aperto un libretto bancario, sempre che li facessero ancora, in modo che potesse far crescere il suo patrimonio. Abigail sventolò le banconote con un enorme sorriso, come se si fosse portata a casa il montepremi milionario della lotteria. E intanto io riuscivo a malapena a reggere la mappa, perché le mie mani avevano cominciato a tremare.

5

«Bruciala» disse Tammy.

Più tardi, quella sera, dopo che Abigail era andata a dormire e mia sorella era tornata dal lavoro, io e lei ci sedemmo a tavola con due tazze di decaffeinato e la mappa aperta in mezzo a noi. Le linee topografiche sembravano pulsare e vibrare se le fissavo troppo a lungo, come se il documento fosse radioattivo.

«Non puoi tenerla, Frankie. È troppo pericoloso. Quindi o la bruci oppure la consegni all'FBI. E so già che non la consegnerai all'FBI.»

Pensai a Linda e Brody Taggart e alla loro casetta vicino all'Alpine Creek. Mi piaceva pensare che la morte di Aidan avesse portato un minimo di pace alla famiglia, ma odiavo il fatto che non avevano potuto recuperare il corpo di Dawn e darle una sepoltura appropriata. Ed era meglio se non ci pensavo troppo, altrimenti mi sentivo male. Dovevo fermarmi e sforzarmi di ricordare che la mia priorità restava il benessere di Maggie.

Quindi, appena tornai a casa, uscii nel giardino sul retro e rovesciai una busta di bricchette di carbone nel barbecue. Le annaffiai con il liquido, accesi un fiammifero e aspettai che fossero ben calde, prima di estrarre la mappa dalla tasca. Volevo assicurarmi che fosse completamente distrutta, in modo che nessun detective forense potesse recuperarne dei frammenti. Ma un attimo prima di gettarla tra le fiamme mi chiesi se non stavo buttando via un'opportunità.

Era la mia ultima chance di dimostrare a mia figlia che mi fidavo di lei. Di farle capire quanto avevo imparato dagli errori del passato. Se c'era uno di noi che aveva bisogno di una leva da usare contro i Gardner era Maggie. Non io. Ripiegai la mappa e me la infilai in tasca. Poi rimisi il coperchio sul barbecue. A quel punto erano quasi le undici, ma provai comunque a chiamare Maggie. La trovai nell'attico di Beacon Tower. Mi spiegò che viveva ancora lì, che i Gardner le avevano detto di restare quanto voleva.

«Che succede?» chiese.

La sua voce era vivace e allegra, come se ci parlassimo tutti i giorni e potessi aver chiamato per chiederle in prestito un po' di zucchero.

Dissi che dovevo confessarle una cosa di cui non avrebbe mai dovuto parlare con Errol o Gerry o nessun altro. «Posso fidarmi? Terrai questa cosa per te?»

«Di che stai parlando?»

«Devi prima promettere. Per favore.»

«E va bene, prometto. Di che si tratta?»

«Ti ricordi di Abigail? La figlia affidataria di Tammy?»

«Quella con i pidocchi? Certo.»

«Ha trovato una cosa nella sua valigia. Poco prima di morire, Aidan le ha lasciato una mappa. Del lago Wyndham. C'è una X che indica un punto nell'acqua. E penso che...»

«Aspetta, aspetta, aspetta.» Di colpo sembrava molto interessata alla conversazione. «Torna indietro. Perché Abigail ha una mappa del lago Wyndham?»

Quindi dovetti spiegare tutta la storia, compreso il perché Aidan aveva inavvertitamente lasciato la mappa nella valigia di Abigail invece che nella mia. «Voleva proteggermi. In modo che avessi qualcosa da usare contro i Gardner.»

«E per tutto questo tempo è stata appesa nella stanza di Abigail? Dove chiunque poteva vederla?»

«Va tutto bene, Maggie. È ancora nuova da queste parti, non si è fatta tanti amici.»

«E gli assistenti sociali? Non fanno delle visite a domicilio?»

«Fidati, sono l'unica persona che sa cosa significa. E stavo per bruciarla, per liberarmene. Ma poi ho pensato che dovessi averla tu. Nel caso ti potesse mai servire. Se vieni a casa, te la do.»

«Mi piacerebbe molto vederla, in effetti, ma devo andare a Madrid mercoledì e starò via dieci giorni.»

Non volevo tenermi la cartina in casa per dieci giorni. Le dissi che a quel punto tanto valeva bruciarla.

«E se venissi tu a Boston?» suggerì lei. «Sei impegnato domani? Possiamo vederci da me. Vedo se Lucia è libera. Ti era piaciuta la sua cucina, no?»

6

Avevo preparato una piccola borsa da viaggio con un cambio di vestiti e uno spazzolino, ma non cercai un hotel; non ero sicuro di averne bisogno. Ricordavo che l'attico aveva una camera per gli ospiti e speravo che Maggie mi invitasse a stare da lei. Forse saremmo rimasti svegli tutta la notte a parlare. Forse la mattina dopo avremmo cercato una Waffle House per andare a fare colazione con i pancake.

Erano pensieri stupidi. Ora mi è chiaro. I genitori riescono a ingannare sé stessi oltre ogni limite.

Era il tardo pomeriggio di martedì quando attraversai lo Zakim Bridge e seguii la strada per tornare alla Beacon Tower. Stavolta lasciai la Jeep nel parcheggio per i dipendenti e attraversai la strada per entrare nell'atrio. La bellissima Olivia era ancora alla reception e mi accolse con un sorriso caloroso. «Che bello vederla, signor Szatowski» disse. «Com'è andato il viaggio?»

«Abbastanza bene, Olivia. Grazie. Ha bisogno della mia patente?»

«Oh, no, signore, è già registrato. L'ascensore D è proprio dietro di lei. Si goda la visita.»

Entrai nella scatola di metallo nero senza pulsanti e ancora una volta l'ascensore sembrò muoversi di sua spontanea volontà. Il piccolo schermo digitale si animò e mostrò i numeri dei piani di passaggio: 2 – 3 – 5 – 10 – 20 – 30 – PH1 – PH2 – PH3. Infine le porte si aprirono e sbucai nell'attico, dove Maggie mi stava aspettando con un abito smanicato e orecchini di diamanti. «Papà! Ce l'hai fatta!»

Aveva i capelli più lunghi e di due tonalità più scuri di quanto ricordassi, doveva averli tinti dopo il matrimonio, e i tacchi alti annullavano la nostra differenza di altezza. Mi salutò con un abbraccio cauto, facendo attenzione a non urtare la fasciatura, ma io la strinsi a me, assicurandole che il braccio era ormai guarito. Il dottore mi avrebbe tolto il gesso alla fine della settimana, quindi era libera di abbracciarmi senza rischiare di rompere nulla.

L'appartamento era stato riarredato. La disposizione delle stanze era la stessa, con le grandi finestre affacciate sullo skyline della città, ma i mobili erano nuovi e i quadri in bianco e nero erano spariti, sostituiti da un paio di stampe di opere provenienti dal Museum of Fine Arts di Boston. Barche a vela e fiori in vaso, quel genere di cose.

«Niente più facce?»

Maggie rise. «Meno male, eh? Mi hanno sempre dato i brividi.» Finse di tremare al ricordo. «Non sai che gioia poterle mettere in un deposito.»

Realizzai che mi ero di nuovo vestito troppo casual. Avevo messo un maglione e un paio di jeans perché il gesso rendeva impraticabili la maggior parte delle altre scelte, mentre Maggie sembrava pronta per la notte degli Oscar. «Non pensavo che saremmo usciti» le dissi, titubante. «Avevi detto che avremmo cenato qui.»

«Infatti. Non temere, stai benissimo. Tutti gli altri sono in terrazza.»

La seguii attraverso il soggiorno e, con notevole sconcerto, realizzai che in terrazza c'erano Errol Gardner e Gerry Levinson, appoggiati alla ringhiera, con due bicchieri di bourbon in mano. Maggie aprì la porta scorrevole e mi accolsero sorridenti.

«Frank Szatowski!» esclamò Errol. «Come va il braccio, amico mio? Abbiamo sentito che hai fatto un brutto incidente.»

Lo ignorai e mi rivolsi a mia figlia. «Cosa ci fanno qui?»

«Questa cosa ci riguarda tutti, papà. È meglio se collaboriamo. E per farlo dobbiamo essere trasparenti su tutto.»

A quel punto mi accorsi che c'era anche Hugo, in piedi in un angolo della terrazza a fingere di non aver notato il mio arrivo. Studiava l'orizzonte con un'espressione piatta e neutra.

Sierra era accasciata a faccia in giù sul divano, con gli occhi chiusi e il respiro pesante. Si era tolta i tacchi e l'orlo del vestito si era sollevato, lasciando intravedere il perizoma.

«Cosa le è successo?» chiesi.

«Troppi cocktail» spiegò Gerry. Con un sorriso affettuoso, prese una copertina e la sistemò con cura sul corpo della moglie. «Quando pesi così poco, devi stare attento all'alcol.»

Non resistetti alla tentazione: mi girai verso Errol e gli chiesi di sua moglie. «E Catherine come sta? Non si unisce a noi?»

Sembrava deluso, come se avessi fatto una battuta di cattivo gusto. «È stato un anno difficile per lei, Frank. Ha perso il suo unico figlio.»

«E invece di stare a casa con lei sei venuto qui per vedere me. Sono lusingato.»

Ormai avevo abbandonato ogni cautela. Non avevo nulla da perdere.

Errol non sembrava turbato dal mio sarcasmo, ma Hugo si irrigidì, come se fosse in attesa di un segnale per lanciarmi giù dal balcone.

«Frank, sono venuto qui per esprimerti il mio apprezzamento. Le informazioni che hai trovato hanno un grande valore per molte persone, e sono consapevole che avresti potuto fare una scelta diversa.»

«Ho portato la mappa per Maggie. Né per te né per nessun altro. È l'unica ragione per cui sono qui.»

La porta scorrevole di vetro si aprì e ne uscì una sorridente Lucia con una divisa bianca da chef. Per un attimo mi parve di scorgere un barlume di compassione nel suo sguardo. Di sicuro le era capitato di ascoltare un sacco di conversazioni mentre lavorava in cucina. Non osavo immaginare di quanti sgradevoli segreti fosse al corrente. Forse aveva sempre saputo che il matrimonio era una farsa e mia figlia mi aveva mentito fin dall'inizio. Credevo di sì, perché pareva capisse quanto mi facesse male essere lì. «È un piacere rivederti, Frank. Posso portarti qualcosa da bere? Abbiamo birre, cocktail, o qualsiasi altra cosa.»

Sul divano, Sierra rotolò su un fianco e la coperta scivolò sul pavimento, esponendo il perizoma e il sedere nudo all'intero skyline di Boston. Lucia non si scompose e finse di non essersene accorta.

«Grazie, Lucia, ma mi tratterrò solo un minuto. Giusto il tempo di salutare e mi tolgo dai piedi.»

Maggie imbastì una protesta poco convinta. «Sicuro, papà? Lucia ci ha cucinato la sua famosa anatra arrosto. Ci vogliono settantadue ore per prepararla, ed è deliziosa.»

Dissi che mi dispiaceva molto perdermela, ma dovevo tornare a Stroudsburg.

«Un'altra volta» promise la chef, e penso sapesse la verità anche prima di me: non sarei mai più tornato in quell'appartamento; non avrei mai più assaggiato la sua cucina. Attesi che rientrasse e chiudesse la porta prima di prendere la mappa e darla a mia figlia.

«Aidan mi ha detto che sarebbe servita a proteggermi, credo volesse darmi un qualche vantaggio, ma io non ho intenzione di usarla, Maggie. Voglio solo il tuo bene. Quindi prendila.»

«Grazie, papà. Lo apprezzo molto.»

Mia figlia studiò la cartina prima di passarla a Errol e Gerry, che chiamarono Hugo perché andasse a dare un'occhiata. Erano tutti molto tranquilli nel maneggiarla, e capii il perché un attimo dopo, quando Errol la portò al braciere e la avvicinò alle fiamme. Ci volle un momento perché prendesse fuoco, ma poi un lampo la avvolse e ridusse la carta a pochi granelli di cenere. Sul divano, Sierra rotolò sulla schiena e sussurrò dolcemente nel sonno: «Non farlo, non farlo, non...».

Errol batté piano le mani: problema risolto. «Frank, sicuro che non possiamo offrirti niente da bere? Il traffico è folle a quest'ora. Potresti restare almeno per una birra.»

Non volevo trattenermi un secondo più del necessario. E non volevo nemmeno salutare Maggie davanti a tutti quegli stronzi, ma non mi aveva lasciato scelta. «Tre anni fa, hai chiesto il mio aiuto e io ti ho delusa, e mi sono sempre sentito in colpa. Spero che questo ti ripaghi, Maggie. Voglio solo il meglio per te.» Avevo un milione di altri pensieri che mi frullavano per la testa – tante altre cose che avrei voluto dire –, ma capii che c'era il tempo di sottolineare solo un ultimo punto: «Se mai dovessi stancarti di tutto questo, se non volessi più stare qui, puoi sempre tornare a casa. Se avrai bisogno di un posto dove stare, sarò lì ad aspettarti».

«Lo so, papà. Grazie. Fatti abbracciare.»

Si fece avanti per stringermi e sperai davvero che non fosse l'ultima volta che la vedevo, anche se non potevo escluderlo.

E davvero non riuscivo a capacitarmene. Da qualche parte dentro di lei c'era ancora la bambina che amava leggere *Buonanotte, Gorilla!* La bambina che giocava al mostro degli abbracci, che adorava i pancake alle fragole con la panna montata. Una dolce ragazzina che correva ridendo tra gli irrigatori del prato nelle calde giornate estive. Non sapevo cosa fosse successo a quella bambina. Non sapevo dove avevo sbagliato, o come, ma nonostante tutto quello che era successo l'avrei sempre amata.

Mi staccai da lei perché sentivo che stavo iniziando a piangere e non volevo che Errol mi vedesse. *Su, Frankie. Riprenditi.* La salutai con la voce ridotta a un sussurro: «Ti voglio bene, Maggie. Prenditi cura di te, okay?».

«Va bene, papà. Buon viaggio.»

Mi voltai e andai verso la porta della terrazza. Gerry si schiarì la gola. «Frank, solo un'altra cosa» disse, estraendo dalla tasca un taccuino. «Dov'è la ragazzina ora?»

La domanda rimase sospesa nell'aria, ma ero troppo rintontito dalle emozioni per capirla. «Quale ragazzina?»

«Abigail Grimm. La ragazzina che ha trovato la mappa.»

«È con mia sorella.»

Hugo portò il suo tablet a Gerry e gli mostrò lo schermo. «E tua sorella abita al 18 di Conover Road, appartamento uno-zero-sei?»

«Sì, ma perché?»

Gerry respinse la mia domanda con un gesto della mano. «Niente, stavo solo controllando.»

«Controllando cosa?»

Spostai lo sguardo da Errol a Maggie. Nessuno dei due pareva disposto a rispondere alla mia domanda. «Cosa sta succedendo?»

A quel punto Gerry si decise a parlare. «Ci risulta che Aidan abbia dato la mappa ad Abigail. Forse per errore, come sospetti tu. O forse è stato intenzionale. Magari voleva che ce l'avesse lei. E potrebbe aver condiviso altre informazioni. La verità è che non possiamo esserne sicuri. E questo è un problema.»

«Ha solo dieci anni» ricordai.

«Sì, una bambina di dieci anni molto brillante» ribatté Gerry. «Con un'incredibile memoria per i dettagli. Tua sorella è convinta che dovrebbe partecipare a un quiz televisivo.»

«E poi i bambini hanno le orecchie lunghe» aggiunse Errol. «Avrà sentito voci di ogni genere quel fine settimana.»

Maggie mi ricordò che Abigail aveva persino incontrato Brody Taggart al nostro arrivo nel New Hampshire. «E lui vi ha detto che Aidan aveva ucciso Dawn e aveva nascosto il suo corpo nel campo. Poi, tre giorni dopo, Aidan ha dato ad Abigail una mappa con una X sopra. Prima o poi farà due più due.»

«E quindi? Fa la quinta elementare. Dorme con i peluche.»

Errol parlò con una voce calma e pacata che suggeriva che sarebbe andato tutto bene. «Stiamo solo cercando di non farci sfuggire di mano la situazione. Il punto è che tu fai parte della famiglia e ci fidiamo di te. Sappiamo che vuoi il meglio per Margaret. E ci fidiamo di Tammy per lo stesso motivo. Ma la ragazzina è un'incognita. Una variabile impazzita. Potrebbe arrivare a mettere insieme i pezzi del puzzle. E un giorno, quando sarà adulta, una tossica incinta e senza casa, potrebbe provare a usare quelle informazioni per trarne un qualche vantaggio. Quindi il punto è: come possiamo evitare che ciò accada?»

Mentre Errol spiegava tutto questo, notai che Hugo stava digitando un messaggio sul cellulare. «Cosa fai?»

Mi ignorò finché non finì di scrivere e lo inviò. «Non si preoccupi, signor Szatowski. Lei ha già fatto la cosa più importante, ovvero portare il problema alla nostra attenzione. Ora possiamo occuparci noi del resto.»

Sul divano, Sierra si svegliò dal pisolino, si sedette e fece schioccare le labbra. «Scusate» mormorò prima di abbassarsi lo sguardo sulle gambe e sistemarsi il vestito. Aveva la voce impastata, come se avesse ingoiato per sbaglio un insetto.

«Non c'è niente di cui scusarsi» la rassicurò Gerry. «Ti sei solo addormentata.»

Lei si infilò due dita fra le labbra e ne estrasse con cautela alcuni lunghi capelli, che esaminò con gli occhi cisposi. «Questi non sono miei.» Poi si avvicinò barcollante al bordo della terrazza, gettò i capelli oltre la ringhiera e guardò il vento portarli via. Nessuno fece una piega, come se fosse un comportamento del tutto normale.

«Maggie, ho bisogno che tu traduca questa conversazione. Di cosa stiamo parlando?»

Lei disse che non era necessaria nessuna traduzione. «Penso che tu abbia capito.»

«E a te va bene?»

«Non ne sono felice. Nessuno di noi *vuole* farlo. Ma capisco che è necessario.»

E credo sia stato lì che ho capito di averla irrimediabilmente persa. Fino a quel momento ero disposto a razionalizzare qualsiasi cosa. Ma questa proposta era così mostruosa, così barbara, così immorale e malvagia...

«Però c'è un lato positivo che può farci sentire tutti meglio» proseguì Gerry. «La prossima settimana la Fondazione Capaciti Cares farà una generosa donazione a enti di beneficenza a nome di Abigail. Abbastanza soldi per finanziare venticinque borse di studio universitarie per giovani donne svantaggiate. Venticinque piccole Abigail che riceveranno un aiuto per un futuro migliore.»

A un certo punto smisi di ascoltare. Stavo provando a immaginare come sarebbe potuto accadere. Abigail tornava a casa a piedi da scuola ogni giorno, attraversando diversi incroci trafficati; erano tutte opportunità per un incidente.

O forse sarebbe successo in casa. Un tentativo di furto andato male, un incendio accidentale, un cortocircuito del tostapane.

O magari sarebbe semplicemente scomparsa. Forse la polizia avrebbe rinvenuto la sua felpa nel bosco dietro l'appartamento di Tammy.

«Papà?» Maggie schioccò le dita davanti al mio viso. «Hai sentito cosa ha detto Gerry? Sulle borse di studio?»

«Quando dovrebbe succedere tutto questo?»

Gerry mi promise che non avevo nulla di cui preoccuparmi. «Quando tornerai a casa sarà tutto finito.»

Parlò con la sicurezza di un avvocato esperto che assicurava al suo cliente nervoso che sarebbe filato tutto liscio. Il piano era già in atto. Era stato deciso tutto prima del mio arrivo. Trattenni l'impulso di prendere il telefono e chiamare Tammy, chiamare la polizia, chiamare qualcuno.

Errol si avvicinò a me con le dita intrecciate, studiando la mia espressione. «Frank, stai bene? C'è qualcosa di cui dobbiamo parlare?»

Mi sforzai di rispecchiare il suo comportamento. Dovevo restare calmo, reagire in un modo che lui avrebbe capito. Di colpo mi pentii di non aver chiesto qualcosa da bere a Lucia, tanto per avere un bicchiere da tenere in mano. Un oggetto di scena per distogliere l'attenzione dal mio viso.

«Non volevo portarla al matrimonio» gli ricordai. «È stata un'idea di Tammy. Le avevo detto che era un errore.»

«Mi ricordo» disse Errol. «Non sembravi per niente entusiasta.»

«Esatto. Non sarebbe mai dovuta venire, quindi non mi interessa come gestirete il problema.»

Errol si rilassò. «Bene, Frank. Sei molto comprensivo.»

«Ma per essere d'accordo voglio cinquemila azioni.»

Per un attimo temetti di aver chiesto troppo poco, che non fosse una cifra sufficiente a convincerli. Poi però Gerry cominciò a protestare, osservando che non ero nella posizione di avanzare pretese, e lì capii di aver fatto centro.

«Avete dato a mia sorella mille azioni solo per essere venuta al matrimonio» gli ricordai. «E stasera vi ho portato la mappa in buona fede. Sarei stato ben felice di andarmene da qui senza niente, ma se volete che mi vada bene anche quest'ultima trovata, voglio cinquemila azioni. In un conto di intermediazione. Domani, entro la fine della giornata.» Mi rivolsi a Maggie per concludere la mia arringa. «Lo sai che tua zia Tammy ne uscirà distrutta. Sarà devastata.»

«Starà bene, papà. Ci sono un mucchio di ragazzi che aspettano di prendere il posto di Abigail.»

«No, Maggie. Non le daranno un altro bambino in affido e lei non se lo perdonerà mai. E toccherà a me affrontarne le conseguenze. Lo sai. Quindi ora digli che è un prezzo giusto.»

Mia figlia mostrò un accenno di sorriso, e riconobbi nella sua espressione qualcosa che non vedevo da molto tempo: *rispetto*. Per la prima volta dopo anni, l'avevo colpita.

«Penso che sia giusto» disse. «Ma non sono io a decidere.»

«Esatto, non sei tu» disse Gerry.

«Ci penso io» intervenne Errol. «Cinquemila azioni sono un sacco di soldi, Frank.»

Mi stava guardando di nuovo negli occhi, forse cercando di misurare la profondità della mia convinzione, e io non osavo distogliere lo sguardo. Non battei ciglio. Era il momento della verità e la cosa che giocava a mio favore era che Errol Gardner non si era mai preso la briga di conoscermi.

Quindi ora potevo fingere di essere chiunque.

Alla fine prese il suo bourbon e alzò le spalle. «Non posso trasferire così tante azioni dall'oggi al domani. Dobbiamo prendere alcune precauzioni per evitare controlli. Ma dammi settantadue ore e le avrai. Ti sta bene?»

In altre parole, mi aveva creduto. Ovviamente. Per un uomo come Errol Gardner, la mia risposta era perfettamente razionale. Nella sua visione del mondo ogni relazione era una transazione, e quando ti trovavi in vantaggio era naturale sfruttarlo per ottenere il massimo guadagno. La cooperazione era da idioti. Il garbo da perdenti.

«Settantadue ore vanno bene.»

Lui sorrise. «Bene, immagino che questa cena mi costerà un po' di più di quanto mi aspettassi. Sicuro che non vuoi unirti a noi?»

Risposi che mi aspettava un lungo viaggio di ritorno fino a Stroudsburg e avevo molte cose da affrontare al mio ritorno. «Ma prima di andare avrei bisogno di usare il bagno.»

Maggie si offrì di mostrarmi la strada, ma le dissi che me la ricordavo. Li lasciai in terrazza, attraversai il soggiorno e seguii il breve corridoio oltre il bagno di servizio e gli armadi, fino alla toilette padronale. La porta era socchiusa; entrai e chiusi a chiave. Qualcuno doveva aver fatto la doccia di recente, perché c'erano tracce di condensa sullo specchio e sulle piastrelle.

Presi il telefono e chiamai mia sorella. «Ehi, Frankie, come...»

«Tammy, ascolta. Abigail è in pericolo.»

«Che cosa?»

«Portala fuori da casa tua. Subito. Vai in un albergo e non dire a nessuno dove stai andando. Capito?»

«No! Non ho capito niente! Perché dovrei...»

«La mappa, Tammy. Sanno che ha visto la mappa. Temono che parli. Qualcuno sta venendo da te proprio ora.»

Mia sorella chiamò Abigail, chiedendole di scendere e di mettersi le scarpe da ginnastica. «Andiamo a fare un giro, piccola.» La sentii affaccendarsi in cucina, per raccogliere portafogli, chiavi e cappotto. «È tutta colpa mia» disse a bassa voce. «Avevi ragione, Frankie. Avrei dovuto ascoltarti. E ora cosa succederà?»

«Esci da lì e basta. Ti chiamo appena posso.»

Aveva altre domande, ma non c'era tempo di spiegare. Chiusi la chiamata e mi allungai verso la cassetta del WC. Non era semplice tirare via il coperchio con una mano sola; usai la parte anteriore della coscia per evitare che mi scivolasse, poi mi inginocchiai con cautela e lo appoggiai sul pavimento piastrellato. La busta di plastica nera era ancora fissata con il nastro adesivo sul fondo. Aprii l'armadietto dei medicinali in cerca di qualcosa di affilato, sperando in delle forbici, ma dovetti accontentarmi di un paio di pinzette appuntite. Raschiai la plastica finché non si strappò e usai un dito per aprirla. All'interno c'era una scatoletta di metallo, delle dimensioni e della forma di un libretto degli assegni. Uno di quei dispositivi che si usano per eseguire il backup dei dati sui computer.

La prima volta che ero stato in quell'appartamento avevo sospettato che Aidan stesse nascondendo qualcosa a mia figlia. Ma il giorno del matrimonio Maggie mi aveva fatto una confessione. Aveva detto di aver registrato ore di conversazione con i Gardner: *Errol, Catherine, Aidan, persino Gerry. Se provassero a fare qualcosa, li trascinerei nel baratro con me.* Per tutto quel tempo, la persona che nascondeva segreti nell'attico era stata Maggie. E ora me li stavo portando via.

Mi infilai l'aggeggio in tasca e tornai a rivolgere la mia attenzione al coperchio di porcellana. Ero tentato di strappare il resto della plastica e del nastro adesivo per eliminare ogni traccia della sua presenza, ma con una mano era complicato, e non avevo abbastanza tempo. Dovevo sbrigarmi. Quindi sollevai il coperchio e nella fretta di alzarmi sentii la porcellana bagnata scivolarmi fra le dita.

Il coperchiò urtò il pavimento e si frantumò in mille pezzi.

Mi bloccai, troppo spaventato per muovermi, e aspettai di sentire dei passi di corsa nel corridoio. Maggie o Hugo o chiunque sarebbe venuto a chiedere informazioni sull'incidente. Sicuramente lo avevano sentito tutti.

A meno che non fossero ancora fuori, in terrazza. Circondati dal rumore della città. Dopo qualche altro secondo di silenzio, mi permisi di pensare che forse sarebbe andato tutto bene.

Ma dovevo filarmela subito.

Sistemare quel caos era impossibile. Troppi frammenti e schegge di porcellana e una polvere bianca su tutto il pavimento. Così aprii la porta del bagno e mi ritrovai davanti Sierra che si strofinava gli occhi con le nocche.

«Per caso hai della soluzione salina?»

«Come, scusa?»

«Per le lenti a contatto. Sono secchissime.»

Aprii l'armadietto dei medicinali e cercai di attirare la sua attenzione sugli scaffali, ma lei stava già fissando il serbatoio del gabinetto e il disastro sul pavimento. «Cos'è successo?»

Trovai un flacone di lacrime artificiali e glielo piazzai in mano. «Prova queste. Chiudo la porta per lasciarti un po' di privacy.»

Tornai in soggiorno e trovai Maggie sorridente sulla soglia della terrazza. «Tutto a posto?»

«Credo di sì.»

Errol e Gerry la seguirono all'interno e Maggie premette il pulsante di chiamata dell'ascensore. Scambiammo qualche chiacchiera sul traffico del tardo pomeriggio, ed Errol osservò che avevo ancora speranza di evitarlo se fossi partito in fretta. Tesi l'orecchio per ascoltare i movimenti dell'ascensore, i suoni del motore, degli ingranaggi o delle pulegge, ma non riuscii a sentire nulla. Schiacciai di nuovo il pulsante, anche se era già illuminato, e sorrisi a Maggie.

«Dov'è mia moglie?» chiese Gerry.

«In bagno. Le danno fastidio le lenti a contatto.»

Come se fosse stata chiamata, Sierra emerse dal corridoio buio, barcollando sui tacchi alti e appoggiandosi con una mano al muro per sostenersi.

«Eccola» disse Errol.

Da qualche parte più in basso, l'ascensore cominciò finalmente a salire, e bassi suoni meccanici echeggiarono nel pozzo.

«Le lenti mi stanno uccidendo» disse Sierra. «Penso che farò un altro pisolino.»

«Vai nella stanza degli ospiti» propose Maggie. «Il letto è pronto.»

Sierra annuì. «Volentieri, grazie.» Si stava voltando per dirigersi verso il fondo dell'appartamento, quando aggiunse un ultimo pensiero: «Ah, tuo padre ha rotto il gabinetto».

Maggie, Errol e Gerry si girarono tutti a guardarmi, e io risi, cercando di far credere loro che fosse un altro dei bizzarri proclami di Sierra. «Qualcuno ha sicuramente bisogno di riposo.»

Sierra doveva essere più lucida di quanto pensassi, però, perché strinse gli occhi e aggrottò la fronte. «Dico sul serio, Margaret. Non incolpare me per quel disastro, perché non sono stata io. È stato lui. Vedi la polvere sui suoi vestiti?»

Maggie mi guardò i pantaloni. Sulle mie ginocchia c'era una spolverata di bianco che sembrava zucchero a velo. «Papà? Di che cosa sta parlando?» L'ascensore strideva ancora, si agitava e gemeva, ma le porte non si aprivano. «Hai fatto qualcosa in bagno?»

Nonostante tutto, non riuscivo a mentirle. A Errol e Gerry sì. Ma non a Maggie. La cosa più importante che possiamo dare ai nostri figli è la verità. E lei doveva averla letta nei miei occhi, perché si girò e corse lungo il corridoio per indagare.

«Maggie, su!» la chiamai. «Me ne sto andando!»

Ma le porte dell'ascensore non si aprivano. Errol osservò che era sempre occupato a fine giornata, perché era l'orario di uscita dei dipendenti degli uffici ai piani bassi. «Il parcheggio diventerà una giungla.»

«Sempre che ci arrivi» scherzai, mentre Sierra mi guardava in cagnesco dall'altra parte del soggiorno. Era seduta sul divano e aspettava il ritorno di Maggie, convinta che sarebbe stata vendicata.

A quel punto le porte dell'ascensore si aprirono, proprio mentre Maggie mi chiamava dal fondo del corridoio. «Papà! Aspetta! Fermo!»

Finsi di non sentirla. «Buonasera, signori.»

«Non lasciatelo andar via!»

E non so da dove fosse spuntato, o come avesse fatto a scattare tanto in fretta, ma all'improvviso Hugo si materializzò fra me e l'ascensore. «Signor Szatowski, sua figlia la sta chiamando. Non l'ha sentita?»

Allora Maggie corse in soggiorno, era in preda al panico. «Ridammelo.»

Errol sembrava confuso. «Cosa deve ridarti?»

Realizzai di averla messa in una posizione insostenibile. Non poteva chiedermi le registrazioni senza ammettere la loro esistenza, senza ammettere che aveva registrato Errol e Gerry a loro insaputa.

«Mi ha rubato una cosa. Un hard disk con delle informazioni personali.» Mi guardò la vita e individuò la sagoma della scatolina di metallo. «E ora ce l'ha in tasca.»

«E ti ha anche rotto il gabinetto» esultò Sierra. «Te l'avevo detto! Ma nessuno mi ha ascoltata, perché nessuno mi prende sul serio.» Reclinò la testa all'indietro e chiuse gli occhi. «Quindi ora potete andarvene tutti a fanculo.»

Hugo lasciò richiudere l'ascensore e il mio cuore sprofondò.

«Prenderà il prossimo, signor Szatowski» disse. «Ora può svuotarsi le tasche, per favore?»

Tutte le mie abilità di consapevolezza situazionale avevano fallito. Ero in trappola. Gerry era alla mia sinistra, Errol e Maggie alla mia destra e Hugo di fronte a me, in attesa che eseguissi le sue istruzioni. Si era sfilato una pistola nera dal cappotto e la teneva con disinvoltura lungo il fianco, tanto per farmela vedere. Un gesto inutile, a mio modesto avviso. Sapevo che avrebbe potuto sopraffarmi anche senza un'arma. Ricordavo ancora come mi aveva inchiodato al muro nel rifugio antiatomico e costretto ad ascoltare gli ultimi rantoli di Aidan. Mi infilai una mano in tasca e ne estrassi l'hard disk.

«Eccolo!» disse Maggie.

Fece per prenderlo, ma Hugo le ordinò di stare indietro. «Ora voglio che lo consegni al signor Gardner, molto lentamente» mi disse. «Poi troviamo un computer e vediamo cosa c'è dentro.»

Ma non riuscivo a convincermi a consegnarlo. Sapevo che quella piccola scatola di metallo era la mia unica speranza di tenere Abigail al sicuro. Finché avessi avuto in mano i loro segreti, non avrebbero osato prendersela con lei. Hugo alzò la pistola, puntandola per incoraggiarmi a fare come diceva.

«Non fare sciocchezze» mi disse Errol. «Qualunque cosa tu abbia in mente, non sei abbastanza sveglio da...»

Ma fu interrotto da un grido. Lucia era uscita dalla cucina con un enorme vassoio di anatra arrosto, ma alla vista della pistola aveva urlato. Il piatto da portata si schiantò sul pavimento e io approfittai del momento di confusione per colpire Hugo con il braccio destro, quello ingessato, e schiacciargli il naso come una fragola matura. Lui lasciò cadere la pistola e incespicò all'indietro, portandosi le mani al viso mentre il sangue gli schizzava tra le dita. Esitai solo il tempo necessario per scambiare un'occhiata con Lucia, e giuro che quella donna sapeva esattamente cosa aveva fatto quando aveva sacrificato il suo squisito arrosto da settantadue ore di cottura per concedermi una possibilità.

Corsi lungo il corridoio, oltrepassai le porte dell'armadio a muro, il bagno di servizio e la camera da letto principale. Ne sapevo abbastanza di procedure antincendio da avere la certezza che ci fosse una seconda via d'uscita da quell'attico. E visto che non era in cucina o in soggiorno, doveva essere la porta in fondo al corridoio, quella con la sbarra di protezione di metallo al centro. La spinsi forte e mi ritrovai in cima a un'ampia scalinata di cemento. Le lettere PH3 erano stampate sul muro accanto a un allarme antincendio. Azionai la leva e all'istante partì una sirena assordante. Corsi all'allarme accanto a PH2 e azionai anche quello.

Quando raggiunsi il quarantesimo piano, i dipendenti di tutto lo stabile si stavano riversando nella tromba delle scale con indosso le giacche, lamentandosi dell'ennesima, inutile esercitazione antincendio. Li superai, cercando di scendere più in fretta possibile, ma sentendomi più sicuro a ogni passo. Non eravamo più a Osprey Cove. Eravamo tornati nel mondo reale, dove le azioni avevano delle conseguenze, e dubitavo che un ricercato internazionale come Hugo si sarebbe messo a sparare alla cieca in una scalinata piena di gente.

Uscimmo in un atrio affollato di impiegati e inquilini. La povera Olivia, alla reception, era circondata da facce arrabbiate e telefoni che squillavano. Attraverso le pareti di vetro esterne, vidi un'autopompa dei vigili del fuoco avvicinarsi con due auto della polizia, con le sirene e i lampeggianti accesi. Avevo il gesso e il maglione sporchi di sangue. Di colpo avvertii un dolore sordo e pulsante all'avambraccio destro e mi chiesi se me lo fossi rotto di nuovo.

Attraversai l'atrio e raggiunsi una folla ancora più nutrita di persone che aspettavano nella piazza, circa due o trecento dipendenti riuniti in gruppi. Alcuni stavano osservando i piani più alti per individuare eventuali segni di fumo o incendio; molti altri scorrevano i cellulari senza grande preoccupazione. Tre vigili del fuoco in divisa giallo brillante mi superarono di corsa, martellando sulle scale della piazza con i loro stivali pesanti. Un secondo camion dei pompieri stava entrando nel parcheggio a sirene spiegate, e nel frastuono mi parve di sentire Maggie che mi chiamava.

«Papà! Papà! Papà!»

Forse me lo stavo immaginando. Non ne ero sicuro. Non osavo voltarmi per controllare. Le sirene si acuirono e la gente si tappò le orecchie con le mani, dirigendosi verso l'edificio per sfuggire al rumore molesto.

«Papà! Papà! Papà!»

Ero l'unico a muoversi controcorrente, andando verso le sirene. A un certo punto le orecchie si tapparono e non riuscii più a sentire la sua voce.

Non voltarti, Frankie.

Continua a camminare e non guardarti indietro.

7

Supercuts chiudeva alle nove, ma arrivai a Stroudsburg alle dieci e un quarto. La spia del carburante era rossa da un pezzo, ma avevo troppa paura per fermarmi a fare rifornimento. Sapevo di non avere un momento da perdere. Lasciai la Jeep nel parcheggio del centro commerciale, in un'area di carico e scarico, e superai di corsa i cinque o sei ragazzini con lo skateboard che facevano salti e giravolte sul marciapiedi davanti a Chipotle. Il cartello sulla porta di Supercuts diceva CHIUSO, ma grazie al cielo vidi Vicky oltre la vetrina, che passava la scopa per raccogliere i residui di capelli. Aveva chiuso a chiave la porta, quindi bussai con le nocche sul vetro per attirare la sua attenzione. Senza alzare lo sguardo, rispose: «Siamo chiusi!».

Insistetti. «Vicky, sono Frank.»

Si fermò per una frazione di secondo e poi riprese a spazzare, fingendo che non le importasse. «Devi tornare domani mattina, apriamo alle sette e mezzo.»

«Vicky, ti prego. Ho bisogno di parlare.»

«Non vedo per quale motivo. Sono solo la persona che ti taglia i capelli.»

«Non è vero. Mi dispiace di averlo detto. Puoi aprirmi, per favore?»

«Non posso far entrare i clienti dopo la chiusura. È contro la politica aziendale.»

Ora stava sistemando le riviste di moda sul tavolino della sala d'attesa, ordinando con cura gli ultimi numeri di «Vogue», «Elle» e «InStyle». Indossava un maglione nero con una zucca e tutto il salone era addobbato per Halloween, con ritagli di carta di teschi, pipistrelli e Frankenstein.

«Maggie ha fatto una cosa terribile, Vicky. Non volevo dirtelo perché mi vergogno. Ma non volevo mentirti, per questo ti ho evitata. Però ora sono davvero nei guai e ho bisogno del tuo aiuto. Non posso nemmeno andare a casa. Non sono al sicuro lì. Puoi aprire la porta, per favore?»

A forza di urlare avevo attirato l'attenzione dei ragazzi con lo skateboard, che avevano interrotto le loro acrobazie per origliare. Una ragazza con il piercing al naso mi offrì il cellulare per chiamare il 911. Declinai gentilmente con un «No, grazie». Non avevo ancora bisogno della polizia. Avevo chiamato mia sorella dall'autostrada e Tammy mi aveva assicurato che lei e Abigail erano al sicuro in una stanza dell'Hampton Inn, in attesa di mie notizie sui prossimi passi.

«Vicky, ti prego.» Sventolai l'hard disk in modo che potesse vederlo. «Voglio farti ascoltare una cosa, okay? Sul tuo computer. Penso che capirai perché sono stato così strano negli ultimi tempi. Sarà la risposta a tutte le tue domande.»

Ora avevo attirato la sua attenzione. Vicky era una persona intelligente e curiosa. Una volta mi aveva detto che i suoi romanzi storici preferiti erano quelli basati su qualche segreto o mistero. Si avvicinò con un grosso mazzo di chiavi e aprì la porta quel tanto che bastava per lasciarmi entrare. Poi richiuse e abbassò le tendine.

«Il nostro computer ha dieci anni» mi avvertì. «La settimana scorsa si è impallato e abbiamo perso tutti gli appuntamenti di ottobre, quindi non aspettarti miracoli.»

Ci spostammo dietro il banco della reception dove c'era la cassa. Vicky trovò un cavo USB attaccato al computer e lo collegò all'hard disk. Sul monitor si aprì una finestra che ci avvisava della presenza di un nuovo dispositivo e ci chiedeva di attendere. Una minuscola clessidra girò in tondo per un secolo.

Vicky mi stava guardando, e soltanto allora realizzai che puzzavo. Ero fradicio di sudore dopo le ore di guida in preda al panico, passate a zigzagare nel traffico a centotrenta all'ora. Ero stanco e disidratato e il mio maglione era coperto di macchie di sangue. «Cavolo, Frank, che ti è successo?»

Poi mi resi conto che si riferiva ai miei capelli. Le dissi che avevo cambiato Supercuts. Ero andato a quello di Mount Pocono e il mio nuovo barbiere era un ragazzo di nome Rooster che aveva imparato a fare i tagli in carcere.

«A questo punto fai prima a tagliarteli da solo» osservò lei, tra il piccato e il divertito. «Basta metterti una scodella sulla testa e pareggiare i bordi.»

Alla fine sullo schermo si aprì una cartella di file. L'hard disk conteneva circa una ventina di elementi. Nessuno aveva nomi chiari, erano soltanto un miscuglio di lettere, numeri, date e orari, ma Vicky sembrò riconoscere un ordine.

«Quale stai cercando?»

«Non lo so.»

Fece doppio *clic* sul primo, e si aprì un lettore audio. Il file era lungo otto minuti e sette secondi, e appena partì riconobbi le voci delle persone coinvolte.

AIDAN: Quindi di quanto tempo parliamo?
MAGGIE: Due anni.
AIDAN: Due *anni*?
GERRY: Dovrebbero bastare dodici mesi.
AIDAN: È comunque troppo.
ERROL: Tu cosa pensavi?
AIDAN: Trenta giorni. Tipo i matrimoni a Las Vegas.
MAGGIE: Non ci crederà nessuno se dura trenta giorni.
AIDAN: Ma non resisto un anno, mi dispiace. Preferisco andare in prigione.
GERRY: Non saresti l'unico ad andarci. La tua decisione si ripercuoterà su altre persone.
ERROL: Figliolo, pensaci. Maggie e io saremo in viaggio la maggior parte del tempo. Dovrete giusto fare un'apparizione pubblica una o due volte al mese, ma per il resto sarai un uomo libero.
AIDAN: In realtà sarò un uomo sposato. Con la tua amante, papà. Sono l'unico a pensare che sia una follia?

«Aspetta, aspetta un attimo.» Vicky si allungò per mettere in pausa la registrazione. «Chi è che sposerà l'amante del padre? È la voce di Aidan?»

«Sì.»

«E quindi chi è l'amante?»

Esitai i secondi necessari affinché Vicky facesse due più due. Lei sgranò gli occhi. Poi cliccai sul file successivo, ansioso di ascoltare un'altra conversazione.

MAGGIE: Ho chiamato mio padre.
ERROL: E...?

MAGGIE: È andata bene. Era felice per me. Ha detto che verrà al matrimonio.
ERROL: Bene, la gente si aspetterà di vederlo.
MAGGIE: Ma vuole venire a Boston questo venerdì. Per conoscere il futuro genero. E Aidan sta facendo i capricci.
ERROL: Perché?
MAGGIE: Dice che ha altri impegni.
ERROL: Che impegni?
MAGGIE: Non lo so, le ho provate tutte per convincerlo. Gli ho detto che potevamo fare a casa e che avrei chiamato Lucia per cucinare. Due o tre ore al massimo, ma non vuole saperne.
ERROL: Digli che è essenziale.
MAGGIE: Sostiene che non erano questi gli accordi.
ERROL: Vieni qui, bellissima. Andrà tutto bene. Chiederò a Hugo di parlare con lui.
MAGGIE: E cosa può dirgli?
ERROL: Non preoccuparti. Tu organizza la cena, ti garantisco che Aidan verrà.

L'audio continuava, ma ormai avevo perso la concentrazione. Stavo ripensando alla mia prima visita all'attico, all'arrivo in ritardo di Aidan e al suo fastidio durante la cena. Al fatto che sembrasse riluttante a parlare con me.

E a Maggie che mi chiedeva di non fare domande sui lividi.

Vicky premette la barra spaziatrice per mettere in pausa la registrazione. Finora era rimasta in silenzio, ma non riusciva più a trattenersi. «Devi darmi una mano, Frank, ho bisogno di un minimo di contesto. Di cosa sta parlando questa gente?»

«Ti racconterò tutto» promisi. «Ma prima dobbiamo chiamare tuo figlio.»

8

Sette mesi dopo, Abigail fece il suo debutto nel musical della scuola elementare ispirato a *La bella e la bestia*. Interpretava un cucchiaio (o per la precisione una serva del castello trasformata in un cucchiaio). Aveva solo una canzone, e in tutto sarebbe stata sul palco dieci minuti, ma aveva provato per settimane, come se avesse avuto il ruolo principale. Alle sette di sera della prima, quando si alzò il sipario, ero nel backstage con un paio di altri padri che si erano offerti volontari per spostare gli elementi più pesanti della scenografia. Con mia sorpresa, ero nervoso. Volevo che lo spettacolo fosse perfetto. Dopo una settimana di prove, avevo memorizzato il testo di tutte le canzoni e mi ritrovavo a fischiettare le melodie ogni volta che ero fermo al semaforo rosso: *Stia con noi, qui con noi, si rilassi d'ora in poi...*

Vicky e Tammy assistevano dalla terza fila. Era stato riservato un posto in più alla madre biologica di Abigail, ma la povera donna, come purtroppo era prevedibile, non si era presentata. È una cosa brutta, lo so, ma ormai non me la prendevo più con lei. Vicky ci aveva insegnato tutto sul potere distruttivo della dipendenza e avevo scoperto quanto fosse difficile tirarsene fuori del tutto. Non era chiaro se Abigail e sua madre avrebbero mai avuto un futuro insieme. Ma dopo i sacrifici che io e Tammy avevamo fatto per quella bambina, non potevamo lasciarla rientrare nel sistema degli affidi, e così mia sorella aveva chiesto l'adozione l'anno prima e aveva firmato i documenti alla vigilia di Capodanno.

Avrei voluto firmare anch'io, ma lo Stato della Pennsylvania non permette a un fratello e una sorella di condividere la custodia, quindi legalmente avevo dovuto accontentarmi di essere zio Frank. Ma mi impegnavo comunque per vedere Abigail ogni giorno. Mi ero fatto carico di tutte le responsabilità del doposcuola e del fine settimana, in modo che mia sorella potesse prendersi una pausa di tanto in tanto. E quando l'insegnante di recitazione di Abigail aveva chiesto dei volontari con la schiena forte per aiutare a spostare i pezzi della scenografia, ero stato ben felice di alzare subito la mano.

La prima del musical fu un grande successo. A fine spettacolo il cast ricevette una standing ovation e tutti chiesero a gran voce alla troupe di uscire, ma io ero impegnato a trascinare un gigantesco tronco di cartapesta dietro le quinte, per evitare che qualcuno dei bambini potesse inciampare, quindi mi persi il momento di gloria. Più tardi raggiunsi Abigail e uscimmo insieme nel parcheggio della scuola, dove insegnanti e genitori avevano organizzato un rinfresco.

Era la prima giornata calda dell'anno e i bambini si godevano le temperature primaverili correndo sull'asfalto senza giacche e guanti, pieni di energia dopo aver mangiato una montagna di biscotti, cupcake e brownies fatti in casa. C'era una fila lunghissima per i gelati, ma Abigail e io decidemmo di aspettare, e lei ingannò l'attesa raccontandomi tutte le nuove battute che aveva imparato all'ora di matematica, tipo: «Meglio non iniziare una conversazione con pi greco, perché andrà avanti all'infinito» o «Il modo migliore per stare al caldo in un congelatore è trovare un angolo, perché ci saranno sempre novanta gradi». Alcune nemmeno le capivo e lei si divertiva un sacco a spiegarmele.

Appena ebbe in mano il suo gelato fece l'errore di mettersi a correre, e una grossa pallina di stracciatella le rotolò giù dal cono e colpì l'asfalto con uno schiocco. Presi il suo cono ormai vuoto e dissi: «Tieni il mio, facciamo cambio».

Abigail rifiutò. Disse che non sarebbe stato giusto.

«Dai, *voglio* fare cambio. Il cono è la mia parte preferita.»

Dovetti insistere, ma alla fine la convinsi ad accettare e si allontanò con grande cautela attraverso il parcheggio per raggiungere i suoi amici.

Vicky aveva assistito alla scena e si avvicinò. «Il cono è la tua parte preferita? Sul serio?»

Scrollai le spalle e le feci vedere che il cono di Abigail non era del tutto vuoto: c'era ancora una discreta quantità di gelato alla stracciatella sul fondo. «Per me è più che sufficiente. Anzi, è proprio la quantità giusta.»

Ci trattenemmo a parlare con gli altri genitori e a guardare i bambini che festeggiavano. Dopo aver finito il gelato, Abigail e i suoi compagni impugnarono cucchiai e forchette e si esibirono in una seconda interpretazione di *Stia con noi*. Si presero a braccetto e si misero a scalciare urlando a squarciagola le parole.

Poco prima della fine della festa mi raggiunse il preside della scuola. Era l'unico a essere venuto allo spettacolo in giacca e cravatta, e sapevo che molti genitori lo detestavano, del resto certa gente trova sempre difetti negli insegnanti, nel programma di studio, nelle strutture e persino nella qualità dei pasti, ma a me sembrava che avesse fatto un ottimo lavoro.

«Volevo ringraziarla di essersi offerto volontario per stasera» disse. «Lei è il padre di Abigail, vero?»

Avevo imparato che è importante essere chiari con la scuola, nel caso ci fosse un'emergenza medica. «A dire il vero sono suo zio.»

«Non è Frank Szatowski?»

«Sì, ma Tammy Szatowski è mia sorella. Non mia moglie.» Tammy era dall'altra parte del cortile e stava parlando con un gruppo di mamme. La indicai. «Ha adottato Abigail l'anno scorso.»

Lui parve imbarazzato e si scusò per l'equivoco. Intuii che era abituato a trattare con genitori più irascibili, quindi gli assicurai che andava tutto bene. «Abigail adora la sua scuola. Gli insegnanti sono stati fantastici.»

Ma non ero sicuro che avesse sentito il complimento. Sembrava ancora ossessionato dal suo errore. «Posso farle vedere una cosa?» chiese. «Ha qualche minuto da dedicarmi?»

Vicky e io lo seguimmo all'interno dell'edificio e su per una rampa di scale, fino a un corridoio buio pieno di aule. Ci fermammo davanti a una bacheca piena di fotografie e saggi su personaggi famosi: *Cantante numero uno: Beyoncé* e *Quarterback numero uno: Jalen Hurts* e *Mago numero uno: Shin Lim.* Il preside spiegò che gli alunni della quinta elementare stavano scrivendo le biografie dei loro eroi ed eroine, uomini e donne che li ispiravano a fare grandi cose. Poi attirò la mia attenzione su una foto che mi ritraeva in posa su una canoa, e su un saggio intitolato: *Papà numero uno: Frank Szatowski.*

«Capisce perché mi sono confuso?» disse.

Non avevo gli occhiali, quindi dovetti stringere gli occhi per leggere il testo.

> Alcune curiosità su mio padre: è stato un soldato dell'esercito americano. Ha combattuto nella Guerra del Golfo. Ha fatto il corriere per UPS e ha percorso *decine di migliaia di chilometri* per consegnare le cose di cui le persone hanno bisogno. È bravo ad andare in canoa, a fare i panini al formaggio e a cacciare gli insetti dalla mia stanza. Ed è bravo a prendersi cura di me.

«Se Abigail è confusa sulla vostra relazione, possiamo fissare un appuntamento con la nostra psicologa. È molto brava ad affrontare questo genere di conversazioni. Che ne dice?»

Non risposi perché avevo paura che mi tremasse la voce. Feci un gesto per fingere che mi fosse andato storto un pezzo di cono gelato, e per fortuna Vicky mi venne in aiuto.

«Per Frank non è un problema» disse. «Parlerà lui stesso con Abigail e le dirà che va tutto bene.»

Il preside parve sollevato – un'altra crisi sventata – e disse che doveva tornare alla festa, ma ci invitò a leggere il resto del saggio. «È uno dei migliori che abbia scritto. Ha preso il massimo dei voti.»

9

Quello di Corbettsville è un penitenziario federale di minima sicurezza vicino a Binghamton, New York, a circa due ore da casa mia. È una struttura nuova, ha meno di cinque anni, progettata per accogliere autori di reati non violenti. Invece di celle con le sbarre, i detenuti condividono spazi che ricordano i dormitori universitari. Tutti con una finestra con vista. Si possono svolgere vari lavori, retribuiti sessanta centesimi l'ora, oltre a lezioni settimanali di giardinaggio, panificazione, cosmesi, finanza, web design e scrittura creativa. Non è bello come il campo di Alderson, alias Camp Cupcake, nel West Virginia, dove la conduttrice televisiva Martha Stewart ha scontato cinque mesi dopo aver mentito agli investigatori federali, ma sembra che sia più pulito e più sicuro di quasi tutti gli altri penitenziari degli Stati Uniti, e questo mi aiuta a dormire sonni tranquilli.

L'orario di visita iniziava alle otto e mezzo, ma alle sette in punto ero già in fila dietro una serie di macchine ai cancelli, perché tutti i forum su internet che avevo letto consigliavano di presentarsi in anticipo. Una volta dentro, mostrai la mia patente a un paio di agenti, e un bellissimo labrador nero si avvicinò trotterellando per annusare la mia Jeep. Salutai allegramente il cane, ma fui subito rimproverato da uno degli agenti. «Non lo distragga. Sta lavorando.»

All'interno dell'istituto c'erano altre file. Un secondino esaminò i miei vestiti e decise che soddisfacevano gli standard richiesti (niente cappelli, niente magliette offensive e soprattutto nulla di arancione, il colore indossato dai detenuti). Poi passai attraverso un metal detector e alzai le mani sopra la testa per poter essere perquisito. Ero sorpreso dalla professionalità del personale; film e serie televisive mi avevano preparato al peggio, invece gli agenti erano tutti educatissimi; dicevano: «Sì, signore» e «No, signore» e «Grazie, signore». Mi chiesi se avessero riconosciuto il mio nome, se fossero al corrente dei dettagli della storia di mia figlia e mi stessero concedendo un qualche trattamento di favore. Ma da quanto vedevo facevano così con tutti.

Dopo circa un'ora di attesa arrivai finalmente a un banco con la scritta REGISTRAZIONE. Presentai il documento e il modulo per le visite a una coppia di agenti seduti dietro un pannello di plexiglass. Avevano entrambi più o meno la mia età e si comportavano tra loro con il fare disinvolto e confidenziale di una vecchia coppia sposata, o forse di due dipendenti che facevano lo stesso lavoro da molto tempo. L'uomo inserì i miei dati nel computer mentre la collega confrontava la foto sulla patente con il mio volto nella vita reale. Poi notò la data di nascita, perché sorrise e disse: «Buon compleanno».

«Grazie.»

Mi aspettavo che aggiungesse una qualche battuta sarcastica, ma era sincera. Forse andare a fare una visita in prigione il giorno del proprio compleanno era una cosa perfettamente normale per lei, e d'altra parte suppongo che lo fosse per molti dei genitori che erano in attesa con me. Mi sentivo tornato di nuovo a Osprey Cove, in un altro strano universo alternativo con abitudini e convenzioni sociali a me sconosciute.

L'uomo schiacciò alcuni pulsanti sulla tastiera, poi sospirò e scosse la testa. «Mi dispiace, signor Szatowski, ma non vedo il suo nome sulla lista.»

Ero pronto per quel momento. Sapevo che la maggior parte delle carceri degli Stati Uniti richiedeva ai detenuti di stilare un elenco di persone approvate per i giorni di visita: familiari, amici, avvocati, sacerdoti. Non si può semplicemente entrare e andare a trovare un detenuto a propria scelta. Invece era proprio quello che stavo cercando di fare.

«Ho compilato i moduli online» gli dissi.

«Sì, vedo che la sicurezza l'ha autorizzata. Ma è Margaret che deve aggiungerla alla sua lista. In modo che sappiamo che vuole davvero vederla.» Alzò le spalle, lasciando intendere che non poteva fare altro. «Deve sistemare la cosa con lei e tornare. Lunedì, mercoledì o sabato, dalle otto e mezzo alle tre.»

Fece scivolare la mia patente sul banco, ma non avevo intenzione di riprendermela. Su Reddit avevo letto un sacco di post che parlavano di Corbettsville, e sapevo che gli agenti erano «gentili», «flessibili» e «a volte riconoscono che sei un essere umano».

«Mi dispiace, è la prima volta che vengo.»

«Le regole sono sul sito.»

«E mi sono svegliato alle quattro e mezzo per evitare il traffico. Arrivo da Stroudsburg.»

«Dica a Margaret di andare nell'ufficio del direttore e di aggiungere il suo nome alla lista. La prossima volta non avrà problemi, glielo garantisco.»

Stava già guardando alle mie spalle, verso la persona successiva della fila, ma feci un ultimo tentativo. «Capisco, ma sono qui dalle sette. Non c'è niente che possiamo fare oggi?»

«No, signore.»

«Potete chiamarla nella sua stanza? Dirle che sono qui?»

«I detenuti non hanno telefoni. Mi dispiace, ma se non è sulla sua lista, non è sulla sua lista.»

La sua collega sembrava sul punto di dissentire. Aveva la bocca aperta, come se stesse per offrire una soluzione, quindi spostai la mia attenzione su di lei. «Non c'è nessun altro familiare. Sono soltanto io. Davvero non può aiutarmi?»

Lei controllò l'orologio da polso. Un Timex digitale, quasi identico al mio. «A quest'ora le donne sono in cortile a fare esercizio fisico. Vado a vedere se riesco a trovarla.» Si alzò e chiese al collega di farmi accomodare a un tavolo.

Lui scosse la testa – all'apparenza divertito dalla sua disponibilità a fare più del minimo richiesto –, ma alla fine si convinse a darmi istruzioni: «Vada al tavolo diciotto e si sieda. Non provi a sedersi altrove. Non faccia conversazione e non scambi gesti con nessuno degli altri detenuti o visitatori. Se ha bisogno di andare in bagno, alzi la mano e chieda alla guardia. Se vuole comprare qualcosa ai distributori automatici, alzi la mano e chieda alla guardia. È consentito abbracciare il detenuto all'inizio e alla fine della visita, ma è vietato ogni altro contatto fisico. Ha capito tutte le regole che le ho elencato?».

«Sì, certo.»

«La porta è alla sua destra. Buona giornata.»

Entrai nella sala delle visite, dipinta a colori vivaci e allegri e con grandi finestre che lasciavano entrare molta luce. Mi ricordò la mensa dell'ospedale del Santo Redentore. Notai i distributori automatici da cui si poteva acquistare di tutto, dalle bibite al caffè, alle patatine e persino ai tramezzini. Mentre attraversavo la stanza fino al tavolo con il numero diciotto, lanciai un'occhiata agli altri visitatori, cercando di farmi un'idea delle varie relazioni che vedevo: detenuto e coniuge, detenuto e figlio, detenuto e avvocato. «Solo altri sette mesi, tesoro» sentii dire da una donna. «Tra sette mesi sarà tutto finito e potrai tornare a casa.» Più in là un bambino piangeva e un numero sorprendente di persone aveva chinato la testa per pregare, in inglese, spagnolo e in lingue che non riconoscevo.

Mi sedetti al tavolo diciotto. Una grande televisione in un angolo trasmetteva *The Today Show* senza volume e con i sottotitoli attivati. Al Roker stava intervistando un veterano della Seconda guerra mondiale che aveva trovato la fama in tarda età come celebrità di TikTok e distribuiva perle di saggezza. «Non credo che i figli possano essere modellati a nostra immagine» stava dicendo. «Credo che siano persone in attesa di essere scoperte.»

C'erano un paio di orologi digitali sparsi per la stanza, per aiutare i visitatori a tenere traccia dell'ora, ma nessuno era sincronizzato. Uno segnava le 10:05, un altro le 10:06 e un altro ancora le 10:03, ma secondo la tv erano le 10:19.

Mentre aspettavo, la trasmissione si interruppe e partì uno spot pubblicitario con Chris Pratt e Aubrey Plaza che promuovevano il Chrysler Reactor e la nuova Miracle Battery Infinity. Nonostante le polemiche dell'anno passato, Capaciti era avviata a un altro anno di vendite record. I clienti non sembravano turbati dal fatto che l'FBI avesse fatto quattro bliz simultanei a Osprey Cove, all'appartamento della Beacon Tower, nella casa dei Gardner a Cambridge e nel quartier generale di Capaciti.

Una squadra di agenti speciali aveva arrestato Errol, Catherine, Gerry e Maggie, ma ovviamente mia figlia era l'unica a scontare una pena: dai tre ai cinque anni per associazione a delinquere finalizzata all'intralcio alla giustizia e favoreggiamento in omicidio. Catherine Gardner era «in cura» in un centro di riabilitazione sulla spiaggia a West Palm Beach, mentre Errol e Gerry avevano pagato milioni di dollari di cauzione ed erano liberi, presentavano un appello dopo l'altro e stavano sfruttando ogni scappatoia a disposizione dei ricchi e potenti. Dubitavo che sarebbero mai stati adeguatamente puniti. Ma mi consolava sapere che il cadavere di Dawn Taggart era stato recuperato dal fondale del lago Wyndham, così sua madre e suo zio avrebbero finalmente potuto seppellirla. E, ciliegina sulla torta, Hugo era stato catturato ed estradato nella Repubblica democratica del Congo, dove era sotto processo per violazione dei diritti umani. Secondo alcune voci sarebbe stato il primo prigioniero congolese a ricevere una condanna a morte dal 2007, ma non volevo sperarci troppo.

Alla fine la donna del banco di registrazione entrò nella sala visite e venne verso di me. La sua espressione era cupa: sembrava un chirurgo uscito dal pronto soccorso per comunicare una brutta notizia. «Ho trovato Margaret e le ho detto che la stava aspettando. Ma dice che non vuole vederla.»

Mi dispiaceva averla messa in una situazione di imbarazzo, così mi alzai e dissi: «Grazie per averci provato».

«Una cosa che potrebbe fare è scriverle una lettera» propose. «Esprimere su carta ciò che prova. Farle sentire che è qui per lei.» Stava cercando di aiutarmi, e lo apprezzavo, quindi evitai di parlare delle numerose lettere che avevo già inviato negli ultimi mesi. O dei biglietti per il compleanno, per Natale e tutto il resto. Sempre con un messaggio personale, ma senza soldi, perché la prigione non ammette l'invio di contanti per posta.

«Incontro molti genitori nella sua situazione» continuò la donna. «Quindi non pensi di essere l'unico, d'accordo? Non è così.»

Lasciai l'edificio e uscii nella luce del sole. Era ancora presto, una bella mattinata limpida, e all'improvviso avevo tutta la giornata davanti. Vicky aveva organizzato una cena per quella sera e aveva invitato un paio di miei amici di UPS. Inoltre ci sarebbero state Tammy e Abigail, e dopo cena avremmo giocato a sciarada o a Pictionary o a qualche altro gioco di società, perché è così che festeggiamo sempre i nostri compleanni. Sapevo di essere fortunato ad avere tante persone meravigliose nella mia vita, ma ero sicuro che a un certo punto mi sarei guardato intorno e mi sarei ricordato di chi mancava.

Attraversai il parcheggio e aprii la portiera della Jeep, poi mi voltai per dare un'ultima occhiata alla prigione. Era un imponente edificio di cemento a tre piani, con una finestra nella tromba delle scale che permetteva di intravedere l'interno della struttura. Vidi decine di detenute in tuta arancione salire le scale, in una fila ordinata. E notai qualcosa di strano: quasi tutte si voltavano per guardare fuori, per rubare uno sguardo al mondo oltre le mura. Erano tutte di età ed etnie diverse, ma condividevano lo stesso impulso. La maggior parte guardava l'orizzonte, la Route 81, in lontananza, ma ogni tanto una detenuta mi guardava negli occhi. Per vedere se ero qualcuno che conosceva.

«Mi scusi, signore?»

Un'agente penitenziaria avanzava verso di me. Una giovane

donna, più o meno dell'età di mia figlia; indossava una camicia con il colletto azzurro, cravatta e cappello neri.

«Ha terminato la sua visita?»

«Sì.»

«Allora devo chiederle di uscire dal parcheggio. C'è un altro gruppo di visitatori che arriverà alle undici e serviranno posti auto liberi. In modo che possano entrare a vedere i loro cari.»

Il mio orologio da polso segnava le 10:32, ma a quanto pareva quella ragazza ci teneva a far rispettare l'ordine e le procedure. E avevo apprezzato che si fosse presa il tempo di spiegarmi le regole. Era dura, ma corretta. Qualcuno l'aveva cresciuta bene. Mi scusai, aprii la portiera della Jeep e salii a bordo.

Poi guardai di nuovo la finestra. Le detenute stavano ancora sfilando. Tornavano in cella, suppongo, al termine della sessione mattutina di sport. Avevo già contato una quarantina di donne e in tutta la struttura ce n'erano solo un centinaio. Scesi dalla macchina e chiamai la guardia. «Mi scusi, agente? Posso chiederle un favore?»

Lei si fermò e si voltò a guardarmi.

«Posso restare altri cinque minuti?»

Ringraziamenti

Vorrei ringraziare tutte le persone che mi hanno dato una mano a organizzare questo matrimonio, soprattutto Rick Chillot, Mike Russell, Doogie Horner, Grace Warrington, Jill Warrington, Steve Hockensmith, Ian Doescher, Kelly Chancey, Patrick Caulfield, Dave Murray, Grady Hendrix e Michael Koryta.

Quando mi sono trovato alla disperata ricerca di un posto tranquillo in cui scrivere, David Borgenicht mi ha dato le chiavi del suo ufficio e si è rifiutato di accettare un centesimo di affitto. Non avrei potuto finire questo libro senza la sua gentilezza e generosità.

Il mio corriere UPS, Ian, si è preso del tempo fuori dall'orario di lavoro per rispondere a tutte le mie domande, e spero mi perdoni le libertà che mi sono preso.

Ogni volta che mi sono sentito sopraffatto da questo matrimonio ho potuto contare sulla voce calma e sicura del mio editor, Zack Wagman. Gli sono grato per l'entusiasmo, l'incoraggiamento e i tanti suggerimenti geniali. Ringrazio anche il resto della squadra di Flatiron/Macmillan, in particolare Cat Kenney, Marlena Bittner, Katherine Turro, Maxine Charles, Megan Lynch, Bob Miller, Keith Hayes, Nancy Trypuc, Malati Chavali, Steve Wagner, Brad Wood, Michelle McMillian, Morgan Mitchell e tutte le persone di talento che lavorano dietro le quinte nella produzione, alle vendite e nella distribuzione. E grazie anche al team di Sphere/Little, Brown in Gran Bretagna, soprattutto a Tilda Key, che ha trovato un'infinità di modi sottili e intelligenti per migliorare la storia.

Sono fortunato ad avere un agente come Doug Stewart. Non riesco a immaginare un sostenitore più competente e infaticabile di lui. Un ringraziamento anche ai suoi assistenti, Tyler Monson e Maria Bell, e a Szilvia Molnar, Amanda Price e Caspian Dennis, per aver portato le mie storie in tutto il mondo. E a Rich Green, che probabilmente starà correndo un'altra maratona invece di leggere questi ringraziamenti.

Infine, un brindisi speciale a mia moglie Julie Scott, la mia compagna da ventiquattro anni. E ai nostri meravigliosi figli, Sam e Anna. E ai miei genitori, a mio fratello e a tutta la mia famiglia allargata. Ciascuno di loro mi ha sostenuto nella scrittura di questo libro, ma, per fortuna, non l'ha ispirato!

Dello stesso autore

Brossura con bandelle
pp. 416 - euro 16,90

SPECIAL EDITION
Volume cartonato con sprayed edges
e nastro segnalibro
pp. 416 - euro 20,00

Jason Rekulak

Teddy

Teddy è un dolce bambino di cinque anni, intelligente e curioso, che ama disegnare qualsiasi cosa: gli alberi, gli animali, i genitori e, occasionalmente, anche la sua amica immaginaria, Anya, che dorme sotto il suo letto e gioca con lui quando è da solo. Ma ora a occuparsi di lui per tutta l'estate c'è Mallory, la nuova babysitter. I due si sono piaciuti fin dal primo incontro, tanto che il signor Maxwell non ha potuto opporsi all'assunzione della ragazza, che nonostante la giovane età ha dei difficili trascorsi con la droga.
All'apparenza tutto è perfetto: i Maxwell sono gentili e comprensivi, la loro casa sembra uscita direttamente dalla copertina di una rivista e le giornate sono scandite da una routine serena, che comprende giochi, pisolini e bagni in piscina. Fino a quando i disegni di Teddy cominciano a cambiare, diventano sempre più strani, cupi, quasi macabri e rivelano un tratto decisamente troppo complesso per un bambino di quell'età.
Che cosa sta succedendo? Per Teddy è colpa di Anya, è lei a dirgli cosa rappresentare e a guidare la sua mano. Qualcosa non va e, anche se può sembrare una follia, solo Mallory può scoprire la verità prima che sia troppo tardi.
Un thriller che sconfina nel paranormale e che, grazie alla forza espressiva delle illustrazioni, vi sorprenderà, pagina dopo pagina, in un inquietante crescendo, fino all'imprevedibile colpo di scena finale.

MISTO
Carta | A sostegno della gestione forestale responsabile
FSC® C115118
FSC
www.fsc.org

Stampato presso Elcograf S.p.A.
Stabilimento di Cles